Dios tras Dadá

CONTEMPORÁNEOS | **B**erenice

Hugo Ball

Dios tras Dadá

Las consecuencias de la Reforma

y

«Teología política de Carl Schmitt»

Traducción de

Fernando González Viñas

Berenice

GOBIERNO DE ESPAÑA

MINISTERIO DE EDUCACIÓN, CULTURA Y DEPORTE

«Esta obra ha sido publicada con una subvención del Ministerio de Educación, Cultura y Deporte, para su préstamo público en Bibliotecas Públicas, de acuerdo con lo previsto en el artículo 37.2 de la Ley de Propiedad Intelectual.»

Título original: *Die Folgen der Reformation* / «Carl Schmitts Politische Theologie»

www.editorialberenice.com

Primera edición en Berenice: febrero 2013

Editor:
David González Romero

Diseño y corrección:
Editorial Berenice

Maquetación:
Sopa y Equipo Berenice

Impresión y encuadernación:
Gráficas La Paz

ISBN: 978-84-15441-10-6
Depósito legal: J. 55/2013
IBIC: DNF; HPS

Impreso en España / *Printed in Spain*

Contenido

Nota del editor

Este volumen trata de sembrar humildemente alguna luz en el que, a simple vista, se puede considerar como uno de los más bizantinos peregrinajes intelectuales –ha sido tildado de «circunferencia»– del siglo XX; el que realiza Hugo Ball desde la propuesta del dadaísmo, del que se le considera fundador, hasta una forma peculiar de ascetismo católico romano en el que acabó sus días tras una temprana muerte a los 41 años. Desde luego sus diarios, publicados en forma de testamento retrospectivo a poco de su muerte, como La huida del tiempo *(1927), constituyen la prueba central y de absoluta coherencia de ese periplo como artista y estudioso. No obstante, aquí profundizaremos en una zona que no aborda el volumen de sus diarios: el resurgir publicístico de Ball entre 1923 y 1924, y la auténtica laguna misteriosa que supone su relación de amigo/enemigo, nunca mejor dicho, con el jurista y pensador Carl Schmitt, uno de los publicistas reaccionarios más influyentes del pasado siglo, creador de conceptos de lo político hasta hoy trascendentales en torno a la dicotomía «amigo/enemigo», la recuperación de la teología política, la secularización, la irresolución romántica, y especialmente, en torno a la crítica del positivismo y de la cultura política y económica del liberalismo.*

Ball fue poeta, creador de los poemas fonéticos, dramaturgo, pianista y novelista integrado en los cabarets *de las vanguardias expresionista y dadaísta. Debido a la Primera*

Guerra Mundial, se exilia en Zúrich con su esposa, la actriz y poeta Emmy Hennings, y funda en 1916 el Cabaret Voltaire, donde nacerá el movimiento dadaísta. «Como una glosa al Dadaísmo», dedicó a esta etapa su novela Flametti o el dandismo de los pobres, *escrita durante 1916 y publicada en 1918 –y que Berenice publicará por primera vez en español en breve–. Dedicó obras a Nietzsche –su tesis universitaria– y a Bakunin, al que tradujo al alemán. Dos de sus libros más conocidos –*Para una crítica de la inteligencia alemana *(1919) y su edición reducida y definitiva en* Las consecuencias de la Reforma *(1924), que publicamos aquí por primera vez en español– fueron fruto de su etapa como periodista, activista y exiliado en Suiza. Entre 1917 y 1919 coincidió en Berna con Walter Benjamin y Ernst Bloch. Con este último compartía páginas del* Freie Zeitung, *en las que tomó forma su intento de polemizar con las dinámicas intelectuales e ideológicas que se dieron en Alemania, desde Lutero hasta Bismarck, para llegar al desastre de la Gran Guerra. Bloch siempre le agradeció a Ball que en esos trabajos le descubriera la figura del reformador heterodoxo Thomas Müntzer, cuya teología terminaría rehabilitando en Alemania el propio Bloch con su* Thomas Müntzer como teólogo de la revolución *(1921). En 1920 manifiesta su vuelta al catolicismo y se marcha al cantón suizo de Ticino para llevar una vida pobre y retirada. En 1923 culminó un ambicioso tomo,* Byzantinisches Christentum, *sobre las «vidas santas» y la teología de tres figuras del ascetismo en el cristianismo bizantino primitivo: San Juan Clímaco, Simeón el Estilita y, muy especialmente, Dionisio Areopagita. En 1927 escribió también la primera biografía de su admirado y amigo Hermann Hesse, y publicó sus diarios bajo el título* La huida del tiempo. *Antes de morir de cáncer* *en Sant Abbondio todavía proyectaba un libro –«La terapia de la Iglesia»– en el que investigaría «la nueva psicología en su relatividad teológica», el exorcismo paleocristiano y la demonología.*

En el diario de Ball, sus apuntes continuados desde 1914 a 1921 dejan claro que no hubo ninguna «caída del caballo» y sí una evolución dialéctica interior que hoy puede resultar especialmente iluminadora. Pero, como decíamos, puede detectarse un punto de fuga en torno a lo que ahora llamaremos el «endurecimiento católico». Hay una razón cronológica obvia, pues sus apuntes publicados se cortan en 1921 y dicho proceso de «introversión mística» podemos establecerlo de forma totalmente asentada conforme elabora su libro sobre el cristianismo bizantino, que se publicaría finalmente en 1923. –También podríamos preguntarnos por qué se produce ahí precisamente el corte en la propia edición de sus diarios, hecha en 1927–.

Es preciso aclarar no obstante que ya en diciembre de 1916 apuntaba: «Para entender el cubismo, tal vez haya que leer a los Padres de la Iglesia»; que en julio de 1919 se declara fascinado por la nueva apariencia que para él han tomado Dionisio Areopagita, Bernardo de Claraval, Francisco de Sales, etc. tras conocer el ensayo sobre la mística de Louis Morel; y en junio de 1921 tiene ya un primer borrador insatisfactorio sobre Dionisio y dice textualmente: «Cuando me encontré con la palabra "Dadá" fui llamado dos veces Dionisio Areopagita D.A.-D.A.». Pero su proceso de «fortaleza» culmina con su reaparición publicística entre 1923 y 1924, integrado en la enorme columna intelectual que formaría en ese momento el catolicismo alemán, castigado hasta la saciedad durante todo el siglo XIX *y el bismarckismo, y que, paradójicamente, se veía reanimado como una gran esperanza tras la desastrosa coyun-*

tura dejada por la Gran Guerra, que desde 1918 empezaba a verse como el gran fracaso al que había conducido la Alemania protestante.

Al cobijo de esta crisis de conciencia alemana, el hasta ahora reprimido y acomplejado catolicismo alemán vive, en palabras de Pier Tommissen, su «annus mirabilis». Este resurgir católico también se corresponde con un cambio en su estatus jurídico, pues la Constitución de Weimar reconoce iguales derechos para todos los alemanes. El catolicismo alemán se presenta ahora como una fuerza política liberada de ataduras y renovadora. El partido católico Zentrum será vital en los «milagrosos» equilibrios políticos de la república de Weimar –también triste protagonista colectivo de su fracaso y del ascenso del nacionalsocialismo más tarde–. Y, en el campo que ahora nos interesa, reaparece con un potente magma intelectual cocido larvadamente por el modernismo teológico. Las iniciativas más interesante en el campo de la publicística que nos ocupa quizás sean el periódico Kölnische Volkszeitung y las revistas Summa y Hochland. Allí se da una auténtica difusión del catolicismo europeo que pone de moda a León Bloy, a Miguel de Unamuno –muy presente en la afirmación católica de Ball, como veremos– o a G.K. Chesterton. Allí aparecen los máximos exponentes del catolicismo alemán del momento, en sus distintas vertientes: Max Scheler, Theodor Haecker y, de cara a la trascendencia posterior, el entonces jurista y profesor de Derecho en Bonn, Carl Schmitt.

Sólo en ese clima podía recibir Hugo Ball la propuesta para que retomara su lúcido y temprano ensayo de 1919, Para una crítica de la inteligencia alemana, y lo convirtiera en su versión «pulida» de 1924, presentado como Las consecuencias de la Reforma. Sólo entonces Hugo Ball quedará fascinado por la lectura de los libros de Carl Schmitt

–que seguramente leyó espoleado por Franz Blei, promotor de *Summa* y activo editor– y publicará, como consecuencia, su célebre reseña «Teología política de Carl Schmitt» en la revista católica por excelencia, *Hochland*. Y sólo en ese momento se produce con especial intensidad su relación personal y epistolar con Carl Schmitt, diálogo que, como casi todos los que entabló Schmitt en su vida intelectual, resultó ser tan fructífero como frustrante.

Las consecuencias de la Reforma

El 12 de octubre de 1924, Carl Schmitt le remite a Hugo Ball una carta en la que le adjunta a su vez otra misiva, de Franz Blei a Schmitt, del día 8, en la que Blei le dice: «...estoy muy expectante con la nueva edición del libro de Ball que publicó durante la guerra. La primera edición era algo confusa». Blei, y Carl Muth, editor de la revista *Hochland*, eran en buena medida los puntos de anclaje de la relación entre el profesor Schmitt, y ese personaje, considerado tan simpático como desclasado y excéntrico, que era Hugo Ball. El libro estaba a punto de salir y Ball esperaba un batacazo crítico. Cuando publicó *Para una crítica de la inteligencia alemana*, el libro fue recibido como la obra de un traidor que escribía en el exilio contra los alemanes, en plena guerra y a sueldo de los enemigos de Alemania. Ya Hermann Hesse aludió a la mejor prueba contra esa acusación, la extremada pobreza de Ball durante aquellos días en la Berna de las suntuosas legaciones diplomáticas y los elegantes espías de salón.

Ahora el clima era otro. Por diversos documentos que conocemos parece que había expectación ante el nuevo libro, ante el nuevo sesgo que le pudiera dar Ball, que quería acompañar la «nueva orientación» de toda su obra tras *su imponente libro sobre el cristianismo bizantino. A ello se unía la gran acogida a su artículo sobre la obra de Carl Schmitt en* Hochland, *en junio de ese año. El mismo Blei, en la carta ya aludida, le reconocía a Schmitt: «Con el artículo de Ball, me alegro de que por fin sus trabajos vean la luz, y más viniendo de manos tan inteligentes como las de Ball. Scheler ya me había hablado de este artículo, un poco celoso como todos los maestros, antes de que yo mismo me enfrentase a este hermoso trabajo». Sólo había una pega: Ball ya sabía que su nuevo libro no contaba con el beneplácito del propio Carl Schmitt, que recientemente le había desaconsejado de forma incluso vehemente su publicación. Tras la salida del libro, desde el entorno de Schmitt se realizará una crítica despiadada del mismo y eso motivará el desencuentro total entre ambos personajes. La correspondencia publicada en este volumen da buena cuenta de todo ello y más tarde añadiremos alguna que otra clave explicativa del asunto.*

Las consecuencias de la Reforma *mantendrá intactas las aspiraciones de su libro antecesor, aunque Ball lo acortará, especialmente en el aparato de notas y con la supresión de la anterior introducción. Así, de su lectura podemos sacar la misma conclusión que sacara Hermann Hesse en 1931, en su prólogo a los diarios de Ball, considerando nosotros los dos libros como iguales: «A mi juicio, esta obra representa el intento más grandioso, honesto y profundo que se hizo en Alemania para tomar conciencia de las fuerzas funestas que condujeron a la degeneración espiritual y moral de la Alemania moderna y a su íntima complicidad en la miseria general y el estallido de la Guerra Mundial». El recorrido que Ball hace desde Lutero a Bismarck , pasando por Kant, el Romanticismo, Hegel, Marx y la socialdemocracia bismarckiana, también lo resumió*

Ersnt Bloch de forma muy gráfica: «Él, como ningún otro alemán hasta ahora, ha entendido las complejidades de un Estado blasfemo y ciego ante sí mismo. La culpa alemana se remonta a muchos siglos y es la que ha llevado a nuestros efímeros días muchos más lejos de lo que hacían prever sus propios orígenes y fuentes. Con los ojos de Ball uno ve y reconoce a Ludendorff, a Bismarck, no muy lejos a Metternich, y no tan lejos, no tanto como le gustaría, a Karl Marx, y detrás a Hegel y, finalmente, a Lutero, la carne sin espíritu y de vida fácil de Wittemberg; y los ve convertirse en un ejemplo de la aceptada traición a la conciencia, del rechazo de cualquier espíritu a favor del poder real...».

A pesar de la demonización clara y militante del protestantismo, no se puede decir que con esta nueva edición Ball hiciera una férrea alineación con el catolicismo político oficial tan en boga. Más bien buscó, reordenando el escrito, una continuidad con las propuestas ascéticas y anarquizantes de su libro Cristianismo bizantino. *A ello se une cierto vigor antisecular: «En el lugar del perdón ha aparecido la sangría. En el lugar de la confesión ha aparecido la policía secreta. Los grandes valores morales de la humanidad (alma, paz, confianza, respeto, libertad y fe) son calculados según el éxito y vistos como medio para alcanzar los fines, por lo que se oponen al significado tradicional de estos mismos conceptos. El collegium clerical de propaganda fide ha sido sustituido por uno de carácter periodístico de propagando bello, y la alegría y el orgullo con los que se sirve a este sistema proporcionan la iluminación de una infernal danza de la muerte».*

En ese sentido cabe seguir hablando del «anarquismo religioso» que ya detectara Hesse en el libro en 1919, pero también cabe profundizar en el efecto que le causara la teología negativa de primitivo Dionisio Areopagita, por la que no cabe la osadía de hablar de lo que Dios es, sino de lo que Dios no es, es decir, de detectar los demonios actuales. El propio Hesse ya señaló que en estos libros Ball anticipó la «dialéctica negativa» que Adorno aplicaría al proceso de la génesis de la cultura occidental en la Reforma y en la Ilustración, para considerarlos de fondo como una irracionalidad, por cuanto son totalizadores de lo racional y dejan de exponer la razón a la excepción; por cuanto encapsulan al individuo en sus máximas expresiones sistematizadoras, la tecnología y la economía, e incluso tienen la habilidad de tejer el «engaño» romántico, una fachada cultural que realmente provoca al mismo sistema, al mismo público a cuyas puertas está llamando, cuyos favores está reclamando. Por eso Ball no acepta ya al dandy, *por cotidiano, y dice que hay que volver a ser santo para seguir distinguiéndose, por eso dice que «la producción estética se convierte en dieta» y «todo arte vivo será irracional, primitivo y complejo, manejará un lenguaje secreto y no dejará como legado documentos edificantes, sino paradójicos».*

«Teología política de Carl Schmitt»

El 23 de noviembre de 1923, Hugo Ball le escribe a su esposa, Emmy Hennings: «Todavía estoy con este caso... Durante meses he estudiado los escritos del profesor Schmitt, de Bonn. Es más importante para Alemania que todo el resto de la región del Rin, incluidas las minas de carbón. Pocas veces he leído una filosofía con tanta pasión como la suya, y sin embargo es una filosofía del derecho. Un gran triunfo para el idioma alemán y para la legalidad. Parece más preciso que Kant y riguroso como un Gran Inquisidor español cuando está tratando con ideas». En junio de 1924, Ball no sólo escribe sobre Schmitt como

Carl Schmitts Politische Theologie

Von Hugo Ball

I.

Carl Schmitt gehört zu den wenigen deutschen Gelehrten, die den professionellen Gefahren eines zeitgenössischen Katheders gewachsen sind. Ja ich stehe nicht an zu behaupten, daß er den Typus des neuen deutschen Gelehrten überhaupt erst für sich erobert und inauguriert hat. Wenn die Schriften dieses merkwürdigen Professors (um nicht Konfessors zu sagen) nur dazu dienten, die katholische (universale) Physiognomie ihres Verfassers erkennen und studieren zu lassen, es würde vollauf genügen, ihnen einen überragenden Rang zu sichern. Chesterton sagt einmal in einem schönen Essay ‚Von den Idealen', daß unserer verworrenen und argen Zeit zu ihrer Sanierung keineswegs der große Praktiker nottut, nach dem alle Welt verlangt, sondern der große Ideologe. ‚Ein Praktiker, das ist ein Mensch, eingewohnt in die Alltagspraxis, in die Art, wie die Dinge gemeinhin funktionieren. Wenn aber die Dinge nicht arbeiten, dann braucht man den Denker, den Mann, der sowas wie eine Doktrin hat, warum die Dinge überhaupt funktionieren. Es ist unrecht, zu geigen, während Rom brennt, aber es ist ganz in der Ordnung, die Theorie der Hydraulik zu studieren, während Rom brennt.' Carl Schmitt gehört zu denen, die ‚die Theorie der Hydraulik studieren'; er ist mit seltener Überzeugung Ideologe; ja man kann sagen, daß er diesem Wort, das unter Deutschen seit Bismarck eine üble Bedeutung hat, wieder zu Ansehen verhelfen wird.

Was bezeichnet den Ideologen? Wie kommt er zustande? Er hat ein persönliches, fast ein privates System, dem er Dauer verleihen möchte. Er gruppiert alle Lebenstatsachen, gruppiert seine ganze Erfahrung um die eine Grundüberzeugung, daß Ideen das Leben beherrschen; daß das Leben niemals nach seinen Bedingungen, sondern nur nach freien, unbedingten, ja bedingenden Einsichten, eben nach Ideen, geordnet und aufgebaut werden kann. Die Exaltierung und Hartnäckigkeit dieser seiner Überzeugung macht die Größe des Ideologen aus. In einer Zeit, die das Nichts anbetet, indem sie die Ideologie bekämpft oder belächelt, in solcher Zeit wird der Ideologe genötigt sein, seine Basis zu prüfen. Er wird zum Politiker und schließlich zum Theologen werden, ehe er sich's versieht. Man könnte sagen, daß in der engelmacherischen Tendenz unserer Zeit ihre letzte Hoffnung beschlossen liegt. Wie dem auch sei: in Carl Schmitts Werk findet die Ideologie einen ihrer schärfsten und glühendsten Verteidiger. Sein Ausgangspunkt ist das Recht, die Rechtswissenschaft; er ist Professor der Rechte in Bonn. Seine ersten Schriften handeln von ‚Schuld und Schuldarten' (1910), von ‚Gesetz und Urteil' (1912). Doch findet sich schon der Übergang zur politischen Philosophie (‚Der Wert des Staates und die Bedeutung des Einzelnen', 1914). Es gibt kein Recht außerhalb des Staates, und es gibt

Primera página del artículo «*Carl Schmitts Politische Theologie*», en su primera edición en *Hochland*, XXI/2, de junio de 1924, págs. 263-286.

«hasta entonces nadie había hecho» en su artículo de Hochland, *sino que lo introduce en el cuerpo de colaboradores de la revista católica dirigida por Carl Muth. Esta larga reseña está considerada todavía hoy, entre los especialistas –Jacob Taubes, Piet Tommisen, Heinrich Meier, Ellen Kennedy, por citar algunos–, como la primera y «más perspicaz» introducción a la obra de Carl Schmitt.*

Hasta ese momento pocos habían reparado en el potente ensayismo que Schmitt estaba desarrollando fuera del estricto formalismo jurídico en que había desarrollado su primera obra. Sin duda, los efectos de la Gran Guerra hicieron que su obra pasara de la filosofía del Derecho a la filosofía política y a la crítica cultural. Entre 1919 y 1932 Schmitt desarrolló una crítica en masa, tan lúcida como reaccionaria, a todas las ideas e instituciones de la cultura liberal y para muchos se convirtió en «el teórico de los resentimientos de toda una generación». Baste citar algunas de sus obras: su temprano artículo sobre «La visibilidad de la Iglesia» (1917), Romanticismo político *(1919),* La Dictadura *(1921),* Teología política *(1922),* Catolicismo romano y forma política *(1923),* Los fundamentos histórico-espirituales del parlamentarismo actual *(1923), sus poco conocidos artículos sobre relaciones internacionales publicado en* Hochland *en 1925 y 1926 –fundamentales para su importantísima obra posterior en este campo tras la Segunda Guerra Mundial (*Tierra y Mar *y* El nomos de la Tierra...*)–,* El concepto de lo político *(1927),* Teoría de la Constitución *(1928),* El defensor de la Constitución *(1930). Con ellas Carl Schmitt se convierte en un máximo exponente de lo que Ellen Kennedy llamará después «expresionismo político», buscando matizar la corriente usual en que se le encuadra, el realismo político. Y en esta denominación juega un papel muy importante el jugo «teológico»* *y «estético» que supo extraerle Hugo Ball a sus libros en el artículo que publicamos aquí, lectura que mucho más tarde retomarían Jacob Taubes o Heinrich Meier para sus respectivas interpretaciones en torno al propio Schmitt.*

Como dice Paul Auster en un valiosísimo texto sobre Hugo Ball –«Huesos Dadá», en El arte del hambre*–, éste «es demasiado artista para ser filósofo, demasiado filósofo para ser artista... demasiado introvertido para ser un auténtico activista», de tal forma que su fascinación ante Schmitt responde a algo que él mismo deja claro en su artículo: encuentra al gran ideólogo, al «hidráulico», es decir, al intelectual pragmático que ha logrado, con su «tendencia a lo absoluto», la exposición «hasta las últimas consecuencias» de su oposición al positivismo de su época, a las fuerzas ambientales del relativismo y del romanticismo, de su crítica a la modernidad, al racionalismo y al liberalismo, pero «regida por lo concreto» gracias a sus dotes de jurista. Ese «implacable ir a la raíz de las cosas» –como el poeta Gottfried Benn definió el expresionismo– ha hecho que Schmitt haya formulado categorías de lo político que desmontan el sistema liberal al que describe como una «eterna discusión» heredera de «la irresolución romántica» y regida por la sobrevaloración de lo técnico, de lo económico, en definitiva –y siguiendo a Weber– por el supremo valor de la racionalidad instrumental. Esa pantalla espectacular neutraliza y aplaza indefinidamente los verdaderos momentos políticos soberanos, allí donde se dan el antagonismo, la excepción y donde ha de tomarse una decisión.*

Además de su crítica fundamental al mundo que ha llevado al gran desastre de la guerra mundial, el hecho de que Schmitt, en su libro Teología política*, haya identificado todos los conceptos jurídicos y políticos que fundamentan la política moderna como procedentes de la secularización* *de principios teológicos, hace que Ball vea correspondida su propia percepción crítica sobre el profundo corte histórico que en este sentido supuso la Reforma, como primer gran translaticio de los principios de la autoridad teológica al poder terrenal tanto en lo político como en lo económico. Además, Ball encuentra en Schmitt una agarradera para fundamentar su propio catolicismo radical y místico –expresado en* Cristianismo bizantino– *que, en esos momentos, y como veremos, sobrepasaba al propio Schmitt, que acabaría tildándolo de «genialismo» revolucionario.*

Correspondencia Ball/Schmitt

*Es posible que Ball encontrara en la obra de Schmitt un espejo de su propia dinámica intelectual y espiritual. Sí es seguro que Schmitt se vio reflejado en la reseña de Ball. En una serie de entrevistas televisivas, después recogidas en libro por su autor, Joachim Schickel –*Gespräch mit Carl Schmitt, *de 1993–, Schmitt reconocía, todavía en 1970, que el trabajo de Ball era «un ensayo brillante, de gran ritmo, como si hubiera experimentado de toda mi vida en un segundo... un ensayo inusual en todos los aspectos, desde el punto de vista del estilo como del contenido». Sin embargo, en esa misma entrevista Schmitt presentaba su relación con Ball como una continua desazón. Mientras el catolicismo político estaba en un debate clave sobre su propia existencia decisiva en Alemania, a través del partido* Zentrum, *«él –por Ball– pensaba en otra cosa, estaba totalmente ausente». El hecho de que Ball no refiriera en su reseña su obra sobre «el parlamentarismo actual», de 1923, era una confirmación de su falta de interés por cualquier proyecto político. De estas palabras se colige que Schmitt* decidió medir las distancias con Ball por lo que consideraba una auténtica «ceguera» de este último con la situación real de su época. En otro momento de la entrevista se le pregunta por la decisión de Ball de revisar su *Para una crítica de la inteligencia alemana* y Schmitt llega a decir que el nuevo libro, *Las consecuencias de la Reforma*, «no sólo dejaba clara la auténtica retirada de Ball del mundo político y social, también una profunda escisión en su personalidad».

Schmitt parecía olvidarse de que en 1924 Ball había hecho un trabajo ejemplar sobre su obra y de que algún atractivo hubo de ejercer en él mismo cuando dio llamativos pasos para arrimarse a alguien como Ball. Éste a su vez quería conocer de forma «confidencial» a quien le había deslumbrado con su «teología política». Ambos ya tuvieron un encuentro en la primavera de 1919 en Múnich donde, según recuerda Schmitt en 1970, se sabe que discutieron sobre León Bloy y proyectaron una visita a Hermann Hesse. Pero el encuentro más importante se produjo en Sorengo, entre agosto y septiembre de 1924, a raíz del artículo de *Hochland*. Se especula con que Schmitt pudo proponerle a Ball un prólogo para la nueva edición de su *Romanticismo político* –que saldría en 1925–, mientras se sabe que Ball le explicó la posibilidad de una nueva edición de su libro de 1919, titulada ahora *Las consecuencias de la Reforma*. Schmitt, en ese encuentro no sólo le mostró su oposición a esa edición sino que incluso llegó a ofrecerle el resarcirlo económicamente de los compromisos editoriales que el propio Ball hubiera adquirido. Éste interpretó todo como un gesto de «amistad fanática». Sin embargo, cuando al poco de salir el libro, Waldemar Gurian, entonces del entorno inmediato de Schmitt, destrozó al libro y al autor en una reseña crítica, Ball comprendió que había *desobedecido y había recibido su castigo, pues Gurian llegaba a cuestionar su propia «responsabilidad» personal.*

La correspondencia entre ambos, que aquí publicamos, contiene todos los datos fundamentales y ayudará al lector avisado a sacar conclusiones. Pero, ¿a qué pudo venir esa extremada reserva y esa reacción punitiva? ¿Un caso más de oportunismo político y publicístico de Schmitt? ¿Una maniobra de desautorización más por parte del «catolicismo oficial» alemán, como denuncia Hermann Hesse al respecto de este desagradable desencuentro de Ball con «un poderoso y famoso católico... que siempre ha estado donde estaba el poder»? ¿Actuaba una distancia insalvable entre el jurista «práctico» y el «dadaísta» anarquizante?

Siguiendo en lo siguiente a Ellen Kennedy, es cierto que Schmitt y Ball tenían objetivos comunes en cuanto al poder y la «curación» de la Iglesia y del catolicismo político, que también ambos vieron en el protestantismo alemán una fuente de desviación de la civilización occidental, aunque con distintas intensidades; pero mientras Schmitt seguía viendo una posibilidad de realización política concreta, y no necesariamente dentro de la Iglesia, pues ya entonces se había manifestado gratamente en torno al fascismo italiano y acabaría como jurista de cabecera del nacionalsocialismo, el dadaísta Ball, seducido por sus estudios sobre Bakunin, seguía propugnando un «nuevo catolicismo» integral, ascético y revolucionario.

Es posible aún otra interpretación, siguiendo de lejos en este caso a Heinrich Meier. En 1991 se publicaron póstumamente los apuntes de Schmitt entre 1947 y 1951 bajo el título de Glossarium. *En este tomo, especialmente esclarecedor de las complejidades de su personalidad, Schmitt despacha a Ball como una víctima del «genialismo alemán»: «Ball huyó de la época hacia la humildad después de caer profundamente en esa época». Con ello asociaba a Ball a sus amigos prototípicos del filosofismo revolucionario moderno del que Schmitt abominaba, como Bloch o Hesse, y con todos aquellos que caían víctimas de los desafíos del nihilismo. Al mismo tiempo, en* Glossarium *hace Schmitt algunas declaraciones centrales en su existencia intelectual que mostraban la contradicción con su postura antimística: «Ésta es la palabra clave oculta de toda mi existencia intelectual y literaria: la lucha por el verdadero endurecimiento católico (contra los neutralizadores, los estéticos de vida disipada, contra los abortadores del temor, los incineradores de cadáveres y pacifistas). Aquí, por este camino de agudización católica Theodor Haecker no siguió ya conmigo; todos se alejaron de mí, hasta Hugo Ball». Y más tarde: «Por cierto, yo no cambié. Mi libertad frente a las ideas es ilimitada porque permanezco en contacto con mi centro invariable, que no es una «idea» sino un acontecimiento histórico: la encarnación del hijo de Dios. Para mí, el cristianismo no es en primer lugar una doctrina, ni una moral, ni siquiera (y pido disculpas) una religión; es un acontecimiento histórico».*

Sólo con estos escritos póstumos se puede valorar hasta qué punto el famoso «arcano» que tantas veces nombraba Schmitt era la fe revelada en la encarnación, y como este eje de su teología política nos presenta a un Schmitt precisamente «místico», aquél que adivinó tan certeramente Ball en su reseña sobre Teología política*: «El racionalismo de la Iglesia descansa, según Schmitt, "en lo institucional", en una "superioridad específicamente formal sobre la materia de la vida humana"... y esa particularidad formal del catolicismo romano "descansa en la severa ejecución del principio de la representación"». Es posible que Schmitt reprochara a Ball el que no tuviera ese endu-*

recido centro invariable, aunque una lectura atenta del artículo schmittiano «Visibilidad de la Iglesia», de 1917, y de los diarios de Ball, no justificaría ese recelo y demostraría que ambos habían llegado a ser católicos renanos «hermanos», casi gemelos, pero al parecer cerrando el círculo por cada uno de los lados de la circunferencia de ese supuesto «origen común».

Es posible que el antagonismo natural de Schmitt, quizás su enorme soberbia intelectual, nunca le permitiera encontrar con nadie esa platónica «regla fija, suficiente» a la que poder recurrir para evitar las hostilidades. Es posible que se comportara, a decir de Meier, como un «protestante»... «sin prestar atención a las instancias intermediarias ni confiándose en la representación, sino refiriéndose únicamente a su propia fe o a la autoridad soberana». Pero al mismo tiempo, en un gesto típico de la larga nómina de «no relaciones» de Schmitt, hace una poderosa confidencia en una de sus cartas a Carl Muth que publicamos aquí, cuando dolido por la muerte de Ball y la distancia con él, llega a decir que le dedicó línea a línea su Concepto de lo político, *una de las obras fundamentales de Carl Schmitt, precisamente donde acuña una de sus categorías por excelencia, la de la motivación política por excelencia en la distinción entre* amigo y enemigo.

Al final todo se dio, como suele ocurrir en estos casos, de tal forma que entre ambos no sólo no hubo un perseguidor sino que uno acabó «perseguido» y otro se sintió «abandonado».

Esta edición

Para la traducción de Las consecuencias de la Reforma *se ha seguido la edición del volumen 5 de las obras completas de Hugo Ball, editadas por Wallstein Verlag. «Teología política de Carl Schmitt» se ha traducido desde la edición moderna alemana recogida por Jacob Taubes (ed.) en el volumen colectivo* Der Fürst dieser Welt. Carl Schmitt und die Folgen, *de 1983. La correspondencia y comentarios entre Hugo Ball y Carl Schmitt los reproducimos siguiendo las edición realizada en Bernd Wacker (ed.),* Dionysius DADA Areopagita. Hugo Ball und die Kritik der Moderne, *Paderborn, Múnich, 1996; que sigue a su vez los comentarios de trabajos anteriores sobre la correspondencia de Ball realizados por Gerhard Schaub und Ernst Teubner, que culminaron en* Hugo Ball, Briefe 1904-1927 (Samtliche Werke und Briefe, 10), *3 vols., Wallstein, 2003. Esta nota editorial se ha alimentado especialmente de la lectura de los trabajos y referencias de Rafael Gutié rrez Girardot, Ellen Kennedy, Heinrich Meier, Jacob Taubes y Piet Tommisen.*

Las consecuencias de la Reforma

Capítulo primero

[1]

Si se quiere comprender la crítica situación en la que se ha situado el pensamiento alemán, se debe retroceder hasta la Baja Edad Media. Será en la lucha medieval por la supremacía entre el poder espiritual y el poder material, entre la fuerza vinculante de la Iglesia y el salvajismo de los reyes bárbaros, donde se resolvieron las primeras decisiones de la historia europea. Cuando Otón I obligó en el año 962 al Papa a otorgarle la corona imperial, nació el «Sacro Imperio Romano Germánico». Bajo el reinado de Otón III ya había un Papa alemán, cuando ni tan siquiera existía un pueblo alemán. Posteriormente llegaron las Cruzadas, en cuyas aventuras la iracunda fuerza de los bárbaros descubrió una desviación fantástica para los reiterados ataques de los reyes alemanes contra Italia. Le siguió después el sometimiento del debilitado Estado a la Iglesia bajo el pontificado de Gregorio VII.

El estado Universal pontificio-imperial de la Edad Media dirigió una conexión interior de los pueblos alemanes con el país más civilizado de aquel entonces, Italia. Y si los violentos reyes alemanes, en cuanto recibieron la bendición, se convirtieron en la espada ejecutora de la voluntad romana, esa consagración les supuso al mismo tiempo la «misión cultural» de ser los encargados de expandir los territorios eclesiásticos y propagadores del evangelio, y así llegar a aquella actitud heráldica de majestad teológica acompañada de trompetas imperiales que ha matado la rústica fantasía del pueblo alemán. Durante siglos, la espada del emperador propagó la fe cristiana, tal y cómo se expandió el Islam bajo Mahoma. Y no sólo en la época de Hegel, sino que ya en tiempos de Gutenberg se encuentra impresa la convicción optimista de que la nación alemana es la preferida por Dios y ha sido elegida por la Providencia. Los reyes alemanes alcanzaron su posición mediante las amenazas y la violencia. Sus rendimientos culturales quedaban, entretanto, muy detrás de los logros alcanzados en aquella época en Arabia, España e Italia, tanto en el mundo del arte, como en la literatura y las ciencias.

Todavía hoy, nuestros consejeros de enseñanza, historiadores y pedagogos alemanes siguen sin comprender que no existe motivo alguno para sentirse orgullosos de dicha tradición. Alemania no ha sido de ningún modo «el corazón moral del mundo» como se ha querido hacer creer ocasionalmente. Aparte de en ciertos místicos y trovadores, la moralidad era en Alemania rudimentaria, privativa y basta. El país era despensa y arsenal al servicio de los objetivos misionales del papado. En países así existe poco espacio para la conformación de costumbres refinadas. Los Otones, Federicos y Barbarrojas le trajeron a los Papas prebostes y horror. Cuando el Papa ungía emperador a alguno de ellos les imponía a la vez que su «apostólica majestad» –título que hasta hace poco ostentaba el emperador austríaco– defendiera y ampliara, con las armas que fuesen necesarias, el enorme Estado eclesiástico europeo.

El Sacro Imperio Romano Germánico fue destruido

por Lutero. La ciega pasión de este atrevimiento todavía nos acongoja. Con la separación de Alemania de Roma, Lutero creó las condiciones para la independencia del feudalismo alemán. Con ello regalaba a los príncipes alemanes la ideología necesaria para esa autoarrogancia egocéntrica que creció en las mentes de los heraldos del imperio, como Tritschke y Chamberlain, hasta el delirio. Después de la Reforma, les fue imposible a los Papas doblegar el poder alemán bajo su custodia espiritual. Con Lutero se marca el final de la universalidad religiosa de Alemania.[1]

Al mismo tiempo se empieza a preparar un nuevo Estado universal en cuyo centro no se encuentra ya la autoridad clerical, sino el poder profano. En las grandes revueltas campesinas de 1524-25 se dilucidaba la cuestión de si se podía romper o no la vieja tradición feudal de Alemania. Aquella revolución alemana (actualmente más importante que las reformas en las que fue ahogada) fracasó. El feudalismo salió aún más fortalecido y con la llegada de los Hohenzollern se rejuveneció. La llegada de los Hohenzollern trajo consigo la lucha competitiva con los Habsburgo, el último rudimento del sistema medieval. Con ello, los métodos clericales y materiales de la política y la diplomacia del Estado universal pasaron de Viena al gabinete prusiano. Y finalmente experimentamos cómo el Estado universal medieval de Ber-

1 El documento de nuestra restricción de conciencia nacional fue la Confesión de Augsburgo redactada por Melanchthon. Con ella, Lutero y Melanchthon renunciaban voluntariamente a la libertad de conciencia individual que había garantizado el primitivo evangelio de Lutero. La «Confessio Augustana» constituyó una nueva (protestante) Iglesia, que no tiene parangón en cuanto a su posición respecto al poder mundano. En nombre de Dios, aprobaba la arbitrariedad del Estado y nombraba, mediante la concesión del patronato espiritual a los señores territoriales, tantos Papas protestantes como príncipes protestantes existían.

lín se esfuerza en levantarse sobre los desheredados, el proletariado.

Actualmente es al contrario, es el régimen imperial quien busca utilizar al Papa (la ideología de la libertad, el poder espiritual) como en el medievo el Papa lo intentó con el emperador. Los Habsburgo dirigieron los métodos diplomáticos del mismo modo a como Robespierre lo hacía con los estatales y Napoleón con los militares. Un poder satánico dirige y busca someter al mundo. El medio se ha convertido en propósito. Triunfa la profanación y se ha llevado a cabo una profanación de todos los valores como nunca se había visto antes en el mundo.

Dios se ha transformado en instrumento de la monarquía. La moral y la religión se encuentran supeditadas al poder omnipotente del Estado. La consecuencia de esa perversión de los términos jurídicos es que se ensalzan en nombre de Dios a las cosas más demoníacas, sin mostrar ningún tipo de sensibilidad ni conciencia para la inferioridad de este evangelio del poder físico y de la violencia.

En el lugar del perdón ha aparecido la sangría. En el lugar de la confesión ha aparecido la policía secreta. Los grandes valores morales de la humanidad (alma, paz, confianza, respeto, libertad y fe) son calculados según el éxito y vistos como medio para alcanzar los fines, por lo que se oponen al significado tradicional de estos mismos conceptos. El *collegium* clerical de *propaganda fide* ha sido sustituido por uno de carácter periodístico de *propagando bello*, y la alegría y el orgullo con los que se sirve a este sistema proporcionan la iluminación de una infernal danza de la muerte.

[2]

Nosotros, que consideramos ese sistema como equivocado, estamos obligados a señalar el error. Se deben eliminar tanto los prejuicios nacionales como los individuales. No es posible que aún se siga hablando de Alemania como la «*générese Allemagne de Luther*». La Alemania de Lutero podía ser cualquier cosa menos generosa. La Alemania de aquel entonces ha sido descrita por August Bebel en su *La revuelta campesina alemana...* (1876), un documento que debe tenerse en cuenta. En 1517, mediante la acción de un monje incompleto, tanto política como espiritualmente, se desgarró la unidad cultural europea y el artífice de ese desgarro es considerado por los agoreros, todavía hoy día, como máxima autoridad en las cuestiones sobre la conciencia. Ciertamente, si se tratase de zurcir mínimamente a Europa, habría que continuar creyendo en los héroes y profetas oficiales.

La discusión ideológica sobre una nueva humanidad ha comenzado y en la solución de la cuestión sobre la humanidad también se encontrará implícita la pregunta sobre la cuestión política. Como alemanes estamos interesados en esta cuestión desde la remota época de Lutero. La revisión de nuestra historia intelectual nos va a proporcionar nuevos impulsos y caerán algunas verdades en las que creíamos y en las que creemos. La historiografía alemana ha evitado debatir precisamente sobre Lutero, y esto demuestra qué necesidad hay de hacerlo. En la época de Lutero se produjo la alianza entre la burguesía y el feudalismo alemán que sobrevivió a todas las revoluciones europeas y que finalmente estaba dispuesta a amordazar y someter a Europa. El profeta y pregonero de esa alianza era Lutero. Gracias a su toma de posesión en la cuestión de las indulgencias, unió Estados provinciales, príncipes y magistrados. En el momento en el que colocó la conciencia bajo la protección de los príncipes mundanos, ayudó a construir un fariseísmo estatal para el que son símbolos tanto la «dependencia deseada por Dios» como la frase del «cristianismo práctico». No obstante, través de su actuación despótica en las revueltas campesinas traicionó la causa del pueblo en favor del estado.

La acción de Lutero no debe ser empequeñecida ni denigrada. Desde el punto de vista de la nación alemana, debe ser ciertamente alabada. Desde el punto de vista de la república hay que recusarla. Quién hoy día proteste contra la tiranía, como Lutero protestó hace 400 años en calidad de monje, tiene derecho a invocarle. Al evangélico no se le debe quitar su santo, aunque este santo no quiera saber nada de santos. Aquel Lutero que escribió cartas cariñosas a su hijo Hänsigen; aquel Lutero que tradujo la Biblia y expulsó a los mercaderes, es considerado un monumento nacional. Pero es otro el Lutero que juega con la palabrería de las murmuraciones y escritos alemanes en las esferas del Estado; el Lutero que habría «torcido el camino, partiendo de la polifonía, de un pueblo que dará a luz a genios».

Tampoco estamos de acuerdo con el punto de vista de Novalis, que escribió: «eran bellas épocas gloriosas en las que Europa era una región cristiana, en las que la cristiandad habitaba esta parte del mundo que había sido configurada de manera humana». No somos panegiristas del pasado a costa del futuro y el presente, no hablamos de una oscura propaganda de la palabra que espera restablecer «la gran labor de la Edad Media» o busca desesperadamente «una victoria de los espíritus cristianos alemanes y europeos sobre un mundo derribado». Si luchamos contra la reforma, Lutero y el Protestantismo es porque vemos en él el baluarte de un aislamiento nacional que debe caer para que se pueda levantar sobre sus ruinas la humanidad. Una herejía de tintes políticos es prácticamente la última y única forma de religiosidad que la definida Alemania actual es capaz de conocer y reconocer.

[3]

Se ha citado a Lutero como el primero que quebrantó el sistema medieval, y ciertamente con razón. Las 95 Tesis que clavó Lutero en la iglesia del palacio de Wittenberg, trataban sobre la «gracia libre», y el conflicto que surgió a raíz del asunto de las indulgencias derivó rápidamente hacia la cuestión del derecho Papal. «Si la gracia de Dios actúa libremente», así se formuló, «desaparece todo tipo de administración central por parte de las parroquias». Gracia libre significaba conciencia libre, significaba poder pensar de manera autónoma sobre la gloria, la justicia y la injusticia, es decir, poder empezar a pensar autónomamente sobre lo humano y lo divino. Eso conlleva la libertad para un cristiano, y por ende también que el individuo burgués estaba capacitado para interrogar a su conciencia sobre las cuestiones acerca de las últimas preguntas de la existencia. Sería deseable que siguiesen existiendo luteranos entendidos en ese sentido.

El sistema religioso que quebró Lutero fue el concepto colectivo en cuestiones de fe, la administración central en cuestiones de conciencia, el aparato eclesiástico abstracto, el orden disciplinar. El individuo se atrevía, fundado en la curación personal de su alma, a negar la obediencia. La firmeza democrática con la que apareció

Lutero se presenta en toda su claridad cuando se considera la viva dignidad con que colocó sobre los hombros de cada individuo todos los conflictos del alma, todas las preocupaciones metafísicas acerca del florecimiento y deterioro del hombre y toda la carga de las sutiles preguntas teológicas de su tiempo. Toda la carga de los pecados del siglo la llevaba ahora el individuo, pero al mismo tiempo portaba en sus ojos el brillo de la gracia espiritual. «El Papa», dijo Lutero en los artículos de Esmalcalda, «no quiere dejarnos creer a solas, sino que habla de obediencia debida, pero no estamos dispuestos a ello». ¿Dónde se ha atrevido alguien a pronunciar palabras así, actualmente, enfrentándose con ello al estado de excepción del actual sistema disciplinario? ¿Es que la propaganda en favor de los empréstitos de guerra fue tan distinta al tráfico medieval con las indulgencias? ¿Acaso había tanta diferencia entre el predicador de antiguo sistema y los profesores del nuevo, entre Tetzel y Eduard Meyer? ¿Dónde ha quedado la diferencia entre ley y evangelio, entre la autoridad formal y espiritual que estableció Lutero en 1517? ¿Es posible encontrarla aún en Alemania?

Lutero se arroga la gracia de haber establecido la necesaria diferencia entre ley y evangelio. Todavía en 1534 decía: «Siempre debo inculcar y aclarar esta clase de diferencia entre las dos leyes, aún debo impulsarla y encajarla, a pesar de que a menudo puede resultar aburrido escribir y hablar sobre ello. El dichoso demonio no cesa de meter ambas leyes en el mismo saco. Así, los señores mundanos siempre quieren enseñar y mostrarle a Cristo cómo debe dirigir su Iglesia y su regimiento eclesiástico. Y así, los falsos clérigos siempre quieren pontificar y mostrar cómo se debe ordenar el regimiento mundano». Más clara no podría estar expuesta la separación entre el Estado y la Iglesia.

Pero también alardeaba Lutero de que «desde los días de los apóstoles, ningún doctor ni escribiente, ningún teólogo ni jurista, ha expuesto con mayor claridad la conciencia de las clases mundanas». Cuando él apareció, nadie sabía nada de la autoridad mundana, de dónde procedía, cuál era su función y su destino y cómo debía servir a Dios. Y esta última afirmación nos da una idea del terrible poder, desconocido para la Edad Media, que le otorgó al Estado. Marsiglio de Padua y Maquiavelo, mucho tiempo antes, le habían señalado las tareas propias del Estado. Sin embargo, los sabios habían considerado que la autoridad mundana era algo pagano y contrario a Dios, describiéndola como un estado peligroso para el alma. Lutero fue el primero que, amparado en la Biblia, le otorgó un origen divino. Con ello se garantizaba la omnipotencia estatal cuando los príncipes comenzaron a ejercitar como celadores u obispos. Lutero demostró ser, siguiendo sus propias palabras, un «clérigo falso» que enseñaba y pontificaba «cómo ha de regirse el regimiento mundano». Le proporcionó al Estado una «libertad de conciencia» insospechada y al mismo tiempo declaraba el desinterés del individuo religioso en la ordenación de los asuntos del Estado. Aquí tiene su origen toda la indiferencia política de los poetas, sabios y filósofos alemanes. También en Lutero hay que buscar el origen del menosprecio con el que todavía en la actualidad el hombre de Estado alemán mira a los intelectuales. La ingenuidad de un ambiguo doctor en teología entregó al pueblo a una infinita regulación basada en la fidelidad y fe en sus nobles, sus funcionarios y sus príncipes. Y la esterilidad político-social de todos los actos espirituales se convirtió en obligación y compromiso hasta el día de hoy.

Müller, el canciller de Weimar, contaba que mientras que Napoleón cabalgaba hacia Eckardsberge declaró: «Carlos V habría actuado inteligentemente si se hubiese colocado a la cabeza de la Reforma. Por el estado de ánimo que imperaba en aquel entonces le habría sido sencillo lograr de este modo una soberanía ilimitada sobre toda Alemania». Ciertamente, estuvo cerca de ello. Pero no se debe concluir con ello que la casa de Habsburgo no siguiera desde el principio las actuaciones de Lutero con todo detenimiento y excluyera sacar beneficio de ellas. El emperador Maximiliano, predecesor de Carlos V, planteó de manera campechana al consejero elector de Sajonia, Degenhardt Pfeffinger, una pregunta muy propia para la ocasión: «¿Qué hace vuestro monje de Wittenberg? No se deben menospreciar sus palabras». Y le previno de que «sería aconsejable cuidar a ese monje, porque podría llegar el caso de que se le necesitase». Pero aunque los emperadores de entonces «menospreciaron aquella gran obra», no ocurrió así en 1871, cuando llegó el momento adecuado. El protestantismo se convirtió entonces en el encargado de los negocios para las relaciones diplomáticas del emperador prusiano con el querido Dios.

Pero la polifonía desde la que Lutero «torció el camino de un pueblo que dará a luz a genios» se transformó en una polifonía de ambigüedades morales. No sólo ha confirmado a la autoridad –«cuando la autoridad dice que dos y cinco son ocho, debes creerlo aún oponiéndose a tu conocimiento y sentido»–, sino también a la guerra. En una investigación sobre si «los militares también se pueden encontrar en estado de gracia espiritual» se encuentran las frases más groseras: «Cierto es que se dice y habla mucho acerca de la plaga que significa la guerra... pero el oficio de la guerra y la espada, a pesar de las cosas horribles que en ella suceden, ha de ser visto con ojos viriles. De este modo se demostrará que se trata de un oficio divino, tan necesario y provechoso para el mundo como el comer y el beber o cualquier otra actividad».

[4]

La verdadera acción de Lutero fue la de iniciar una revuelta disciplinaria monacal. Nietzsche lo dio en llamar «el monje imposible». La naturaleza brusca e impetuosa de Lutero se vio envuelta en una lucha desesperada contra las tentaciones carnales y espirituales del demonio, como consecuencia de lo cual se derivó la necesidad de poner en duda una disciplina monacal considerada imposible de cumplir. La rabia inútil contra su propio temperamento y las reglas de su Orden le impulsaron a colgar los hábitos de fraile y a renunciar a la perspectiva de una mortificación completa. Rompió los votos de la Orden y desde entonces defendió el concepto de que no era necesario ser monje o monja para convertirse en un santo. La celda era una cárcel para él y la penitencia una tortura.

Cuando colgó los hábitos emprendió una búsqueda vehemente que justificase su modo de actuación y lo encontró, según creyó, en la fe que justificaba el Credo. Sólo la Biblia sería la única ley de Dios. Ni una palabra se le dijo desde la orden de los Agustinos. Cristo en la cruz ha hecho lo suficiente por todos los pecados pasados, presentes y futuros. El conocimiento de los mártires divinos es suficiente. Ello le proporciona al hombre la gracia. El que se reconozca como pecador, será absuelto, sin importar que sea laico o adepto. Pero ahí está precisamente el quid de la cuestión: ¿Puede reconocer su culpa un instinto inquebrantable?

La doctrina justificativa de Lutero tenía para él un sentido de justificación privada de su manera de actuar cuando decidió colgar los hábitos. En dicho intento, de justificarse, había igualmente una venganza hacia la institución de la que intentaba huir.

«No se necesita ser monje o monja para convertirse en un santo». Evidentemente no se necesitaba, porque en caso contrario el laico nunca hubiese alcanzado la condición de santo. Pero el monacato, al que despreció con su toma de postura, no sólo tenía la misión de ser el escenario de los ejercicios penitenciales encaminados a la consecución de la santidad. La orden monacal guardaba igualmente el secreto de las enseñanzas de la cristiandad. Los ejercicios espirituales de los monjes estaban encaminados hacia la sublimación de la fe, hacia la liberación de todas las maravillosas fuerzas que emanan del corazón. Los monjes eran los custodios del gran sello de los misterios y guardianes de la grandeza ideológica de Occidente. La disciplina ascética no solamente era la preparación hacia el estado de gracia, sino precursora de cualquier acción encaminada a completar el espíritu: una *ars magna* del cultivo del espíritu que tendía hacia el triunfo de la vida interior sobre las ataduras del cuerpo y sobre todas las opresiones de la casualidad. El ejemplo de Cristo hacía de los monjes los fundadores de una escuela superior en espiritualidad, cuyos tesoros se han revelado como tan fundamentales que hasta las aberraciones más perniciosas siguen excusándose en ello.

La espiritualidad de la Iglesia romana no quedó

superada por el simple hecho de que un obstinado monje agustino llamase al Papa el «hijo del demonio». La jerarquía como esencia del espíritu quedó validada. ¡Qué sabría un monje diabólico de las aventuras *divinas* de la vida, del fanatismo pasivo por el que discurría la rígida mística católica! ¡Qué sabría del poder de los padres que nos trajeron el canon de la doble naturaleza y durante siglos defendieron el origen, el arquetipo del creador frente a las quimeras, caricaturas y los espectáculos demoníacos! La obsesión por Dios de la Alta Edad Media también hubiese quebrado el sistema del catolicismo oficial, aunque de un modo que le era extraño al ingenuo Hermano Martin. En infinitas luchas internas del alma, aquellos ascetas experimentaron la disolución de la religión en sus elementos originales, llorando amargamente descubrieron la insensatez de la existencia, el loco grito del sufrimiento y aniquilación humanos. En Francisco de Asís, todas las ansias por vivir volvieron a tener un halo divino.

La protesta de Lutero fue expresión del «sano entendimiento humano», de ese tan incierto argumento filosófico. Una hostilidad a la inteligencia es lo que descubre su traición al espíritu monacal. No van a ser expuestas aquí con detalle las reglas de la antigua Orden de los Agustinos, pero el padre de la Iglesia que le dio nombre a la Orden fue uno de los más dedicados al servicio de la Iglesia. No era un abogado de la realidad. Fundó un sistema rigurosamente ortodoxo. La sutilidad de la metafísica persa, las engañosas cuestiones sobre el origen del Mal y de la naturaleza del alma que intentó fundamentar, le dieron un sentido de lo tenebroso que nos rodea, pero también de aquella fuerza penetrante que nos alumbra. Como enemigo de las ilusiones, no se asustaba de los fantasmas ni de la exasperante mortificación de sus deslumbrantes aptitudes. Algo de ese espíritu ha sobrevivido a la degeneración de la Orden agustina alemana. Pero Lutero esquivó todo camino que pudiese resultar embarazoso. Apartó a un lado todo lo que no podía comprender. No supo superar las carencias que vio en sí mismo. La disciplina le pudo, puesto que no estaba maduro.[2]

La religión de andar por casa para la ciudadanía, la religión de «oficiosidad activa» con la que Lutero creó con vehemencia profana un sucedáneo barato, tenía como requisito al oportunismo, el punto de partida gratuito que suponen todas las necesidades «naturales». Su posición racional, inclinada hacia la comodidad y el placer, no podía renunciar de por vida a una maliciosa mirada retrospectiva hacia ideales espirituales inalcanzables. Pero también quedó Lutero ajeno a esa inofensiva afirmación de los sentidos, como era característico en el Renacimiento italiano, y a la buena conciencia que otorga un equilibrio físico y espiritual. De ahí la desconfianza con respecto a Hutten, el hombre del estandarte desplegado, y la desconfianza con respecto a Erasmo, el humanista irónico. De ahí aquella inseguridad espiritual y el temor supersticioso que llevaba a Lutero a agarrarse a los textos de la Biblia como solución ante todos

2 Hijo de pastor evangélico, Friedrich Nietzsche simpatizaba en este punto con él: «Crítica a los ideales que no pueden cumplirse. Tenemos que lograr que se perciba con asco (!) intelectual lo imposible, lo no natural, lo más fantástico en el ideal de Dios, Cristo y los santos cristianos. El ejemplo no puede ser un fantasma» (*Werke*, tomo IX). También: «¡Neoplatonismo y cristianismo, lo religioso, el hombre elevado! La Reforma abortó estos ideales y negó el cumplimiento del ideal moral y religioso. Lutero tenía gran oposición y maldad contra la vía contemplativa» (idem.) O esto: «Lutero, el gran benefactor. Lo más importante que ha producido Lutero se encuentra en la desconfianza que despertó contra los santos y toda la via contemplativa cristiana» (*Werke*, tomo IV). ¿Pero es suficiente acreditar el no cumplimiento de un ideal, su rechazo? Esa es la pregunta.

los peligros y problemas de su tiempo. De ahí también los prejuicios exterminadores contra la prevalencia en Alemania del espíritu renacentista extranjero, a pesar de que era acatado.

Lutero se convirtió en profeta de una ciudadanía que no estaba dispuesta a abandonar su haraganería y que, con temor simulado, reflejaba una profunda reprobación y una pecaminosa inferioridad ante el día del Juicio Final y la rendición de cuentas. Todo el fariseísmo de los protestantes y todo su instinto turbio y trivial nos remiten al monje de Wittenberg. El éxito de sus discutibles enseñanzas creó aquella precaria codicia, cuya expresión política fue durante demasiado tiempo la expresión de la Alemania oficial; aquella deslealtad de la conciencia que no sabe valorar ningún principio claro, que representa una continua oscilación entre la moral y el apetito, entre lo prohibido y lo permitido, entre la verdad y la hipocresía; un estado de ánimo que Wilhelm Raabe ha caracterizado, aunque con mayor humor irónico del que puede soportar, en su «*Hungerpastor*» como: «El hombre nace con hambre de inmortalidad, lo nota a temprana edad, pero cuando alcanza los años en los que su entendimiento se ha desarrollado, ahoga ese hambre con demasiada facilidad y rapidez. ¡Hay en esta Tierra tantas cosas nutritivas y agradables que nos gustaría llevarnos a la boca o a la cartera!».

[5]

Si damos por supuesto que la Biblia fuese un libro como otro cualquiera, el libro sagrado por excelencia, pero al fin y al cabo un libro entre los libros, deberíamos preguntarnos entonces si en último extremo no son los filólogos quienes deben de estar agradecidos a Lutero, en lugar de aquellos espíritus a los cuales les es vital alcanzar la emancipación. ¿La libertad de un cristiano se corresponde entonces con la libertad para leer la Biblia e interpretarla con su propio criterio? ¿Es acaso para los filólogos la fe protestante en la Biblia un malentendido religioso? ¿Vamos a aceptar la propuesta de que Lutero sea el *rector magnificentissimus* de la facultad filológica de su pueblo y el protestantismo un movimiento filológico?

La fe de Lutero en lo escrito es infinita. Negro sobre blanco y de manera muy clara debía de entenderla. Rechazaba al Papa porque no aparecía en la Biblia y lo mismo hizo con los monjes y monjas. Sin embargo, no rechazó a los príncipes, ni a la autoridad, ni a la guerra porque sí aparecían. ¿Se puede concebir un fetichismo supersticioso mayor por el texto, una entrega mayor y más completa? Ningún libro, en tiempos de Lutero, fue tan leído como la Biblia. A partir de entonces perteneció al pueblo. Con un aluvión de tesis divinas, comentarios y tratados, se fue imponiendo la lamentable circunstancia de que la nación cayó en la trampa filosófica y quiso a partir de ese momento mantenerse fiel al libro en vez de a la vida. En Alemania, cuando ocurre un hecho sensacional, se dice que «ha dado la campanada». Se puede observar entonces cómo todos meten, temblando de miedo, sus narices en los libros.

Al hombre corriente le asaltaron entonces los problemas más complicados, sometiéndose a ellos frunciendo las cejas y con amargura. Y como Lutero proyectó hacia la vida diaria toda la reserva ideológica de los monasterios, todo el pueblo se sintió invadido por un rancho indigesto, convirtiéndose en un pueblo de eruditos divinos. «Se alecciona», «se alecciona», así comienzan los artículos augsburguianos redactados por Melanchthon. Y se aleccionó. Se aleccionó a todo el pueblo, cada individuo fue aleccionado. «El concepto alemán de libertad como equivalente a la creación de la erudición» fue admitido incluso por Rathenau. ¿Pero cuándo se introducirá la pureza en la categoría de las cosas? El protestantismo es una filología y no una religión.

La revuelta de Lutero le señaló al Papa que ya no se seguía creyendo en él, que se quería examinar el documento, pero este documento era un título, masticado de toda la mágica sabiduría de Oriente. Las literaturas de los pueblos más trascendentes se trenzaron, los tesoros de lo profundo descansaron en ello y así, los que manejaban el trenzado y los pescadores de la Biblia no eran precisamente personas comunes. El documento no se refería a reglas morales y obligaciones, sino, en imágenes, a la razón superior y, en palabras, al conocimiento. Se trataba de la palabra y no de las palabras. Moral y ascesis forman una llave indispensable pero en última instancia, en las últimas circunstancias sólo aparece el éxtasis de la jerarquía.

En Europa se debatía sobre su sustrato cultural. Nuevamente se trataba de una pregunta pedagógica. Elementos de formación árabes, griegos y judíos luchaban por ser los preeminentes. El Renacimiento italiano y francés se decidieron por el Helenismo y con ello introdujeron en Europa una corriente de ilustración metódica. Lutero y Calvino se decidieron por el judaísmo y ello supuso un oscurecimiento de todos los progresos. La Reforma habría cargado a toda esta región de la Tierra con una nueva severidad en las cuestiones religiosas, pero en el fondo solamente impuso una nueva y errónea creencia y un clero soterrado.

[6]

Lutero libera a la nación de su preceptor: la ortodoxia. Pero le otorga una responsabilidad propia en un tiempo en el que no estaba aún madura para ello, si los hechos históricos pueden ser tomados como demostración. La obstinación de Lutero en que la Biblia sea interpretada de manera individual fracasó miserablemente. Su intento de otorgar la victoria de las luchas de conciencia europeas a su pueblo, despreciando a toda una serie de doctos padres de la Iglesia, concilios, Papas y filósofos, conllevó el apadrinamiento de la autoridad y el predominio de dicha fuerza sobre la idea. Condujo igualmente a una tiranía más corrupta aún que la que se conoció en la Iglesia dogmática durante las épocas más intolerantes. Lutero liberó a los señores feudales de las cadenas con las que Carlos I había encadenado felizmente a los príncipes sajones. La Reforma alemana supuso un retorno al paganismo. He aquí la opinión de un francés: «Sin duda que hubo abusos en la Iglesia: la simonía, la venta de indulgencias. Pero igualmente las hay en el gobierno laico: el escándalo de Panamá, el trapicheo de cargos. Un Papa diligente hubiese sido suficiente para abolir estas deplorables incorrecciones. Lutero y Calvino, un monje y un cura, personas deleznables, crearon la Reforma no contra los abusos, sino contra la misma Iglesia y eso significó la llegada de los jesuitas, y con ello una agudización del dogma y durante mucho tiempo una intolerancia del catolicismo que en nada tuvo que envidiar a la de los reformistas.»[3]

Pero si Calvino entregó la Reforma al Estado, Lutero entregó a un pueblo al regazo del despotismo; un pueblo que en ningún caso había sido partícipe de las bendiciones y consagraciones que la Iglesia debía de otorgar[4]. El resto de Europa adivinó demasiado tarde lo que significaba la postura de Lutero en la lucha entre el Papa y el emperador. Lutero consagró el feudalismo otorgándole armas espirituales con las cuales se ha sabido mantener hasta nuestros días. Lutero impidió la gran experiencia de la libertad real, al estilo de las revoluciones inglesa y francesa, y por ello arrastra la culpa de que en Alemania, aún hoy día, siga sin existir una conciencia política eficaz dirigida hacia el exterior. La verdadera creación de Lutero es «el Dios del orden que ha impuesto la autoridad», la divinización del Estado mediante la cristianización de la servidumbre. De este modo le otorgaba a los gobernantes autócratas la conciencia absoluta y convirtió con premeditación a los alemanes en un pueblo servil, en guardianes del orden moral del mundo según las conveniencias de los príncipes; en opositores a cualquier movimiento de libertad fundado sobre las bases de la propia conciencia. El resultado final fue un Estado policial, un Estado vigilante, que se creía en la misión de

3 Jules Lamaitre en *Enquête sur la Monarchie*, París, 1909.

4 Fichte reconoce: «cada uno puede, según esto, negarle la obediencia a la Iglesia. Se ha roto el tratado; le devuelve a la Iglesia intacto su tesoro celestial, lo que todavía no ha expoliado, y le da la libertad de volcar sobre él toda su cólera del mundo intangible; y ella le devuelve su liberta de culto.»

arbitrar, juzgar y ajusticiar bajo la protección de la Biblia, Jehová y Jesús, desde el Cabo Norte hasta Bagdad, desde Finlandia hasta España.

Se le echa en cara a Lutero haber destruido con su moralina el bello Renacimiento, pero la propia Reforma no es más que un oscuro retoño del Renacimiento, como demuestra su resucitar del paganismo, su negación de la trascendencia, su rechazo del heroísmo espiritual. Lutero ha realizado actos que son peores que su iconoclastia. Ha traicionado a Dios ante el poder terrenal. Ha creado una religión para los ejércitos. Ha dado, por «convicción», alas a la guerra y al poder de la guerra. Una carga de la «conciencia» individual que no encontró ninguna oposición en la sociedad y dejó enfermar de melancolía e hipocondría a la nación entera. Se volvió teorética, caprichosa y descontenta. Una autosatisfacción insatisfecha consigo misma, un refunfuñar hipócrita y una impotencia espiritual fueron durante mucho tiempo la señal de identidad de los alemanes; una miseria patosa que se hizo insoportable.

[7]

Tanto en nuestra patria como en el extranjero no se ha dado la atención suficiente al hecho de que ya hubo una vez una Revolución Alemana. Las grandes revueltas campesinas de 1524-25, cuyas masacres son un capítulo vergonzoso para la historiografía oficial en general y para la luterana en particular, fueron al mismo tiempo la explosión de un movimiento religioso y político que se extendió desde Normandía hasta Jutlandia, Turinga, Franconia y Hungría.

En los libros de texto alemanes se escribe muy poco sobre el particular, y, sin embargo, estas revueltas de campesinos fueron una de las rebeliones más poderosas y sangrientas en contra de la nobleza y el clero que ha vivido Europa a lo largo de su Historia. La historiografía luterana tenía un doble motivo para, en lo posible, pasar por alto este capítulo de la Historia. La posición de Lutero con respecto a estos levantamientos populares fue tan despóticamente reaccionaria, tan opuesta a todo Evangelio, a todo sermón de la montaña que el prestigio del reformador aparecería seriamente dañado si el significado de aquellos acontecimientos hubiese sido mostrado con su verdadera luz. Y no solamente para el fundador, incluso para el propio protestantismo era de temer, si se descubría que teóricamente se reivindicaba la libertad del cristiano pero en la práctica se rechazaba brutalmente. «Hasta los mismos dirigentes de los partidos», escribe Zimmermann, el escritor clásico de las rebeliones campesinas, «que trajeron una mentalidad libre, trataron sus circunstancias casi de manera pusilánime, sin presentar claramente la naturaleza del hecho, ni los grandes pecados de los gobernantes, ni el corazón ensangrentado por mil heridas de un pueblo impulsado hacia la desesperación.»

Así se cayó siempre en el ardid de mencionar solamente a la Reforma y nunca a la *Revolución*, que le dio su impronta a aquella época. Y en cuanto a la segunda circunstancia, la de la posición de Lutero en las «Revueltas Campesinas», se presentó como un punto oscuro en su vida pero en general es descrito como un episodio menor, cuando en realidad su postura condenatoria de 1525 provocó el fracaso de la revolución, dejando en la estacada a los políticos rebeldes que precisamente habían sido animados por él mismo.[5] No se puede decir con suficiente claridad que la nación, hace cuatrocientos años, estaba en disposición de sacudirse el ánimo expoliador del feudalismo. Un monje discordante, sin comprensión para todas las *necesidades* de su pueblo, encolerizado, malicioso y déspota, cuando el tiempo le pedía cuentas de sus enseñanzas, él solo consiguió evitar que Alemania alcanzase en aquel siglo la libertad de su pueblo.

Las revueltas campesinas se extendieron por casi toda Europa. No estallaron de modo repentino sino que fueron preparadas minuciosamente. Los historiadores han

5 La quema por parte de Lutero de su bula de expulsión fue una negación de la obediencia política.

señalado la terrible presión y saña con la que el feudalismo arruinó a los campesinos siguiendo un método que sólo puede equiparase con el ignominioso régimen bélico de los Hohenzollern-Habsburgo. Astrólogos y profetas habían profetizado la caída de las autoridades mundanas y religiosas. El Renacimiento fue quien le brindó la salida.

Arnaldo de Brescia murió quemado en la cruz porque había anunciado la desintegración de la Iglesia y la doctrina de la libertad y soberanía del pueblo. Abelardo predicaba en Francia que «no se puede creer lo que antes no se ha comprendido razonadamente y es ridículo predicar cosas distintas a las que uno mismo, y aquellos ante los que se predica, no puede comprender razonadamente». En Inglaterra, el monje franciscano John Ball decía: «Debe de suceder ahora o nunca, debemos exigirle libertad al joven rey. Si no nos la concede, debemos ayudarnos a nosotros mismos». Era la época en que los recaudadores de impuestos flamencos levantaban los vestidos a las jovencitas para comprobar que no eran hombres y por lo tanto sujetos a contribución. Bandas de ladrones compuestas de nobles y judíos asolaban el país. En una crónica suiza se puede leer: «La tiranía es tan violenta que hasta los profetas y predicadores dan su consentimiento o guardan silencio». La soberanía del sinsentido gobernaba la omnipresente miseria. El pueblo estaba tan aturdido por el incienso como lo está en la actualidad por el humo de la pólvora.

Pero en Alemania apareció un genio del pensamiento y de los hechos que oscureció la fama de Lutero. No se trataba de un monje, fue un *magister artium* quien intentó dirigir las fuerzas de su nación hacia el espíritu místico. Y tanto sobresalió este hombre sobre su terrible época que despedazó al feudalismo, y que intentó interpretar de nuevo a Dios, a la Biblia y al cristianismo y saludó fraternalmente tanto a los paganos como a los turcos: él sufría por su espíritu y por su nación.

[8]

Thomas Müntzer pertenece a esa clase de espíritus a quienes, según palabras de un nuevo publicista, le son tan preciados sus impulsos místicos como los racionales, con la esperanza de que ambos «lograrán introducir una unidad de la vida sensual, la colorida belleza y el comportamiento armónico de la vida interior». De hecho, estos ideólogos sienten un gran dolor puesto que de no materializarse sus deseos, corren el riesgo de, como Orfeo, sucumbir o de ser descuartizados. Sus actos acaban por corroborarlo, ya que son inconsistentes por naturaleza.

Thomas Müntzer Stolbergensis se convirtió en el dirigente de la revuelta alemana de los campesinos de 1525. Nunca había dirigido una revolución un espíritu más sublime y puro. ¡No dejemos que nuestra mirada se nuble por una propaganda luterana con siglos de existencia! Al frente de la nación se encuentra aquel que ha sabido plasmar su fuerza. Cuando se produjo la primera entrada del espíritu alemán en la historia de la Edad Moderna se encontraba al frente de la nación un hombre que era a la vez profeta, filósofo y rebelde. Una naturaleza ascética que se arrojó hacia las manos mundanas cuando fracasaron los representantes oficiales del pueblo; no antes, pero a partir de ese momento con implacable energía.

Todos los grandes católicos fueron a la vez místicos y secularizaron la trascendencia de la Iglesia para dirigirla hacia la vida. ¿Qué es espíritu? Conciencia dirigida hacia la cultura. ¿Qué es cultura? La actuación en favor de los más pobres y desfavorecidos como si de ellos se engendrara lo más elevado y todo lo celestial. Traducir a lo mundano el espíritu de la música y todo su orden: ésa es la tarea de esta clase de hombres. El orden gótico de las cosas hace que se tambalee y que caiga lo mundano, permitiendo la aparición de una nueva causalidad que se ríe del presente y saluda a los siglos pasados. El orden gótico de las cosas combate su parodia en lo político y a su postparodia en lo policial. ¿Qué expresan aptitudes como la audacia, la candidez y la fantasía sobre esta clase de espíritus? Su profunda simetría, que Walter von der Vogelweide ha llamado «la medida», se encuentra en contradicción con los errores persistentes; ésa es su enfermedad, su ironía, su tragedia. Cuando aparecen, la seudología queda sentenciada. Son necesarios toda una generación de hombres grises para enfrentarse al pavoroso terror que se adueña de la vida diaria. Lo trágico no reside en el destino personal de quienes aportan su experiencia sino en el repentino alumbramiento de una razón que se encuentra conmocionada en lo más profundo de sí misma. El orden catedralicio de las cosas exige iluminación. El pesimismo es sólo una palabra para designar la discordancia de lo posible con lo real. Ser un profeta significa conocer los cimientos que los pueblos venideros transformarán en catedral.

Müntzer era un profeta. Se adelantó a Rusia y a la Ilustración, a la que santificó aún antes de su aparición.

Sin embargo, no tuvo ningún biógrafo afortunado. Melanchthon, el amigo de Lutero, siniestro redactor de la Confesión de Augsburgo, que lo mismo aceptaba dos, siete, o nueve sacramentos, no estaba capacitado para interpretar la vida de este hombre en el que se unían una ardiente fantasía y una voluntad de hierro, un enorme deseo de libertad con el más humilde amor hacia toda criatura que sufre. Todavía no ha llegado quien se haya preocupado de reunir en archivos e informes, sin prejuicio alguno, todas las manifestaciones, cartas y escritos de Müntzer. Pero al mismo tiempo nos ha llegado tanta información sobre su persona que podemos hacernos una idea de su personalidad.

Se sintió atraído hacia el estudio de la Biblia, así como hacia los escritos místicos y apocalípticos. Con excepción de los escritos de Lutero, no debió haber leído ningún libro profano. Considera como su maestro al abate calabrés Joaquín, un profeta del siglo XII que promulgaba la llegada de los tiempos del espíritu, y con ello el amor, la alegría y la libertad. Tiempos en los que sucumbirán todas las enseñanzas de las letras y el espíritu se elevará libre sobre ellas. El Evangelio de las letras es algo temporal y su forma perecedera, pasajera; el Evangelio del espíritu es por contra el Evangelio eterno. Entonces habrá sobre la Tierra una comunidad de hermanos, de almas nacidas del espíritu. Según su espíritu, el agua vital será aquella escritura que no esté escrita con pluma y tinta sobre papel, sino con la fuerza del Espíritu Santo en el libro del corazón humano. Pero cuando se haga patente la grandeza de los asuntos celestiales, toda la supuesta grandeza mundana quedará superada. También ejerció influencia sobre Müntzer la tradición de libertinaje de las hermandades catedralicias. Y su entusiasmo fue alimentado por aquellos fanáticos políticos de Zwickau, entre los que Niklas Storch alcanzó una posición relevante. Niklas Storch contemplaba el establecimiento del reino milenario como si fuese el propio cielo quien se lo hubiese encomendado; predicaba la próxima devastación del mundo y la implantación de un tribunal de castigo que exterminaría a todos los que no fueran piadosos, a todos los que no tuvieran Dios; limpiaría el mundo con sangre y sólo dejaría vivos a los bondadosos. «Casi parecía», dice Ranke, «como si quisiesen ellos mismos iniciar el trabajo de un retorno violento».

Müntzer condenó la erudición en asuntos de Dios diciendo que «la Biblia se ha transformado en una Babel, hay que esconderse en un rincón y hablar directamente con Dios». Hizo hincapié en la unión directa con Dios que se manifiesta en visiones, sueños y revelaciones. La Iglesia y el Estado deberían florecer completamente en el reino de los libres y los santos y levantar allí el verdadero sacerdocio, el que abarque a todo el género humano.

Proyectó el método de una disciplina espiritual que sigue siendo moderna: la tarea de todo nuestro quehacer consiste en renunciar a todos los placeres y deleites y, por medio de la soledad, la contrición y la observación de nuestro propio interior, indagar en las razones de nuestra fe. Dios envía señales a los hombres atormentados y afligidos. El que exige con osadía, vehemencia y seriedad dichas señales no puede quedar sin respuesta. La Iglesia cristiana se mira en Cristo y no en Pablo. Habría que penetrar en el Cristo intrínseco. Lutero sólo reformó a medias: se debe reunir una Iglesia realmente pura compuesta por los verdaderos hijos de Dios, dotados del espíritu divino y regidos por Él mismo, un reino de los santos sobre la Tierra. Ser ateo significa pretender asemejarse a Dios sin experimentar el sufrimiento de Cristo. Todo lo malo, todo lo que impida el libre desarrollo del individuo, debe ser eliminado. «El hijo de Dios dijo: la escritura es el testimonio. Pero estos escribas dicen que otorga la fe». Todo ser humano, también un pagano sin ninguna idea de la Biblia, puede tener fe.

La teología de Müntzer tolera todos los reparos que en su contra han sido formulados. Formulada desde un irracional *Fond ad hoc*, presenta lagunas y grietas y tampoco se puede decir que esté acreditada en cada una de sus formulaciones. Algunas contradicciones no aclaradas deben achacarse a las malinterpretaciones y difamaciones de sus adversarios. Sea como fuere: nadie ha celebrado la aforística rebelde de Müntzer como si fuese su propia obra específica y la ha puesto como ejemplo. Sin embargo, es relevante y permanece como gran obra que su temperamento y su carácter combaten hasta la muerte todos los aspectos políticos de las tesis luteranas. De sus entrañas y con todas sus fuerzas defiende los restos del espíritu de libertad, al que veía ridiculizado y entregado a la aniquilación por la postura de Lutero.

Así, rechaza la «doctrina lujuriosa» que dictaba que Cristo había participado en todos los pecados. Ataca de este modo la justificación de Lutero: «La meta permanece ausente si se predica que es la fe quien justifica y no los hechos». Una doctrina muerta de la fe es para el Evangelio más dañina que la doctrina de los Papas. Y así ve él en Cristo, sobre todo, al maestro del autosacrificio. Para él es el «ejemplo del mayor sufrimiento, allí donde el hombre reconoce que es un hijo de Dios». Para él es «el más elevado de entre los hijos de Dios», y «a menos que el ser humano permanezca en el regazo divino, no le será posible creer verdaderamente ni en el padre, ni en el hijo, ni en Espíritu Santo».

Nuevamente la doctrina de Müntzer no es su fuerte. Al mismo tiempo hay en ella frases que contienen algo más que una filosofía de renacimiento; que buscan un orden jerárquico de los espíritus, medidos por su capacidad de sufrimiento; que también, por su parte, suponen una superación del formalismo medieval y que están entroncados con la más alta espiritualidad europea.

¿Qué postura adoptó Lutero con respecto a estas frases de su contemporáneo? Le parecieron «artículos febriles y enrevesados», «como una extraña aparición del diablo». Le escribió a Spalatin diciéndole que Müntzer utiliza «tales palabras y frases, tan extrañas y opuestas a las sagradas escrituras, que se le podría tomar por un hombre insensato o ebrio».

El 13 de julio de 1523, Müntzer se ve en la necesidad de escribir al duque Juan: «Si quiere que sea escuchado por los de Wittenberg, no confesaré ante ellos. Quiero tener a mi lado a los romanos, a los turcos, a los paganos. Porque censuro la cristiandad incomprensible. Sé responsabilizarme de mi propia fe. No me opongo a que mis libros sean editados si lo desean, antes al contrario. Pero si no es así, acataré los dictados de Dios. Os daré a leer, con toda lealtad, todos mis libros». En una misiva dirigida a los príncipes de Sajonia, Lutero había pedido a los príncipes gobernantes que actuaran «con firmeza ante las bandas de asaltantes que utilizan la palabra de Dios en estas cuestiones y prevenir así las causas de la revuelta». Porque, «no son cristianos los que quieren suplir con los puños la palabra y no están dispuestos a sufrir nada, a menos que tengan diez espíritu santos glorificándolos detrás».[6] Sólo mediante la huida evitó Müntzer su apresamiento.

---

6 «Carta a los príncipes de Sajonia de un espíritu agitado». ¿Pero por qué, si la autoridad espiritual ya había sido derribada y existía una anarquía, tienen que sufrir precisamente los campesinos y ser unos cristianos pasivos? ¿Por qué no los príncipes?

[9]

Y tenemos que hablar de las revueltas campesinas. Si el deseo revolucionario de materializar el reino de Dios es, según Friedrich Schegel, «el punto elástico de la formación progresiva y el comienzo de la Historia», y el entusiasmo es «el caos luminoso del pensamiento y de la emoción divinos», entonces Thomas Müntzer se encuentra en los inicios de un desarrollo que aún no ha sido completado, aunque hayamos perdido su hilo. ¿Ante quién somos responsables? ¿Ante un régimen caprichoso o ante la Humanidad? ¿Ante una autoridad asesina o ante la solidaridad, la grandeza y majestuosidad de la existencia?

Las vigorosas ideas del abate Joaquín se convirtieron en Thomas Müntzer en realidad. La denuncia de Lutero de las bandas de asaltantes fue una toma de postura contra el entusiasmo. En el espíritu ligero y embriagado no vio él ninguna fuerza divina, sino satánica.

«Estamos enfermos de no poder estar realmente enfermos. Somos capaces de experimentar demasiado poco sufrimiento». En este juicio de un alemán podemos encontrar todas las causas de la barbarie alemana. Porque, ¿qué es la barbarie sino la incapacidad para sufrir y tener conmiseración con los demás? ¿Y qué es lo satánico sino el deseo de multiplicar el sufrimiento en vez de eliminarlo?

Las fuerzas satánicas actúan allí donde las ataduras de los hombres son multiplicadas por una imposición exterior. Mediante una malinterpretación ilimitada, señores y siervos se han puesto de acuerdo en llamar satánico a todo aquello que contradiga su usurpación. Entretanto, la vida no tiene otro sentido que el de la libertad. La libertad exterior es solamente consecuencia de la interior, pero ambas juntas son indispensables porque ellas solas, unidas, cumplen la más importante condición de la inmortalidad, según Goethe, la de «que todo hombre salga de sí mismo hacia la luz».

Resulta un espectáculo reconfortante poder ver trabajar a la razón a solas en unos tiempos oscuros. A partir de 1523, Müntzer comenzó a actuar sistemáticamente. Desde 1524, dirigió ataques furibundos contra Lutero. Al «Papa de Wittenberg», que enmascaraba de religión su indulgencia política, lo consideraba alguien mucho más peligroso que al romano. En primavera de 1524 dirigió una carta a Melanchthon, en relación con la nueva Iglesia sierva de la palabra que se estaba constituyendo y que fue malinterpretada tanto por Melanchthon como por Lutero: «Bondadosos escribas, no os enojéis conmigo; no puedo hacer otra cosa». Producto de su odio, se arrogó la libertad de actuar y habla de «los grandes farsantes que han convertido a Dios de manera ridícula en un esbozo de hombre». Su estilo se vuelve agitador y emocional. Quiere soplar los instrumentos «con un nuevo timbre». «El mundo entero debe sostener el gran impulso. Se van a poner tales cartas sobre la mesa, que los ateos caerán de la silla y los humildes serán elevados». «Hay que poner gran atención en los nuevos movimientos del mundo actual. Los viejos proyectos ya no servirán para nada, porque, como decía el profeta, se han convertido en espuma vana. Quien quiera combatir de nuevo contra los turcos no debe alejarse mucho puesto que están aquí. Pero quien quiera ser una piedra de la nueva Iglesia, que arriesgue su cuello, puesto que en caso contrario será repudiado por los campesinos.»

Se remite a Lucas 19, 27: «Prended a mis enemigos y estranguladlos ante mis ojos». Repudió la palabra de Cristo que decía «Dadle al César lo que es del César» y se mantiene fiel al Antiguo Testamento: Príncipes expulsados por mandato del profeta, repudiados en el nombre de Dios; casas e hijos, hasta el último de los retoños, sufriendo el mismo destino.

La plegaria del pueblo es que le sea dado lo que al pueblo le pertenece, ésa es la solución. Porque esto también forma parte de la doctrina de Cristo: todos los seres humanos son hijos de un padre y hermanos entre ellos. Nada se dice en la Biblia de la legitimidad del poder de los cardenales, pero tampoco del de los príncipes. «Dios, en su rabia, ha dado el mundo a los señores y a los príncipes», así quiere que se perciba, «y ahora quiere, en su amargura, volver a quitárselo. Debido a que el ser humano es una criatura engendrada, le ha resultado más fácil a las masas temer más a la criatura que a Dios». O también: «Los príncipes se han preocupado por despertar a los demás el temor al verdugo. No son otra cosa que verdugos y alguaciles, ésa es toda su tarea». Sin embargo, prevalece la siguiente conclusión: «Si los tiranos quieren obligaros a obedecer a vuestros señores y príncipes, debéis contestarle: un príncipe y señor está legitimado para gobernar los bienes temporales, y su poder no se puede extender más allá».

Quedaba con ello requerida la cristiandad para subordinar a los príncipes bajo el poder espiritual. Müntzer se dirigió a los príncipes territoriales: «Queridos y preciados regentes, aprended vuestro juicio de las palabras del Señor y no os dejéis seducir por vuestros curas hipócritas. Mantened una actitud de paciencia y bondad.» Sin embargo, a Lutero le habló en estos términos: «¿por qué les llamas serenísimos príncipes? Ese título no le pertenece a ellos, sino a Cristo. ¿Por qué los llamas ilustrísimos? Yo creía que eras un Cristo pero sólo eres un archipagano.»[7] En cuanto al derecho natural lo expresó del siguiente modo: «Mira la sopa diaria de los usureros; el hurto y el robo son el pan de cada día de nuestros príncipes y señores. Toman a todas las criaturas como propias: los peces del agua, los pájaros del cielo, la hierba que crece en la tierra, todo debe ser suyo. Después dejan caer la ley de Dios sobre los pobres y les dicen: Dios ha mandado que no debes robar. Algo que no se aplican a ellos mismos. Y así no hacen más que vejar y empobrecer a todos los seres humanos, desde el pobre agricultor hasta al artesano; y aquel que robe algo, aunque sea lo más baladí, acaba en la horca».

En 1524 estalló la revuelta de los campesinos en el sur de Alemania. Müntzer apeló a la autodefensa. «¡La violencia de los príncipes ha de tener un final; en poco tiempo ha de pasar a las manos del pueblo!». ¡Qué distintas sonaban estas palabras de la doctrina de Lutero acerca de la cristiandad de la servidumbre!

Müntzer: «Ninguna reflexión ni espejismo va a ayudar. La verdad resplandecerá. La gente está hambrienta, quieren y tienen derecho a comer.»

Lutero: «Hay que machacarlos, estrangularlos, acuchi-

7 Thomas Müntzer, «Hochverursache Scutzrede und Antwort wider das geistlose, sanftlebende Fleisch zu Wittenberg» [«Defensa bien fundamentada y respuesta contra la carne sin espíritu, de vida fácil en Wittenberg»], 1525.

llarlos, en público y en privado, del mismo modo que se mata a un perro rabioso.»[8]

Müntzer: «Dios mío, los campesinos son gente pobre. Se pasan la vida produciendo los alimentos con los que después los tiranos se llenan la barriga.»

Y Lutero, del que se dice que hablaba poesía cuando abría la boca: «*Cibus, onus et virgo asino*. El villano debe ser cargado con peso para evitar que se vuelva soberbio».

Müntzer tuvo que huir a Nuremberg tras ser presentada una nueva denuncia en su contra. El magistrado de Nuremberg confiscó su panfleto «... contra la carne sin espíritu, de vida fácil en Wittenberg», con el que Müntzer aceptaba la lucha por el siglo y por la Humanidad: «¿Estás ciego y quieres ser el lazarillo que dirige el mundo? Has confundido a la Humanidad con tu agustina y errónea fe y ahora que se hace necesario no eres capaz de justificarla. Por eso finges ante los príncipes. Pero piensas que todo ha salido bien porque te has ganado un gran nombre. Has fortalecido el poder de estos despreciables sin Dios y logrado que sigan discurriendo por el viejo camino. Por eso acabarás como un zorro apresado. El pueblo será libre y sólo Dios será su señor».

Los anabaptistas y los fanáticos serían sus conspiradores y emisarios. Ya cuando tenía 15 años, Müntzer había tomado parte en una conjura contra el arzobispo Ernst de Magdeburgo. Ahora funda la Alianza Altstedt, la alianza de mineros de Mansfeld: negativa a pagar impuestos y levantamiento. El 15 de julio de 1525 informa sobre la

8 «Otra vez las raíces criminales y asesinas de los campesinos», 1525. Lutero, en este escrito, llegaba incluso a declarar la liberación de la propiedad del propio cuerpo para un artículo «poderoso contra el evangelio y criminal» porque con ello, cada individuo que pretendía ser él mismo, debía tomar un señor.

existencia de «más de treinta atentados y alianzas de los Elegidos». «Quiero hacer lo mismo en todos los países: en pocas palabras, tenemos que acarrear con las consecuencias, somos los elegidos. No dejéis que vuestro corazón se debilite, tal y como le ha ocurrido a los tiranos. Es voluntad de Dios que sean tan lamentablemente insensibles porque Dios quiere arrancarlos de raíz.» «Thomas Müntzer con el martillo», se hace llamar a sí mismo. En el monasterio de los descalzos manda fundir cañones de grueso calibre. Lleva al campo de batalla un estandarte blanco en el que hay pintado un arco iris. Pero cuando aparece en Orlamünde, se le recibe a pedradas siguiendo instrucciones de Lutero.

En despiadados baños de sangre los proletarios campesinos, enfermos de escorbuto, fueron aniquilados. El sermón de la Montaña, el Evangelio de los pobres, conoció una sangrienta reprimenda. «*Omnia sunt communia* fue su máxima», escribió Melanchthon. Müntzer acabó torturado; había provocado la sublevación «con el fin de que toda la cristiandad fuese igual».

En 1525 el pueblo se desangraba, en 1790 lo serían los nobles en Francia. ¿Cuándo se va a unir Alemania a Francia? Murió a los 27 años.

THOMAS MUNZER
STOLBERGENSIS PASTOR ALSTEDT
ARCHIFANATICUS PATRONUS ET CAPITANEUS
SEDITIOSORUM RUSTICORUM
DECOLLATUS

¿Cuándo se decidirá Alemania a levantarle un monumento republicano?

Capítulo segundo

[1]

Todo el error de la Reforma está ya contenido en aquella frase de Abelardo de que no se puede creer en aquello que antes no ha sido comprendido de manera racional, y de que es ridículo predicar a otros lo que no puede comprenderse de manera racional por uno mismo, ni por aquel al que se está predicando. –Es la frase del racionalista típico–. Al igual que la religión precede a la Filosofía, así también la Reforma tiene sus fuentes místicas en el racionalismo.

En la mística se buscó desde la reconstrucción del Templo de Salomón una relación directa con Dios, sin intermediarios y ajena a las alegorías. Este sirvió, primeramente, para la *Entbildung*[9] y seguidamente para suprimir no solamente la intermediación de los santos y de la Iglesia sino también el sacerdocio y los sacramentos. La consecuencia inmediata de ello es que será en las imágenes donde realmente se puede garantizar la vida de la religión. Será con la buscada *Entbildung*, con el ataque

9 *Entbildung*, término sin traducción exacta al castellano, viene a significar en teología la abolición de imágenes o iconoclastia: «Cuando el hombre se une totalmente a Dios con amor, se separa de las imágenes, formado y transformado en la conformidad divina en la que es uno con Dios», Maestro Eckhart, *Also waz schwester Katerei. (Nota del traductor.)*

a las imágenes y su caída, donde sucumbirá la fuerza visual de la palabra materializada, del propio logos. El descrédito de las imágenes condujo precisamente hacia el empobrecimiento de la imaginación, hacia el pensamiento intelectual y, finalmente, abstracto. Y no es una casualidad que el primer alemán libre, quiero decir místico excomulgado, el Maestro Eckart, sea también considerado como el primer filósofo y racionalista alemán.

Se puede decir que ya los grandes escolásticos de la Iglesia reconocieron el planteamiento de un Abelardo: en tanto que se embarcaron en el intento de iluminar e interpretar de manera racional todo el edificio estructural de la Iglesia. Pero no como si presentasen de manera natural y plausible lo irracional de la Iglesia ante el sano entendimiento humano. Más bien al contrario, buscaban alcanzar las cuestiones de la razón en lo irracional y así llevarlo al mutismo. Demostraron la supremacía del éxtasis sobre la razón, o mejor dicho, buscaban enseñar que lo incalculable y contradictorio representaba en la Iglesia la racionalidad superior. Después de ellos, por primera vez todo el Derecho mundano partía del Derecho de la Iglesia; de él recibieron las cosas mundanas su medida, su cargo y su dignidad. No tenían duda de la supremacía de la Iglesia sobre el Estado. La pregunta sobre el sentido y el significado de las cosas les resultaba más importante que la pregunta sobre la existencia o no de las cosas.

A los racionalistas y reformadores, entretanto, les resultaba más importante la pregunta sobre la extensión de un símbolo. Se puede especular con los hechos pero no con significados y símbolos, y el racionalismo se muestra precisamente como un fenómeno que acompaña los intereses mercantiles de los nuevos tiempos;

sí, como su filosofía y método especulativo. La Ilustración del Renacimiento humanista culmina con el típico descubrimiento de un Lorenzo Valla, que fue capaz de desacreditar la Donación de Constantino y el sistema jerárquico de un Dionisio Aeropagita, a los que presentó como una falsificación. A la Iglesia, durante siglos, le había bastado que los escritos de aquel Dionisio tuvieran por santas a las autoridades más conocidas. La simbólica ortodoxia de dichos escritos hacía aparecer banal y carente de importancia cualquier pregunta sobre la personalidad del redactor y sobre la autenticidad o no de los documentos. Por conveniencia, la Iglesia no mostraba ningún interés por la Historia ni por la verdad, considerada como un acontecimiento inútil. La mentira era para ella la desviación del canon milenario; la verdad, la fidelidad al canon.

Pero ese canon tenía una naturaleza doble, la divina y la humana, mientras que los Ilustrados sólo querían que hubiese una única naturaleza, la humana, o incluso la demoníaca, la material. La Iglesia mostraba dos reinos, el sobrenatural y el natural. Por contra, los racionalistas sólo querían dar validez a un mundo natural, un reino terrenal: el Estado. Al mundo sobrenatural lo consideraron, cuando era tildado de algo concreto y real, si no como una mentirosa exageración, sí como un campo que pertenecía a la fe individual, al juicio personal; en cualquier caso, pertenecería al sujeto y en general debería ser el Estado y no la Iglesia, la autoridad superior qué contestase a sus cuestiones. La Iglesia puso el énfasis en que los juicios sobre el éxtasis descansaban en el ejercicio de la ascesis y de ella brotaban. Los racionalistas tradicionales, sin embargo, discutían tanto los efectos como la necesidad de la ascesis. Al mismo tiempo permanecían fieles a la existencia del más allá y cayeron de facto en una superstición, en un ocultismo turbio, que precisamente la Iglesia había destruido por medio de la ascesis y trataba de mantener alejado.

Reducir la razón al entendimiento o incluso al sano entendimiento humano y en consecuencia al aprovechamiento material, significaba en el fondo negar un reino que precisamente protegía y cuidaba los intereses más divinos de las personas; significaba dudar de la poesía y del entusiasmo, del espíritu y del valor permanente de las cosas; significaba quebrantar el pensamiento complejo, la forma de sentir y pensar uniforme y combatir un mundo al que un racionalista no podía tener acceso ni mediante su pensamiento ni mediante su capacidad específica.

[2]

Mientras sus sentidos descansaban en la aceptación de la existencia del pensamiento autónomo, Abelardo pretendía comprender de manera racional los postulados del *sacrificium intelectus*; Laurentius Valla atacó el carácter alegórico de la Iglesia, cuando precisamente en ese carácter una ilusa relatividad superior se había transformado en su más alta forma y cultura; y así, del mismo modo, intentó Descartes hacer partir todo el conocimiento de la consciencia, olvidando, por otra parte, que un conocimiento inconsciente y un conocimiento superior, un conocimiento extático, ya representa un nivel más elevado precisamente porque intenta abarcar otros tipos de conocimiento. Tampoco a Kant le fue posible demostrar la existencia de Dios, la Libertad y la Inmortalidad por medio de la razón pura, por lo que (según su propio entendimiento) no necesitó decir que a ellos no les correspondía ninguna realidad.

El mérito de Kant es grandioso y sobresaliente. Para nadie ha sido tan grande el tema de la inmortalidad como para este filósofo que está vinculado a las cosas eternas, por muchas dudas y reservas que haya alegado contra ellas. Kant no ha decapitado a Dios, como se dijo de manera precipitada, pero sí al pietismo. Desterró la mistificación del reino de la razón y señaló que la ciencia, si se le da la vuelta al argumento, también pertenecía a la esfera de la teología. Todavía no han sido desentrañadas todas las consecuencias de su acertada postura. Por otro lado, debe decirse que la evaporación de Dios hacia un postulado de la razón vendría a anunciar la declinante fuerza de la ilusión religiosa y la caída de las imágenes religiosas, con lo que Kant sí está en consonancia con la escéptica Reforma y su entorno prusiano. Pero se puede apreciar una determinada ambigüedad que le otorga su impronta al sistema. Una dialéctica inestable en sus fundamentos trajo consigo que se pudiesen remitir a él tanto los ateos más fanáticos como los más intransigentes teólogos, algo que no subsanaría Kant hasta la publicación de la *Crítica de la Razón pura*, aunque, después de haberla degradado y separado de las ciencias, volvería a darla por válida en la *Crítica de la Razón práctica*.[10]

A la filosofía alemana se la valoraría, tanto en sus virtudes como en sus defectos, de manera errónea si no se tuviese en cuenta en qué circunstancias políticas nació. En 1799 Fichte aún podía seguir escribiendo: «El Departamento de las Ciencias de Dresde ha dado a conocer que nadie que se haya decantado por la nueva filosofía podrá ser promovido o, si ya lo ha sido, no podrá seguir avanzando. En la Escuela Libre de Leipzig se ha llegado incluso a poner en cuestión la Ilustración de Rosenmüller; el catecismo de Lutero se ha introducido recientemente allí y los profesores han vuelto a confirmarse en

10 ¿Es Kant la cima de la Ilustración o su enemigo? Uno de sus más tempranos biógrafos, el predicador real prusiano y consejero eclesiástico Borowsky –en una biografía escrita en el año 1792– aclara precisamente que Kant enseñó a los jóvenes teólogos a rechazar la “falsa, voluble, engreída y nada fructífera Ilustración”.

los libros simbólicos. Todo esto va a seguir avanzando y se extenderá aún más.» ¿Cómo debió ser entonces la libertad de cátedra bajo el yugo de los reyes soldados de Prusia? Aquella Prusia en la que, en 1763, Winckelmann escribió: «Se me estremece el cuerpo desde la cabeza hasta los dedos de los pies cuando pienso en el despotismo prusiano y en el carnicero del pueblo, el cual va a convertir a la nación en maldita por propia naturaleza y será cubierta por el desierto, aborrecida por la gente y cargada con la maldición eterna».[11] ¡Aquella Prusia en la que Christian Wolf tuvo que abandonar la Universidad de Halle al ser amenazado con la horca porque se había inmiscuido en el escándalo de los desertores de Federico Guillermo!

La convergencia con el catecismo de Lutero era el primer precepto, en concreto con aquel artículo 28 de la Confesión de Augsburgo del que el príncipe derivó la *jura episcopalia.* El profesor, sin embargo, como instrumento y servidor del príncipe, tenía la obligación de fortalecer su autoridad y propiciar su poder omnímodo. Por ello, se puede suponer lo que les esperaba a las Universidades de Alemania desde 1530. Sólo la reforma integral de todo el sistema pedagógico permitiría eliminar el estilo artificioso y farisaico que fue su consecuencia. Todo movimiento libertario debería ser impulsado de modo sibilino por los vericuetos de la dialéctica. La prudencia brindó la oportunidad de recurrir a métodos que dejasen siempre una puerta abierta; dando por supuesto, que el profesor tenía por lo menos la voluntad de seguir su juicio y su conciencia en vez de hacer concordar de

11 Carta a Usteri, fechada el 15 de enero de 1763.

manera sofista las innovaciones de la época con el dogma del absolutismo.

¿Qué significado entonces tiene que ya Borowsky dijese que «la moral [de Kant] no se halla en contradicción con la doctrina moral cristiana?». Más adelante nos pararemos en la cuestión de las relaciones entre el imperativo categórico y el concepto kantiano de la personalidad con respecto a la doctrina militarista de Federico Guillermo I. ¿Acaso la famosa máxima moral kantiana –obra de forma que la máxima de tu voluntad pueda ser considerada como principio de una ley universal– le es desconocida al Estado luterano? ¿No contiene una advertencia categórica a todos los súbditos? ¿Acaso no es la máxima de una educación coaccionada? ¿Qué tiene en común la legislación prusiana con el sermón de la montaña? ¿No se esconde tras la máxima moral kantiana el régimen del látigo de Federico Guillermo del mismo modo que el ideal de obediencia de Federico se encuentra en el imperativo categórico?

Una ley promulgada en esa época siempre estará en contradicción con la doctrina original cristiana. Pero en aquel entonces, ¿qué se entendía en Prusia por doctrina cristiana si no el más severo luteranismo estatal? ¿Y qué otra cosa le quedó a la filosofía sino postular una consoladora inmortalidad y al mismo tiempo servir a una fábrica de cadáveres representada por el reino militar de los señores prusianos?[12] ¡A qué inimaginables torturas dialécticas fue conducido el espíritu de la grandeza y de la sensibili-

12 Ya escribió Borowsky: «Deseo de todo corazón que Kant no hubiese visto la religión positiva, la llamada religión cristiana, simplemente como una necesidad del Estado o como una demasiado dudosa institución para la voluntad de los débiles, sino que hubiese conocido lo más asentado, lo mejor y más afortunado de cristianismo».

dad de Kant! ¡A qué increíble perversión de la palabra, sí, incluso del propio pensamiento! La estructura del pensamiento kantiano pertenece a los más espantosos hallazgos del ideal histórico del levantamiento de cadáveres. ¡Y no solamente a la ley, sino a la «ley natural general» quería Kant elevar su pensamiento!

[3]

No es necesario entrar con detalle en la peligrosa separación que Kant instituyó entre el intelecto y la moral, entre la personalidad espiritual y la actuación social. Una separación que se aprecia cuando disolvió la conciencia individual e intentó separar dos fuerzas inseparables, el entendimiento y el sentimiento. Un hombre de tanta trascendencia durante la guerra como ha sido el cardenal Mercier, ha indicado durante largos años y recientemente en un extraordinario libro, que la elevada doctrina de Tomás de Aquino volverá a triunfar y probará la verdadera naturaleza del kantismo, que no es sino una doctrina que compromete las bases del orden moral.[13] Un siglo antes, ya existió un seglar alemán, Franz von Baader, que estudió y combatió el desconcierto interno de la filosofía kantiana.[14] «Satán separa, Cristo une», advirtió Baader.

---

13 *Le Christianisme dans la vie moderne*, París, 1918, pág. 92: «nous constaterons qu´il y a ainsi compromis les assises de l´ordre moral et qu´aujord´hui les héritiers de son esprit n´on plus même foi à la valeur objective de la science».

14 Es el mismo Franz von Baader que había considerado a toda la moderna Filosofía desde Descartes hasta Locke como una enfermedad del espíritu y que no había estado en condiciones de destruir para siempre la saludable condición del poder de pensamiento de los hombres.

De este modo, el culto a la ciencia abstracta quedó ajeno al juicio de la sociedad.

Las abstracciones del racionalismo son, en resumidas cuentas, solamente la consecuencia de una época absolutista. De este modo queda aclarado por qué la nación, cuando la época le fue propicia, combatió a la ampliamente desarrollada teoría del conocimiento con la conciencia uniforme y la apatía espiritual. En Alemania, como en ningún otro sitio, triunfó la «ciencia objetiva». ¿Por qué? En la mayoría de las ocasiones la razón estribaba en protegerse de enunciados autónomos, y en consecuencia hacer descansar en aquella todas las cuestiones decisivas sobre los derechos del pueblo, la educación y la emancipación social. En ningún sitio de manera tan exagerada como en Alemania se pudo ver la pérdida de sintonía entre la percepción intelectual y la social, entre la crítica humana y la teórica. El intelectual como profesión, el erudito monomaníaco, ese *plus ultra* de la cultura alemana, nació de las páginas de la *Crítica de la razón pura* de Kant.

Bajo Kant, el entendimiento exacerbado se convierte en la policía secreta contra Dios, el genio y todo acontecer ingenuo. La Filosofía pretendía saber y poseer cosas que le estarán vedadas eternamente. Pero la Filosofía es solamente un método y la cátedra no debe ser confundida con el monte Sinaí. Bajo Kant, la religión debía permanecer atada y encorsetada entre las fronteras de la razón pura. Pero nada hay que certifique la primacía de la Filosofía sobre la religión y la ciencia sobre la fe; una primacía que tras Kant, intentaron sostener y elevar Hegel, Schopenhauer, Nietzsche y todos los demás. Sobre el racionalismo de los pensadores y los eruditos tronará siempre la irracionalidad de Dios.

El racionalismo tenía, cuando apareció Kant, una tradición de actuación muy distinta. Spinoza, Locke y Hume habían llevado a cabo profundas investigaciones sobre la perfección del entendimiento, sin haber logrado fundar una moral basada en los principios del entendimiento. Los títulos de las principales obras de Kant lograron que se confundiese el entendimiento con la razón o, como dijo Baader, el Logos con la Lógica. En los escritos de Kant lo que se puede apreciar es el triunfo de la cultura del entendimiento y no de la razón. Un acto del entendimiento resultó ser la supresión de «la cosa en sí» del mundo visible, realizada por Kant en la *Crítica de la Razón pura* utilizando para ello un cuidadoso estilo oficial; cuando acentuó expresamente la diferencia entre poder interior y exterior (*Ley y Evangelio* de Lutero) y con ello forjó una reserva contra la terrible realidad. Un acto del entendimiento fue igualmente aquella especie de limpia moralidad filológica que se convirtió en ideal riguroso de todo un enjambre de sermoneadores. Y al mismo tiempo, ¿no era también un místico este pedante racionalista, que se acercaba con tanto cuidado a la astronomía y a las estrellas, que consideraba a la realidad «un mundo de apariencias» y la declaró ilusoria en su profunda distancia? ¿Acaso las doce categorías de las que se rodeó están tan alejadas de los doce apóstoles, Jesús y Noklas Storch? ¿Acaso las tres condiciones apriorísticas de la razón no anuncian ya el dogma de la Trinidad?

Especialmente en Kant, el protestantismo alemán no se disimula. En ningún sitio el protestantismo había servido como una bendición para las aspiraciones más elevadas. Pero aquí, en la nación menos libre y más desgarrada del mundo, supuso una verdadera desgracia. El intento de Kant de lograr «una religión dentro de las fronteras de la razón pura» es similar al de llevar la fe al poder del profesor, tal y como Lutero puso la teocracia en las manos de los príncipes mundanos. Durante la concepción de ese libro, el catecismo luterano estaba sobre la mesa del redactor y le servía de inspiración. Pero al editarlo, el autor cayó en contradicción con el gabinete prusiano. La primera parte del libro, el ensayo «Sobre el Mal radical» (1792), que podríamos remitir a los herberistas franceses ultra-revolucionarios, logró imprimirse gracias a la inclusión de la cuestionable frase: «porque los escritos kantianos sólo serán leídos por los intelectuales más preparados». Sin embargo, en lo que se refiere a la segunda parte, «De la lucha entre el principio del Bien y del Mal por la soberanía sobre los hombres», su impresión fue rechazada a la vez por dos censores. Por orden ministerial de octubre 1794, el autor recibió una advertencia por «deformación y profanación de algunas doctrinas principales y básicas de las Sagradas Escrituras del cristianismo». Al mismo tiempo, a los profesores de teología de la Universidad de Königsberg se les prohibió dar lecciones en las que se mencionara la obra de Kant.

La libertad inteligible se encontró en contradicción con el tiempo del que todos somos súbditos. Había un abismo entre la idea y la experiencia. ¿Qué actitud adoptó Kant ante este hecho? Prometió por escrito a Federico Guillermo II «ser, en todas sus conferencias y escritos, el más fiel súbdito de su majestad en lo concerniente a la religión cristiana». Sin embargo, en su legado se encontró una nota con el siguiente contenido: «Retractarse y renegar de las propias convicciones es algo miserable, pero el silencio en un caso como el actual es la obligación de todo súbdito». Fue sin duda una razón práctica que permitía pasar de la idea al mundo de la experiencia. La libertad inteligible permaneció intacta. Este tipo de razón práctica sería parte de la enseñanza del rey en Prusia.

[4]

De Treitschke procede la afirmación de que nuestra literatura clásica es mucho más variada, audaz, más libre en sentido humano, que la de nuestros pueblos vecinos. El mismo Treitschke sabe muy bien, sin embargo, que ya en los tiempos de la Guerra de los Treinta Años, «acababan en tierra alemana los desechos de todos los pueblos»; sabe que en la Guerra de los Treinta Años, el Imperio «libremente, se separó del círculo de las grandes potencias»; que dicha guerra barrió «dos tercios de la nación» y que «la generación embrutecida, que aún llevaba una vida de opresión sumida en la suciedad y la pobreza», no fue capaz de mostrar «la antigua grandeza del carácter alemán, la sincera y alegre heroicidad de sus antepasados». Él menciona los «heroicos sonidos de las canciones luteranas»; «la lengua empobrecida, salpicada de oropeles extraños a ella»; la «irremediable podredumbre del Sacro Imperio». ¿Cómo es posible que en un país así se cree la literatura más variada, audaz y más libre en sentido humano? Conocemos la terminología con la que Treitschke trata de explicar las razones de tamaño milagro: la libertad de culto y el Estado prusiano habrían sido los culpables. La primera, porque, en palabras de Treitschke, devolvió la fe en sí mismos «a la generación embrutecida» (!). La segunda porque obligó a los alemanes «a creer de nuevo en el milagro del heroísmo».

En beneficio de mi nación debo suponer que Treitschke ha exagerado su embrutecimiento para hacer resaltar aún más la obra de sus majestades prusianas, especialmente de Federico II. A alguien se le podría ocurrir verificar, de modo más exhaustivo a cómo se ha hecho, las repercusiones que la Guerra de los Treinta Años ha tenido en nuestra literatura clásica y entonces las afirmaciones sobre la primacía alemana sufrirían un duro golpe.[15] La cruda monstruosidad de los «bandidos», el derecho del más fuerte y el énfasis en la fuerza en las palabras en «Götz», los salvajes deseos de vivir en «Fausto» y el exagerado culto a la educación de Fichte son sólo muestras demasiado llamativas de una catástrofe tanto moral como espiritual. Y aunque aquella época haya legado también grandes intentos de reparar los daños, sólo ofreció algo tradicional en la virtuosidad de engañar por medio del sistema clásico y por encima de lamentos y circunstancias, demostrando una armonización temprana e impopular con las coronas mediante un pacto secreto. Aquí bastará la afirmación de que una de las razones principales que explican la sobrevaloración que los alemanes les han dado a sus Herder, Schiller, Fichte y Hegel fue el orgullo nacional de haber partido de la nada para formar en el siglo XIX las estrechas bases de la enseñanza que, sin embargo, en los inicios del siglo XX, el siglo de una nueva moral política, ya no resultan suficientes.

Hrabanus Maurus dice en su obra *De nihilo et tene-*

15 Compárese la crítica de G. A. Borgese al humanismo y maquiavelismo alemán en *Italia e Germania*, Milán, 1915 y *L´italie contre l´Allemagne*, Lausana, 1917,

bris que el no ser es algo tan miserable, vacío y tenebroso que no se pueden derramar suficientes lágrimas por un estado tan triste. Así pueden haberse sentido nuestros abuelos cuando, después de la desgracia de la Guerra de los Treinta Años, buscaron con ahínco los elementos que permitieran una regeneración. Así debieron pensar, cuando en la construcción de una nueva Alemania, no despreciaron la enérgica ayuda de Prusia. ¿Pero nosotros, actualmente, después de que la nación haya sido erigida de manera tan equivocada y sobre bases tan terribles, seremos capaces de no estar de acuerdo con ella? ¿Hay algo más miserable, vacío y tenebroso que un nacionalismo irreligioso e inmoral? Lutero ha sido quien ha establecido ese tipo de nacionalismo o al menos lo alentó y la filosofía ego y *ergocéntrica* de Fichte y Hegel lo ha confirmado y consolidado.[16] El Estado Mayor alemán todavía lo buscaba en 1914 como último recurso para justificar su dominio del mundo.

Quisiera que los rectores, consejos escolares y los consistorios leyesen lo que escribo cuando aseguro que la fe en la superioridad de nuestros clásicos es un prejuicio protestante y un ideal nacional que ha sobrevivido y que precisamente debe de ser desestimado en nombre de los ideales originales cristianos y de una Europa libre y pacífica. Digo más, los individuos y las naciones deben poder disfrutar de los más amplios derechos que garanticen su individualidad y la elección del propio destino; deben poder ejercitar su raciocinio y su capacidad de juicio. La única condición es solamente que no entorpezcan el desarrollo del conjunto de la sociedad sino que sirvan a

16 Fichte afirma: «El intento de elevarse completamente sobre todas las creencias, del que habían escapado gracias a la mejora de la Iglesia, se convirtió para los alemanes en estímulo».

la misma y formen parte del conjunto de la sociedad, la única que hace posible lo más elevado (incluso de cada miembro) y que les sirve de medida.

Nadie puede poner en duda que la Filosofía idealista procede del protestantismo. Treitschke afirma: «La Literatura más influyente de la Historia Moderna es, en sus raíces, protestante», y un testigo tan prevenido como Heinrich Heine confiesa que «la Filosofía alemana procede del protestantismo». Klopstock y Lessing, Wieland y Herder, Goethe y Schiller, Kant y Fichte, todos los que han exaltado el nombre de Alemania tuvieron su origen en las instituciones docentes que creó e impregnó con su espíritu el luteranismo. Gustav Freytag llega incluso a asegurar que en Alemania, desde la Reforma, rara vez ha aparecido un hombre importante que no hubiese contado con algún eclesiástico entre sus antepasados. Lessing y Schelling, Fechner y Wundt, Mommsen y Lamprecht, Harnack y Nietzsche: todos fueron hijos de pastores protestantes. Todavía hay actualmente en Alemania dieciocho mil iglesias protestantes. Durante la guerra formaron medio o incluso un cuerpo de ejército entero, sin que nadie se avergüence al calcularlo.

¡Desde luego que había hombres honrados y valientes entre los pastores evangélicos y protestantes. Ojalá hubiesen sido sólo evangélicos! Desde luego que las parroquias alemanas fomentaron el auge de la ciencia y las artes pero la base de las parroquias era el sistema de los seis niños por familia y la comodidad del hogar; el estado de gracia con la renta asegurada; el apego a la vida terrenal con la col y el conejo en la mesa y sin problemas intelectuales. La interpretación de Lutero de la cuarta súplica –por pan de cada día no solamente entendía la bebida y la comida, también la casa, el jardín, la huerta, el ganado, el dinero y los bienes, el esposo piadoso, los hijos piadosos, la servidumbre piadosa, los príncipes piadosos y fieles, el buen regimiento, etc.– es una apología de la comodidad alemana; y esta bajeza de los ruegos a Dios, este burdo y material anhelo se convirtió en la medida de la nación y en la base de sus espíritus.

«Una existencia económica que utiliza la capitalización de sus ingresos anuales para una concepción político-religiosa del mundo», ironiza Rathenau con toda la razón. Sin embargo, si con ello quiere decir que los intereses condicionan la fe, también se puede afirmar con la misma razón que los intereses arruinan la fe. El matrimonio protestante descansa en una mezcla de desprendimiento e interés y, en definitiva, el idealismo alemán es sólo la hipóstasis de dicho matrimonio, un intento de preservar algo de libertad «inteligible» en los conflictos habituales de la profesión, el Estado y la familia. Y sólo un Karl Marx, quien igualmente procede de una familia de teólogos y se convirtió en hegeliano y materialista, pudo atreverse a decir que «la idea siempre queda en entredicho, siempre que esté en desacuerdo con los intereses».

Pero no era la idea la que quedaba en entredicho, sino que son las abstracciones de nuestros paisanos inmanentistas las que quedan en entredicho, lo que confirma otra frase del citado Rathenau: «Comprometida y dedicada, así se pone a trabajar la filosofía alemana para reunir las hebras dispersas, imaginando direcciones eternas, leyes e imperativos. ¡Todo en vano! Cada cuestión crítica se había planteado para dudar de los conceptos y del mundo, de Dios y de la existencia; y aún así, por seguir a la pura razón, había pasado de largo ante la más sencilla de todas las cuestiones: la de saber si el intelecto que piensa, sopesa y confronta, es el único que puede enseñarnos el arte del dos por dos y de las matemáticas, el único espíritu eterno que posee la capacidad de penetrar en las cuestiones sobre lo divino y lo humano. Como quiera que fuese, permaneció siendo una cuestión de filosofía intelectual.»[17]

17 *Von kommenden Dingen*, Berlín, 1917, pág. 209.

[5]

Mientras tanto, un tal señor Hoffmann habla de «un sentido heroico-trágico del ideal humanista alemán». El librito al que le ha escrito el prólogo se titula *El hombre alemán. Confesiones y postulados de nuestros clásicos* y apareció en una edición masiva en la editorial de Eugen Diederichs en Jena. «La libertad moral», dice el señor Hoffmann, «significa un dominio de lo preexistente y presente, de la existencia sensual.»

Ahora sabemos lo que entienden los hijos de los pastores por dominio de la existencia sensual, y con esto ya no necesitaban ninguna otra filosofía «idealista». Sin embargo, el sentido heroico-trágico del ideal humanista alemán mediante el cual se intentó retener a nuestros soldados dentro de la trascendencia durante la guerra, tiene detrás un sentido político. Esto se pone de manifiesto de manera más clara en el segundo volumen del mismo librito, *La fe alemana. Confesiones religiosas del pasado y el presente*, además de en el tercer y cuarto volumen, *El pueblo alemán* y *Política alemana*, de los cuales, el último está dedicado al señor von Treitschke. Ya que hay que contar con una determinada predisposición hacia el oscurantismo patriótico, con una eterna vuelta a lo mismo, no merece la pena entrar con mayor detalle en el sentido heroico-trágico.

La colección es un síntoma de la debilidad del presente. Porque, dejando al margen que sea un engaño mayúsculo entregar en este siglo XX las palabras que Kant y Herder escribieron sobre los franceses e ingleses en el siglo XVIII, al correo militar para que le llegue a los soldados, no se trata de convertir al «idealismo» alemán en el pretexto de una política suficientemente comprometida sin que ese idealismo y el ideal religioso de la nación no queden igualmente comprometidos. De la ambigüedad retórica de nuestra filosofía «clásica» se pueden extraer afirmaciones tanto negativas como positivas de los sermones que predica este librito y una editorial tan reputada como Diederichs, en la que hace poco aún se editaban las tendencias pedagógicas más exquisitas, debería haber renunciado a ocuparse de este heroísmo coyuntural de tipo físico.

El sentido del ideal humanista alemán no es ni heroico ni trágico. Para que se dé este tipo de cualidades son necesarias unas condiciones de la política interior y exterior que eviten que el conflicto interior del mero individuo parezca ridículo. ¿Pero cómo es posible entonces que surja la tragedia y el heroísmo con las circunstancias de la historia alemana de entonces si ésta se caracterizada por la existencia de miles de señoríos, procedentes tanto de acuerdos como de conquistas, de una sociedad pueblerina y fantasiosa y desgarrada en todos los aspectos? Heroica y trágica era la situación de unas pocas mentes que hablaban menos de su ideal humanista cuanto más claramente comprendían lo mucho que estaban sufriendo y cuanto más se sentían arrinconados por su época maligna y deplorable. Podría citarse entre ellos a Lessing y Lichtenberg, a Friedrich August Wolff y a Johann Wolfgang Goethe.

La Ilustración se fue afirmando con gran esfuerzo sobre la tiranía teológica. Y cuando triunfó la Ilustración, el criticismo de Kant corrompió la literatura. Kleist y la mitad de los románticos fueron sus víctimas. La oposición entre instinto y construcción, entre finalidad y sentimiento, la desconfianza hacia toda manifestación genial, paralizaron el entusiasmo y encorsetaron la emoción. Los retrógrados conceptos amorosos de la parroquia y la retorcida cicatería escolar de una república de las letras vigilada convirtieron al «muchacho formal de buenas intenciones» en un redactor de folletos que escupía toda su bilis y veneno cuando se le hostigaba; en alguien que cuidaba sus hemorroides embutido en sus pantuflas de fieltro y que, de manera amable, aderezaba el orden mundial con calculada doblez.

¿Es heroísmo que Schiller convirtiese un esbozo que había pensado dedicar inicialmente de forma privada a «la vergüenza de los poetas» en un discurso dedicado a los estudiosos y a los pastores dándole el altivo título «Sobre la educación estética del hombre»? ¿Es trágico el sentido del ideal humanista porque Goethe y Schiller acordaran escribir tragedias? Goethe rechazó la idea de escribir comedia sólo porque «nosotros», como él dijo, «no tenemos vida social». El patós barroco que Schiller otorgó a sus héroes y a sus versos era menos valiente que la frondosa naturalidad que Goethe pretendía mostrar tras su cargo de consejero secreto.[18]

18 Cuando Wilhelm Bode en 1918, bajo el título *Goethe en cartas privadas a sus contemporáneos 1749-1803*, publicó una colección de cartas de amigos famosos de Goethe, se pudo apreciar a una persona genial, torturada por la pedantería pastoral que a medida que se iba haciendo más mayor

Poseer carácter, en el sentido de la conveniencia teológica de la época, era el destino fatal de aquellos espíritus; tal y como hoy es un destino fatal tener que mostrar carácter en el sentido del anonimato y la ocultación. ¿Dónde se encontraba la tragedia de Werther y los románticos sino en la refracción espiritual, en la incapacidad de ofrecer el carácter apropiado ante el estímulo, la debilidad y el entusiasmo? En 1795 Herder escribe a la condesa Baudussin acerca de *Los años de aprendizaje de Wilhelm Meister*: «Ni en lo tocante al vivir ni en lo tocante al arte puedo soportar que aquello que se llama talento sea sacrificado en aras de la verdadera y particular existencia moral. Odia a toda esa ralea de Mariannes y Philinas». En 1776, Klopstock escribe directamente a Goethe, cuando aquella alegre sociedad disfrutaba la alegría, diciéndole que «peca ante el duque, sus amigos, su esposa, su madre y ante toda la nación y toda la república de intelectuales, porque ningún príncipe, en adelante, elegirá a un poeta para que forme parte de su círculo social». E incluso Schiller escribe (a Körner, el 12 de agosto 1787): «El espíritu de Goethe... un orgulloso desprecio filosófico por toda especulación e investigación, con una hasta la afectación ciega adhesión a la naturaleza y una resignación a sus cinco sentidos; en pocas palabras, una cierta candidez artificial de la razón. La idea puede ser muy sana y bondadosa, pero también puede ser una gran exageración.» Goethe «odia con ardor la mística, la afectación, la confusión», todo lo que esté supeditado al estilo y sea rimbombante. Körner hace notar inútilmente

y debido a críticas cada vez mayores, a su devoción a los aplausos y a la convicción de saber más que los demás, acabó recluido en sí mismo hasta la renuncia y la pérdida de toda esperanza. Por ello debería preguntarse al editor si era conveniente editar esta colección de cartas sin ninguna censura.

que el carácter principal de Goethe «no está interesado por el heroísmo convencional, sino por la humanidad» (1788). Toda la nobleza y la mitad de Alemania está conmocionada porque Goethe ofende a la «dignidad».

Y de eso se trata: hay un partido de la dignidad. Sus representantes son Lessing y Kant. En caso necesario, se ponen en movimiento, como cuando Goethe pierde la paciencia y expresa en cínicos epigramas que la cruz le es tan fatal como «los chinches, el ajo y el tabaco». En el extranjero, los destinatarios de sus epístolas son Lavater y Pestalozzi. Los habituales serían Klopstock, Herder, Fichte y Schelling.[19]

Podríamos hablar de un partido intelectual. Se unieron, para bien y para mal, en torno al ideal humanista. Herder, a quien Goethe llama a Weimar como «superintendente general y capellán mayor de la corte», encuentra que «La religiosidad es la más alta humanidad del hombre y que nadie se extrañe que la incluya aquí». Pero para asombrarnos hay que conocer lo que en aquel entonces se entendía por religiosidad y por humanidad. En Alemania no significan estas palabras lo mismo que en otro lugar.

La religiosidad del capellán mayor de la corte sajona Herder era naturalmente el luteranismo estatal; por con-

19 El jaleo que provocaron los «genios» hay que verlo en documentos de la época para poder hacerse una idea cabal. El librero Nicolai dijo en su escrito de respuesta: quizá para Goethe hubiese sido muy bueno un pequeño castigo como el que tuvo Lessing. De Kant, quien remitió un escrito de protesta contra los genios vino la respuesta de que estaba «muy disgustado con la actitud indigna de Schiller y Goethe, pero especialmente contra el primero se encontraba más disgustado aunque encontró exquisita la manera de defenderse contra el malévolo ataque del segundo». Lavater escribió al conde Fr. Stolberg: «¡Tranquilos, poderosos, humildes, valientes, mis amados, con sapiencia clarividente y dignidad, queremos combatir al *sanscoullottismo* sin dejarnos manchar por él! Goethe se ha convertido ahora también, diría yo, en furriel de la cuadrilla de *sanscoulottes*». (Bode, pág. 596-7).

tra, la humanidad era una especie de hermanazgo entre tolerancia e Ilustración de la que, como si se tratase de una bella pose del espíritu, se podía prescindir sin mayores escrúpulos cuando fuese necesario. Fichte percibe lo siguiente: «Esta filosofía de aquel tiempo era... vulgar, enfermiza y paupérrima, ofreciendo una *cierta humanidad*, liberalidad y popularidad como su bien supremo... Desde la Revolución Francesa, también se ha hecho excesivo hincapié (!) por parte de algunos de los nuestros en la enseñanza de los derechos humanos, de la libertad y de la igualdad original.»

Sólo una filología de igual sentido y muy discreta pudo mantener el renombre del humanismo «clásico» hasta nuestros días. El ideal humanístico era muy teórico y precisamente en las palabras de Fichte puede verse que repentina transformación estaban dispuestos a asumir los grandes conceptos de libertad, humanidad y Derecho cuando la Revolución comenzó a elevarlos desde la teoría a la práctica.

¡Dominación de la existencia sensual preexistente y presente! ¡Con ello podemos comparar cómo los moralistas franceses, desde Montaigne y Vauvenargues hasta Larochefoucauld y Chamfort, *forzaron* y sublimaron los sentidos preexistentes! En Francia, el humanismo significará el conocimiento del cuerpo y el alma; en Alemania, en círculos intelectuales, se daría un humanismo de importación. El «dulce místico sueño opiáceo de ideas y sentimientos incomprendidos (!)», sobre el que Herder le escribió a Hamann, capitula rápidamente cuando están en juego los intereses y la posición de los señores.

Ha llegado el momento de hablar de la universalidad alemana. En los tiempos del partido de la dignidad, la universalidad no consistía en la unión de una forma de contemplación superior, sino en el dominio de la existencia sensual preexistente y presente. Los campos de conocimiento se expandieron; se extendían como tentáculos, pero solamente porque se les recibía con mayor rapidez, transformándolos en vida y sangre. La universalidad se convirtió en diversidad por la falta de punto de vista y convicción de una autoridad transmisora. En vano, los espíritus buscaban una base común ancestral. Las leyes y la conciencia de los pueblos, la confesión universalista de Europa encaminada hacia el ideal de humildad y ayuda había sido destruida y no existía ningún sustituto.

Los esfuerzos de la juventud por tender puentes eran conmovedores. Ya que la religión y la moral estaban confusas, se intentaba hacer de forma poética, aparente, mirando desesperadamente de reojo a tiempos y pueblos más felices: «El desacreditado deseo alemán de imitación», escribió Friedrich Schlegel, «se merece aquí y allá verdaderamente la burla con la que ha quedado estigmatizado. Pero en general, la diversidad es un verdadero progreso de la formación estética. La llamada falta de carácter de los alemanes es... mucho más preferible que el amanerado carácter de otras naciones». En el mismo sentido se expresa Wilhelm von Humboldt. ¿Pero no es esta forma de universalidad un autoengaño, una evasiva, una esplendorosa miseria?[20] Incluso las más altas mentes de la nación lo confirman. Tanto Goethe como Kant y Nietzsche fueron incapaces de encontrar una clara forma de conciencia de sus virtudes; sus soluciones se contradicen. Hasta los genios permane-

20 El cosmopolitismo socialista de los alemanes también puede verse de otro modo: como un producto de la desesperación nacional.

cieron *déraciné* [desarraigados] y no lograron sustituir mediante monstruosidad, dialéctica y polimorfia aquel influjo estricto que habían perdido sobre la nación y la base cristiana.

La falta de visión ante lo acumulado que les faltó a los maestros y a los alumnos, unido a un afán continuo por materia nueva, condujeron a la indigestión del pensamiento y la literatura; todavía hoy día, nadie quiere entender que la sublimación hace que aparezcan menos fenómenos esenciales y estables que el fáustico tambaleo del deseo y el placer. Lo monstruoso, lo demoníaco se convirtió para los alemanes en el sustituto de la grandeza, su credo nihilista y fuente de todo mal. El alemán tiene que cabalgar entre el cielo y la tierra, por encima del Everest, antes de darse cuenta de que es más razonable construir diques en vez de agotar completamente sus fuerzas vitales en el amor y en la guerra, la metafísica y el comercio. *Fausto* es una *burla*. La burla del profesor de universidad. Ha estudiado mucho y es Doctor en cuatro facultades. Por los libros y por lo que ha escuchado lo sabe todo. El diablo le murmura fantasías al oído. Deja embarazada a una muchacha, representa tragedias griegas y va al cielo (no sin haber antes engañado al diablo). Todo ello con profundidad de pensamiento y confianza en Dios.

¿Será al final el humanismo alemán idéntico al «orden moral universal»? ¿Y el orden moral universal idéntico a la ortodoxia luterana? ¡Qué extraño! Los alemanes sólo creen en esta clase de orden universal si procede de ellos. Cuando es un Loyola o un Wilson quien lo propone, lo rechazan. ¿Pero existe realmente un orden moral universal? ¿Y no será precisamente una condición previa para cualquier moral heroica un orden inmoral del mundo?

Dice Fichte: «La existencia de un orden moral universal no es algo que se pueda poner en duda, sino lo más cierto que existe; sí, la razón de todas las demás certezas, lo único objetivo de validez absoluta.»

Y Schelling nos aclara el porqué y el cómo: «El mundo entero es mi propiedad moral». También nos dice: «Diversas experiencias en el universo moral me enseñan que habito un reino de seres morales». Esto es magnífico. ¿Qué más se puede pedir? Un mundo de hombres morales de bien que no tiene ni la más mínima duda de que su conspiración con el absolutismo da como resultado un orden moral universal y al que sólo atormenta una preocupación: de qué forma más conveniente se puede incluir en el orden moral universal el «Mal radical» que, naturalmente, procede de otros, de los súbditos rebeldes.[21] ¿Se puede imaginar una soberbia más desesperada, una falta de autocrítica más negligente e inhumana? ¿O es que se es moral cuando se manipulan las reglas? El orden moral universal de Fichte es un compartimento germánico-profesoral, un «Universum» con paredes metafísicas. Una vez que se ha fabricado, toda moral (que procede de arriba) es válida. «El propósito de la fuerza es la libertad». Un balanceo dialéctico que va de un lado a otro. *Sansculottes* y bolcheviques, Robespierres, Marats y Lenins son elementos que incordian y deben de mantenerse alejados. Fichte fue el gran antepasado de Chamberlain, uno de los que con mayor ahínco se preocuparon por la exaltación del «pensamiento alemán». ¡Lástima que confundiera la libertad con lo autorizado, con la libertad «inteligible»

21 No solamente Fichte, también Kant, Humboldt y Hegel, incluso Schopenhauer, todos daban por supuesto la maldad general cuando hablaban de las tareas del Estado.

de revocación y renuncia! «Todos aquellos que son por sí mismos creadores o ayudan a crear nueva vida, o si no les ha sido esto posible, deciden abandonar lo que no representa nada y esperan con atención que el río primordial de la vida les arrastre en alguna parte (!), o aquellos que, en caso de no haber llegado tan lejos, al menos intuyen la existencia de la libertad y no la odian o se asustan ante ella, sino que la aman; todos aquellos son personas primordiales; son, si se las mira como pueblo, un pueblo original, el pueblo por antonomasia, los alemanes». ¡Una simple fórmula de anexión espiritual! Y aún así, precisamente Fichte tuvo ocasión (1799) de escribir frases que ahora han recobrado su vigencia: «No hay nada más cierto que lo ya conocido: que si los franceses no hubiesen logrado convertirse en una superpotencia e imponer en Alemania, al menos en una parte de ella, una transformación, en unos años no habría en Alemania ninguna persona que, caracterizada por tener un pensamiento libre, hubiese podido encontrar acomodo».

A pesar de sus experiencias de 1799, tras la derrota de Jena recomendó que la juventud confiara en el Estado prusiano, y al Estado le recomendó seguir el método Pestalozzi y formar profesores pestalozzianos para educar a la juventud. Una proposición verdaderamente fichtiana, dictada desde la mala conciencia y el optimismo más arrollador. Una suerte que el Estado prusiano no le hiciese caso. La consecuencia habría sido una especie de escuela uniforme pietista bajo protectorado señorial. No, Fichte no fue un espíritu fascinante pero sí un profeta.[22] «Por

22 Esto ya lo constató Heine: «El idealismo fichteniano pertenece a uno de los mayores errores que jamás haya maquinado el espíritu humano. Es más impío y execrable que el más tosco de los materialismos». Y Scho-

fin», dijo, «¿Y dónde está ese fin? En última instancia, todo alcanzará el puerto seguro del descanso y gracia eternos; en última instancia aparecerá el reino divino y su potencia, su fuerza y su majestuosidad.» Y ha aparecido.

---

penhauer decía: «Para poder orientarme en cuanto al carácter intelectual de los alemanes y de sus esperanzas me he fijado algunos puntos esenciales que siempre tengo en cuenta: 1. Que Fichte, ese bufón delirante de Kant, incluso 40 años después de su salida a escena, sigue siendo mencionado siempre junto a Kant como si fuese la misma persona. «Ηραχλε χαι πιθηχοσς!» –¿Qué dicen de todo esto los señores de la editorial Eugen Diederichs que todavía en 1914 preparaban «siguiendo a Fichte y Lagarde y con base religiosa y popular un nuevo idealismo alemán»?–. Por cierto, vayan aquí algunas frases de Lagarde: «La enseñanza cristiana del siglo XX no será dogmática, sino patriótica». «De estas consideraciones se desprende que cada nación necesita una religión nacional». «Nuestra tarea no es lograr una religión nacional, pero sí hacer todo lo que parezca posible hacer para prepararle el camino a una religión nacional». «Una vida por Ti y Tú con el Creador y Salvador todopoderoso; majestuosidad real y poder señorial frente a todo lo que no sea de linaje divino». «No debemos ser humanos, sino hijos de Dios». No, Fichte no era un espíritu fascinante, pero sí un profeta.

[6]

El 17 de junio de 1789 estalló en Francia la Revolución. *Assez de la métaphysique!* Francia quería saber cuáles eran las circunstancias del hombre. Ese día la Filosofía de Europa se puso al día. La nación francesa quería saber lo que se podía querer, aunque para ello debiera correr la sangre, mucha sangre. Se pusieron de manifiesto el ateísmo y la sinrazón, todo lo espantoso y todo lo embriagador.

Nous voulons la bastille! Las murallas medievales estallaron y se desmoronaron. Se tomó posesión del derecho en nombre de la humanidad. «¿Queréis el verde, el color de la esperanza, o el rojo, el color de la orden de Cincinato?», gritó Camille Desmoulins con la pistola en la mano subido encima de una mesa en plena calle. «Verde, verde», aplaudía entusiasmada la multitud. El orador saltó de la mesa y se colocó una hoja de árbol en su sombrero; todos los árboles castaños del Palais fueron deshojados y la multitud se dirigió, bailando y oscilando sus caderas, hacia la casa del escultor Curtius.

Quien tenía algo que decir, se lanzaba a la calle. El que no acudía a la calle, era un necio. Las filosofías serían tratadas como *sub spezie temporis*. Ocurrieron cosas eternas porque ya nadie creía en la eternidad. «En lo que concierne a la palabra majestad», dijo Gaudet, «a partir de ahora sólo se utilizará cuando se hable de Dios o del pueblo».

Autodeterminación, libertad, igualdad, fraternidad: las palabras celestiales se agolpaban unas detrás de otras. El entusiasmo y la alegría, sobre hombros gigantescos, elevaron a París como capital del mundo. Porque había nacido el prójimo. «*La vertu est un enthousiasme*». Nada de fe que hace padecer, de espíritu de súbditos y de prisioneros. Se rompe la cáscara, cae el Dios pedante, el que rige la existencia con parágrafos. Ser una persona significa bailar y celebrar: todas las fuerzas del espíritu recorren el cuerpo al mismo tiempo.

La *Carmagnole* lloraba y la Marsellesa gritaba. Las mentes estaban encendidas y los labios espumeantes. «La patria está en peligro», dijo Brissot, «no porque le falten tropas, no, sino porque sus fuerzas han sido paralizadas. ¿Y quién las ha paralizado? Un solo hombre, precisamente aquel al que la Constitución ha convertido en su cabeza y a quien los fieles consejeros han convertido en su enemigo. Se os dice, temed a los reyes de Hungría y Prusia, y yo digo, el poder de estos reyes se encuentra en palacio y allí es donde debemos vencerlos primero. Se os dice que eliminéis a los clérigos fantasmagóricos de todo el reino, y yo os digo, golpead en las Tullerías y acabaréis con todos los clérigos de un solo golpe. Se os dice que persigáis a todos los intrigantes, a todos los amotinados, a todos los conjurados; y yo os digo que todos desaparecerán si golpeáis el gabinete de las Tullerías; porque ese gabinete es el eje desde el que se manejan los hilos, en el que se traman todos los golpes, de donde procede toda represión. La nación es la pelota de juegos de ese gabinete. Ése es el secreto de nuestra situación. Ésa es la fuente de todos los males. Ése es el lugar en el que debemos intervenir.»

Muy bien, dijo el pueblo, el gabinete y el gabinete real; ¡y nosotros pensamos que eran los clérigos! ¡Muy bien, dijo el pueblo, los hombres siniestros que dan las órdenes, los ministros y quienes les ordenan! ¡A la luz del día con ellos! ¡Que se le coloque al rey el gorro rojo y se le lleve al convento! ¡Hay que ajustarle las cuentas! ¿Quiénes son los que le dan las órdenes? Una nueva Constitución, una nueva justicia, ¡se nos ha engañado! Ningún pueblo, ni el más noble, se deja tratar como un necio.

Se han puesto en camino, como nosotros los alemanes lo habríamos hecho si hubiésemos sabido que éramos unos necios engañados. El alma francesa quiere redimirse a sí misma porque cuando los tiempos son bárbaros, de nada sirve un país santo. Isnard clama desde la tribuna de oradores: «Digamos a Europa que todas las luchas que libran los pueblos por orden de los déspotas son iguales que las caricias que se hacen dos amigos en la oscuridad, incitados por un instigador infiel. Con la luz del día arrojan las armas, se abrazan y liquidan a aquel que les ha engañado. Del mismo modo se abrazarán los pueblos cuando vean a sus tiranos destronados, cuando la luz de la filosofía ciegue los ojos de los ejércitos que luchan contra los nuestros».

Sí, la Revolución Francesa fue una lección de filosofía práctica. Dos enormes escritores la habían preparado: Voltaire y Rousseau. Voltaire era el máximo exponente del *écrivain*: su preparación por medio del escándalo fue el secreto de su éxito. El público y los partidos tomaron posiciones en acalorados debates incluso antes de que apareciera la obra. El simple bosquejo ya fue una toma de postura frente a todas las dificultades, amenazas, esperanzas, miedo y entusiasmo del público. Sólo en pueblos románicos es esto posible. Intrigas, apuestas y duelos precedieron a la publicación. Cuando apareció el libro simplemente supuso la confirmación, el juicio y el veredicto. Rousseau se convirtió en el legislador de la nueva moral. Goethe vivía según sus máximas; la literatura de media Europa de su fama. *El contrato social* se convirtió en el Sermón de la Montaña de pueblos rejuvenecidos. Corsos y polacos forjaron sus Constituciones a partir de aquél. Pero la Revolución realizó la prueba sobre un ejemplo práctico; la Revolución, ese punto álgido de todo lo espiritualmente presente en un pueblo. ¿Dónde está el carácter? Allí donde cada cuál decide lo que dice, piensa y cuándo lo dice.

El levantamiento popular francés muestra una increíble utilización de filosofías. La solución resulta ser la crítica del sistema y de todos los sistemas. Las ideologías de las que hablaba Napoleón cuando llegó a Alemania y los «prejuicios góticos» de los que habló en el palacio de Marcolini cuando se encontró, fracasado, con Metternich, esos prejuicios e ideologías han destruido la Revolución Francesa. A partir de entonces ya no interesan las pretensiones sino el corazón que late detrás. Las grandezas aparentes desaparecieron.

La Constitución de 1793 consolidó el dominio de las masas. La masa es la fuente del poder y también fuente de su ejecución. «Mientras más sude el cuerpo del Estado, más sano permanecerá», dijo Collot-Herbois. Pero el cuerpo del Estado suda sangre y no limonada. Hombres como Danton lo demuestran: su partido pasó por encima de la consideración, la ley y la humanidad; todo por la causa del hombre. Los pensamientos se hicieron más flexibles y las mentes ya no se encontraban firmemente asentadas sobre los hombros. Desmoulins se mofaba de Saint-Just diciendo que llevaba su cabeza «sobre los hombros con respeto, como el sagrado sacramento». Se han condenado los *guillotinamientos* de la Revolución, pero se han olvidado las celebraciones del genio y la virtud y aquellas embriagadoras palabras de Robespierre: «¡Pueblo, dejémonos llevar hoy por el encanto de la alegría pura! Mañana combatiremos de nuevo contra las cargas y los tiranos».

«Una revolución es el resultado de distintos sistemas que pusieron en movimiento al siglo en el que surgieron», escribió Mignet. El siglo fue el de la Ilustración y la humanidad, y la guillotina fue la prueba trasladada como ejemplo. ¿Qué quedaría en Alemania si desaparecieran las frases? La Revolución fue el estallido elemental contra la aversión a la imposición y la tutela, contra la doctrina y la escolástica.[23] Su furia blasfema fue una forma de apurar los goces de la vida antes de la llegada de Nietzsche.

Pero también fue un punto de transición. Había sucedido un hecho universal; ahora se podría empezar de nuevo desde el principio. Francia había hablado con la máxima seriedad. La Razón había sido divinizada e impuesta; se había logrado espacio para el corazón humano. Había ocurrido. Ahora podía comenzar de nuevo la santificación. Europa vislumbró la libertad, libertad ilimitada, mostrando lo celestial y lo perverso. A todas las naciones del mundo llegó el exhorto de trabajar en favor de la democracia. Un manto apostólico de animales puros e impuros, así aparecía la tricolor.

23 Es de notar que ninguno de los grandes doctrinarios de los partidos de la Revolución la sobrevivieron.

[7]

¿Qué hicieron los alemanes para ajustarse a estos hechos tan notables? ¿Qué hicieron los círculos de profesores y los círculos donde se estudiaba la Biblia? ¿Qué hicieron el superintendente y el consejero privado, el profesor y el asesor? ¿Todavía quieren ser siempre algo especial, quieren seguir cerrados al mundo?

A todos parece haber sorprendido el acontecimiento. Los filósofos se acostumbraron a viajar a Inglaterra y los artistas a Italia. Nadie viajaba a París. Sólo Humboldt tomó parte en las sesiones de la Asamblea Nacional; *à titre d´espion*, debe confesarse, porque después entró al servicio prusiano y también tomó parte en el Congreso de Viena.

Los jefes del partido intelectual sólo conocían la Revolución de oídas. Voltaire había tocado los espíritus, Rousseau los ánimos. Pero cuando Federico II llamó a su corte a los enciclopedistas, ¿quién seguía ya reuniéndose con ellos? En 1785 comenzaron las negociaciones secretas de Prusia para la constitución de la «Liga de los príncipes» (cuyo programa era la seguridad y el honor de las coronas).

También Carlos Augusto de Weimar se sintió atraído y como quiera que mostró la ambición de jugar un papel importante en la alta política, Goethe sufrió la consecuencia de que se malograran sus esperanzas artísticas. En 1789 Goethe apareció en Mainz embutido en un traje de color canela, *chapeau bas*, puñal al cinto, vestido como el más envarado de los nobles palatinos. «Ya no creo más en el entusiasmo de Goethe por un ideal elevado», escribió Huber a Körner.

Kant escribió un tratado sobre el «Mal radical» (1792), al parecer contra los herberistas, y publicó –pero sólo cuando la Revolución amenazaba a Europa– en 1796 su estudio *Sobre la paz perpetua*. En 1790 todavía fue capaz de calificar a la guerra como una aparición «grandiosa».[24] ¿Pero qué queremos? Incluso una mente tan ingeniosa como la del señor Scheler ha malinterpretado esta palabra.

En su proyecto para la paz, Kant describió que una de las condiciones de la «paz perpetua» era la Constitución republicana, y en otro lugar de sus escritos mencionó incluso el sistema parlamentario.

De acuerdo con esto, no se puede decir que Kant haya estado ciego a los acontecimientos, si Fichte no nos hubiera enseñado lo que en aquella época se entendía por república en la república de los sabios.[25] A priori –eso

24 En la *Kritik der Urteilskraft*, capítulo 25. En 1795 Pichegru invadió Holanda y estableció una república batava. Prusia, apurada por la retirada del dinero de ayuda inglés y por la posición enemiga de Rusia e Inglaterra, abandonó la guerra de coalición y tuvo que entregar en Basilea sus posesiones en la margen izquierda del Rin a Francia. Será un gran dolor para los republicanos alemanes que mi postura sea contraria a la de los pacifistas pero creo que es la más correcta.

25 «En la Edad Media una ciudad se consideraba libre y república cuando se desgajaba del Reich que, en la distancia, no la protegía pero le era gravoso. Todo el éxito de la libertad radicaba, por norma general, en que en vez de permanecer como una parte de la gran anarquía, se labraba una anarquía propia y los conflictos que se tenían se creaban ahora con sus propias manos.» (Fichte, *Macchiavell*, edición crítica de H. Schulz,

es, a priori– Kant pone en tela de juicio la posibilidad de un desembarco de Napoleón en Egipto; incluso cuando los periódicos ya informaban de que el desembarco se había producido felizmente. Sin embargo, de los franceses en conjunto, escribió: «La otra cara de la moneda es el impulso, insuficientemente contenido por unos principios básicos bien reflexionados; ante la razón más evidente, una cierta ligereza, y no permitir la existencia de determinadas formas por el simple hecho de que se hayan quedado anticuadas o hayan sido comprimidas, a pesar de que con ellas se encontrasen a gusto; un contagioso espíritu de libertad...»

También Fichte se preocupó por la joven República francesa en la medida en que se preocupó por la cuestión de la seguridad: «La máxima principal de toda enseñanza estatal que se entiende a sí misma se encuentra contenida en las siguientes palabras de Maquiavelo: «Cualquiera que erija una República (o cualquier Estado) y le da unas leyes debe suponer que todos los hombres son malos por naturaleza y que, sin excepción, pronto darán rienda suelta a su maldad, tan pronto como tengan para ello una buena oportunidad». (¿También los profesores?) En lo que concierne a la libertad, Fichte la encuentra garantizada especialmente «en la ley» y «sólo por los alemanes, que desde hace milenios están aquí para los grandes propósitos y se acercan lentamente a su objetivo... no existe en la humanidad otro elemento capacitado para ese desarrollo».[26]

Leipzig, 1918, págs. 7/8). Lo que aquí describe Fichte es la relación de la época de Prusia con respecto al «Reich». Y lo que Kant planeaba, como concesión a los amenazadores franceses, era una desintegración de Sacro Imperio Romano Germánico en repúblicas aristocráticas, pero nunca una república prusiana o alemana en el sentido actual.

26 Se ha hecho mención, para honra de Fichte, que él (en sus escritos

Wilhelm von Humboldt, nacido en Potsdam, se apresuró a acudir a París en busca de información sobre la Revolución Francesa. En su escrito «Sobre los límites de la eficacia del Estado» elaboró en sentido prusiano la frase rousseauniana de que el derecho democrático de las masas también «puede obligar a ser libre»[27]; recurrió para ello a dar preeminencia a la «libertad moral (la inteligible)» que él aportó, como kantiano que era, y sobre la que Rousseau dijo que *no* era una de las tareas de su trabajo.

Las adaptaciones alemanas de Rousseau son interesantes. En ellas se puede descubrir la mistificación filosófica en plena acción. En las primeras páginas de su *Contrato social*, Rousseau colocó esta bien reflexionada

---

de 1793) aceptó los derechos humanos en sus puntos esenciales, en oposición al abuso del poder del Estado. Todos los otros grandes protestantes de la época de la Revolución (Herder y Kant, Humboldt y Schleiermacher) se manifestaron, después de titubear, en vez de por el pueblo, por el Estado, en la medida en que condenaron el derecho a la resistencia. El artículo en cuestión, el XXXV de la declaración de los derechos humanos en la edición de 1795 dice: «Cuando el gobierno lesiona los derechos del pueblo, la insurrección será para el pueblo y para cualquier parte de ese pueblo el derecho más sagrado y la más imprescindible de las obligaciones». En Alemania deberían haber existido primero los derechos del pueblo para poder hacer libremente uso de ellos. Sin embargo, la «Confessio Augustana» sólo había pensado en los derechos de los príncipes e influenciados por esta Constitución, los pensadores protestantes se decidieron por el apoyo al poder estatal.

27 Ejemplo de cómo la frase de Rousseau hizo escuela en Alemania y de cómo se interpretó aquí, puede compararse con una manifestación de Schelling que atribuyó a Kant la frase «Libertad, el propósito de la fuerza»; «Es un déspota, en la forma de hablar de Kant, el gobernante que no le ofrece espacio a los virtuosos voluntarios (¡sic!) ni desarrollo a la sociedad, que no tiene a la libertad como el propósito de la fuerza.» La pequeña diferencia entre aquí y allí estriba en que el gobernante es en el sistema de Rousseau el pueblo soberano, mientras que en Alemania lo era el príncipe territorial protestante. La influencia de Rousseau en Kant queda además corroborada por el hecho de que «exceptuando los grabados de J. J. Rousseau que tenía en su habitación, no había nada más del estilo en su casa» (según Borowsky).

y revolucionaria frase: «El hombre ha nacido libre y sin embargo, en todos sitios se encuentra encadenado». Schiller, siguiendo el modelo ininteligible de Kant, lo transformó en lo siguiente: «El hombre ha sido creado libre, *es* libre y nace con cadenas». Y esa libertad (¡nacido encadenado!), dicen ahora los biógrafos era la que Humboldt buscaba intentar proteger frente al Estado; por lo menos al principio, porque después en el Congreso de Viena, cuando Prusia se vio «obligada a prescindir de las reivindicaciones del individuo y de la libertad en favor de las del Estado y la opresión», Humboldt reconoció también ante esta realidad que «la seguridad del conjunto es más importante que la libertad del individuo». A la propuesta de Talleyrand de que se debía abrir el Congreso en nombre del derecho público, Humboldt reaccionó quejándose claramente: «¿Qué es lo que tiene que hacer aquí el derecho público?».[28]

Parece que sólo Lichtenberg fue capaz de entender los acontecimientos con la mente limpia y sin prejuicios. En sus *Observaciones políticas* se encuentran frases que hoy día siguen vigentes y que no disimulan su total atención y simpatía, pero también su preocupación hacia aquellos acontecimientos. «Ventilar la nación me parece tan imprescindiblemente necesario como la Ilustración. No veo nada especialmente malo en que en Francia se haya renunciado a la religión cristiana. ¿Qué ocurriría si el pueblo regresara ahora al regazo de la religión? Quizá haya sido necesario renunciar a ella por completo para poder volver a ella con mayor pureza». También escribe: «Lo más triste que nos ha traído la Revolución Francesa

---

28 Ch. Seignobos, «1815-1915. Vom Wiener Kongress bis zum Kriege von 1914» [«Desde el Congreso de Viena hasta la guerra de 1914»], Lausana, 1915, pág. 5

es, sin lugar a dudas, que se va a considerar como un germen de sublevación toda exigencia razonable que se ampare en Dios o en el derecho». Y también, en 1796: «Ahora veremos qué va a pasar con la Revolución Francesa, cuando las leyes hayan madurado». Esto es todo lo que ofreció el querido Lichtenberg, que aunque no creó una metafísica, tampoco quiso expresarse con grandes palabras a las que habría que tasar una a una frente a la pujante realidad.

¿Y qué ocurrió? Siguiendo la máxima «teme a tu prójimo como a ti mismo», fueron rechazadas las ideas libertadoras de la Revolución por los gobiernos alemanes, con la ayuda de los humanistas de la corte, el Estado y el placer. Los gobiernos permitieron la enseñanza de la «libertad inteligible» *summa cum laude* como una especialidad nacional, sobre la que no se preocuparon demasiado tiempo una vez que los señores filósofos no pudieron sacar ninguna consecuencia práctica. Y las llamadas guerras de liberación (bajo protectorado prusiano) permitieron incluso que la engañada nación bautizara con el nombre de heroísmo a su odio contra el progreso y su aflicción ante oportunidades desaprovechadas.

Capítulo tercero

[1]

No se puede comprender la humillación que contiene en sí mismo el ideal prusiano y la depravación a la que consecuentemente conduce si no se conoce cómo se ha desarrollado. Porque en el ideal prusiano de obediencia hay en el fondo una especie de contrato de silencio entre los príncipes y sus súbditos. El súbdito se compromete a «servir», el príncipe le educa para ello y le «protege». En todos los lugares en los que hubo alguna vez señores feudales existía un contrato similar. Y en Prusia, además, se le añadió lo siguiente: la miseria producida por la Guerra de los Treinta Años dejó hordas de soldados, escoria procedente de todos los pueblos, sin señor y arruinados, que vagaban por el país robando e incluso matando. Federico Guillermo, el gran príncipe elector, quizá obligado por la necesidad, quizá por piedad –la pobreza y la policía van de la mano en el Estado protestante–, instituyó el *miles perpetuus*, el ejército permanente. La horda encontró así un lugar donde establecerse. Sin embargo, aquella decisión se convirtió «maldita obligación y deber», en acatamiento gratuito de la bondad del príncipe.

El *miles perpetuus* es una institución profundamente abyecta. El militar debe dar gracias a Dios de que el príncipe no se ligara a él, sino que le diera la gracia del «servicio» vitalicio. Naturalmente, el príncipe elector no es un señor indulgente. Actúa con la mayor severidad contra la insubordinación, las disputas y las peleas de sus oficiales: duelistas y padrinos son castigados con la muerte. Entretanto, mediante abundante y «puntual pago» de los sueldos, ata a su persona a la tropa y a los oficiales.

El militarismo prusiano es en su esencia una institución de «cristianismo práctico». Esto es algo que se puede ver con suficiente claridad. La superioridad, convencida de la existencia de un Dios, perdona a los pecadores. Es un militarismo doctrinario. El cuartel rivaliza en pobreza, mala alimentación y desprecio de la dignidad humana con cualquier asceterio, aunque se diferencie en sus objetivos y en sus métodos como se diferencia Caín de Abel. Y no hay que rasgarse las vestiduras si digo que este mismo militarismo descansa en una filosofía religiosa y anima a continuar filosofando.

Sería una tarea reconfortante realizar alguna vez un análisis histórico del cuartel prusiano. En él se encuentran corrientes de diversa procedencia. Parece que el aristocrático cuerpo de oficiales no escapó a la influencia de las reglas de las órdenes religiosas alemanas en lo tocante al trato de la tropa y de las reglas de la guerra procedentes de las luchas de conciencia con España.

El punto de partida general de la filosofía patria brandenburguesa es una forma sangrienta de destrucción que no escapa a la influencia del rigorismo kantiano y que no admite una naturaleza aún más estricta. El deber de subordinación en este sistema busca un sustituto *para la ascesis que se echaba en falta hasta entonces en la Reforma*. De hecho, Prusia, el país de las órdenes militares, se guardó en su ideal sobre los cuarteles y el deber un último residuo de disciplina medieval (por muy deformada que estuviese) mediante el cual ejerció sobre toda Alemania una sugestión incomparable a través de una progresiva suplantación del catolicismo. El hecho de que los cuarteles y el militarismo prusianos lograran alcanzar tanta importancia, en el espíritu y en la vida efectiva de Alemania, es sólo una prueba de la necesidad y la pérdida de una disciplina reflexiva y de tipo espiritual.

Ciertamente, se trata de un éxtasis de propio cuño, cuando Federico Guillermo I comenta, ante el resonante desfile de los «hombres altos», ante la simetría física de sus cuerpos y líneas, ante los espasmos de sus columnas vertebrales: «*Enfin*,[29] un regimiento es la novia por la que se baila». Y no es casualidad que Kant escriba: «¡Oh sublime deber, majestuoso nombre, que no buscas congraciarte sino que exiges la sumisión...!». Él, que había remarcado que el deber y la culpa sólo debían de ser utilizados «en nuestro comportamiento con respecto hacia las leyes *morales*».

Kant buscó las raíces de ese «deber» en un «origen aristocrático». Como prusiano y ser humano se sentía obligado a buscarle raíces divinas a la realidad demoníaca. Y encontró esas raíces, la «dignidad», en el acatamiento voluntario de las órdenes y el deber: en la anticipación a la orden, y a esa anticipación la llamó «imperativo categórico» en el nombre de «personalidad».[30] ¿Se podría entender una frase como la siguiente sin las enunciadas premisas? Kant escribe: «¿Puede un hombre honesto, en

29 En francés en el original. *(N. del T.)*

30 Es evidente que no podía pensar otra cosa su condición de filósofo del Estado. La Confesión de Augsburgo le convierte en el instrumento religioso de su príncipe. El Summepiskopus confirma su cátedra y él se compromete al tomar el cargo a servir como un súbdito fiel por el bien de los intereses y la dignidad de su príncipe.

las más grandes desgracias de la vida (el servicio militar), evitar sustraerse a la obligación si estuviese en su mano hacerlo y seguir manteniendo la conciencia de que ha conservado y honrado la dignidad humana en su persona, pensando que no se avergüenza de sí mismo y que no tiene nada que temer si hace examen de conciencia?» ¿Todavía se considera a Kant un sabio apartado del mundo? ¿Acaso el sustrato de sus frases no forma el sistema de Federico Guillermo? ¿Se cree que él era sin motivo «la novia para la que se baila» de Chamberlain y sus consortes? La tradición brandenburguesa del «hacerse formidables» estaba unida con el ideal humillante de los cuarteles. El gran príncipe elector escribe: «Nuestros antepasados fueron vistos como formidables en todo el mundo; cuando se movían, todo temblaba».[31] La frase se convierte en una tradición familiar. Federico Guillermo I llegó al corazón de sus sucesores: «Mi sucesor tiene que lograr que en todas las provincias y especialmente en Prusia, los nobles y los condes se encuadren en el ejército y que los niños se conviertan en cadetes; que sean formidables para su servicio y para el ejército y que reine la tranquilidad en su país. El alma es para Dios, todo lo demás debe ser mío». Y Federico el Grande en su «Testamento Militar» de 1768 decía: «La guerra es buena si se lleva a cabo para mantener el prestigio del Estado. Ningún arte es más hermoso, ninguno más útil que el arte de la guerra».

Y así se formó una tercera tradición: la del estado mayor prusiano. Los grandes príncipes electores continuaban peleándose y luchando entre sí. Bajo Federico

31 En 1675 en un panfleto «Alemania, intereses verdaderos en la coyuntura actual» (Voigtländer, Quellenbücher. Tomo 50)

Guillermo I el reglamento de oficiales exigía que en las listas de los regimientos se anotase: «si el oficial es un borracho, si tiene buen juicio y una mente despierta, o si es un necio».[32] Federico II prescinde entonces de los oficiales burgueses, y en el cuerpo de oficiales se instituye un sentido aristocrático que, según Treitschke, «fue más insufrible aún que las descomunales brutalidades de los tiempos anteriores». Quedó instituido el «Point d'honneur». De un general se esperaba «que sepa ser *dissimulé* y a la vez natural, moderado a la par que estricto, siempre desconfiado y siempre *tranquille*, que respete a sus soldados por *humanité*, pero al mismo tiempo de vez en cuando derroche su sangre.»

Tras el hundimiento del ejército en Jena y Auerstädt serán Schanhorst, Gneisenau, Grolman y Boyen sus reorganizadores. Es el inicio de la tradición «idealista» del Estado Mayor. La redacción del documento que aquí enumero dice: «Está esa alianza de los cuatro, de hecho tan eminentes, que la Historia, desde los reformadores del siglo XIV, no tiene nada que se le pueda comparar».[33] Y estoy seguro que también los profesores de las escuelas de cadetes estaban convencidos de ello. Si en lugar de los de Grolman y Boyen tomamos los nombres de de Blücher y Clausewitz, que aún viven y están en boca de todo el mundo, entonces se nos informará que aquellos cuatro héroes habían crecido en una situación de pobreza sin una educación regular. Puede que éste sea un modelo decisivo para los oficiales «idealistas», pero es el característico.

32 Junto a los delincuentes perdonados llegaron ahora nuevos soldados, a veces traídos a la fuerza, procedentes de la escoria del extranjero. Los reclutadores de Federico Guillermo tenían campo libre en los países fronterizos con Prusia y podían elegir dónde echar el guante.

33 Tim Klein, *El soldado alemán*, Munich 1916-17.

Lo mismo ocurre con Shanhorst: «Su padre fue un sargento de dragones de Hannover. Creció pobre y sin escolarizar». Su idea fija fue la milicia nacional, envidiando por ello a la Revolución Francesa. Sus reformas tenían siempre presente «la guerra por la libertad». Armar a toda la masa del pueblo armada, ése era su sueño. ¡Cómo podría hacerse uno formidable! Odiaba a los franceses, pero ¿por qué? El mismo Schanhorst lo expresó de este modo: «Si la providencia le ha dado a los hombres directamente alguna nueva arma, ésa es la disciplina del ejército permanente». Ya que Scharnhorst al mismo tiempo hacía propaganda por el servicio militar obligatorio, el resultado era el viejo *miles perpetuus* prusiano, es decir, el presidiario utilizado por el bien nacional.

Gneisenau disfrutó de la «espiritualmente pobre y supersticiosa enseñanza de los jesuitas y franciscanos». En la Revolución Francesa vio entusiasmado «el desencadenamiento de las fuerzas del pueblo hasta entonces maniatadas». Estaba convencido que el servicio militar obligatorio y la participación del pueblo en la vida política se mostraría como «elemental» e intervino, incluso en contra de la opinión del barón von Stein, en favor de la supresión de los castigos físicos, lo que denominó poéticamente «la libertad de la espalda».[34] «Religión, plegaria, amor al regente», escribió en un memorándum al rey, «no son otra cosa que poesía. La seguridad del trono está fundada en la poesía».

También a Gebhard Leberecht von Blücher le acompañó esta fórmula estereotipada: «el muchacho creció

34 Se mostró a favor porque temió que el servicio militar obligatorio pudiese fracasar en la antigua Prusia del bastón y la lanza. Fue una concesión a los ciudadanos románticos y en ningún caso producto de su espíritu de libertad.

sin recibir ninguna instrucción». Llevó una vida disipada de caza, vino, mujeres, juego y reyertas; ésa es su reputación. A Gneisenau le escribe: «Salude usted a mi amigo Scharnhorst y dígale que coincido con él de corazón en lograr un ejército nacional» (1807). A Schanhorst: «No puedo permanecer siempre callado y apretar los dientes cuando de lo que se trata es de la madre patria y la libertad. Mandad al demonio toda esa sarnosa m... de los diplomáticos. ¿Por qué no se pone todo en marcha contra los franceses? ¡Por todos los diablos!... Por eso digo, adelante, dadle puñaladas en las costillas al enemigo».

Clausewitz, como Gneisenau, Scharnhorst y Blücher, tuvo una deficiente formación escolar. Sus *Confesiones*, escritas en 1812 y publicadas en 1867, corroboran el hecho de que su abuelo era profesor de teología. Por lo demás, son tan aburridas como pretenciosas. No fue precisamente con ellas con las que le llegaría a Clausewitz su fama universal. Ésta le llegaría por medio su obra *De la guerra*, para la que escribió un prólogo el mariscal de campo Conde Schlieffen, jefe del Alto Estado Mayor del ejército. No puedo dejar de mencionar al menos una frase de aquella introducción: «El valor permanente de la obra reside, junto a su alto contenido ético y psicológico, en el énfasis del ideal de aniquilación».

¿Valor ético e ideal de aniquilación? Clausewitz meditó mucho sobre aquellos momentos en los que la conciencia del soldado entra en conflicto con su sangrienta tarea. Él es el casuista entre los hijos de los pastores que santificaron la guerra y buscaban ocultar con argumentos su espantoso cinismo. Utilizó una jerigonza, con aspiraciones kantianas, para llegar al resultado de que, en el momento de la decisión, el contrapeso ante los escrúpulos «no es otra cosa sino el sentimiento de la dignidad humana; ese noble orgullo, ese anhelo espiritual interior de actuar en todos sitios como un ser dotado de juicio y entendimiento. Nosotros diríamos sobre el particular: un ánimo vigoroso es aquel que no pierde el equilibrio ni ante las más intensas emociones».[35]

Desde Clausewitz, la moral alemana la dicta el Estado Mayor. Desde Clausewitz, los oficiales han comprendido el idealismo alemán. La soberanía de los soldados sobre las personas y ciudadanos se ha extendido tanto que finalmente es un estamento determinado, cuyos antepasados zopencos pueden dar lecciones a la nación. Hemos llegado a una situación en la que los funcionarios, al realizar su «maldito» deber, se arrogan la capacidad de tratar sobre la religión y la Filosofía porque sus ínfimas aptitudes encuentran en ello su justificación. El monje, el artista y el filósofo tiemblan ante cada bruto suboficial, el cual encuentra un cómodo sostén en un sistema tan formidable como majestuoso. ¡Y éste pueblo en el que esto ocurre a diario y se ha convertido en códice se llama a sí mismo el pueblo de los poetas y los pensadores!

35 «Vom Kriege» [*De la Guerra*], pág. 160.

[2]

Una de las frases de Bismarck dice: «Prusia está completamente aislada. El único aliado, si se le maneja correctamente, es el pueblo alemán». Ya el gran príncipe elector vivió esta experiencia, en 1675, cuando en la guerra de sucesión del Palatinado contra Luis XIV tomó partido por el emperador y, abandonado por éste, se vio de pronto enfrentado a Francia y Suecia al mismo tiempo. Entonces se dirigió a Alemania aquella proclama en la que apelaba a «la formidable tradición de nuestros antepasados» y demandaba una unión de los clanes alemanes. En el fondo era un acto de rebelión contra el emperador, «*nostris ex ossibus ultor*», le deseó a Austria cuando Luis XIV le obligó a firmar una paz separada en St. Germain en Laye. Y de forma similar se expresó Federico Guillermo I cuando Carlos VI le desbarató en la montaña sus derechos sucesorios en favor de su hijo Federico: «¡Ahí está el que de mí quiere vengarse!».

Federico II es el primer rey alemán que logró asegurar la simpatía de Alemania hacia su rebelión frente al Imperio católico; de la Alemania protestante del norte, se entiende. Y nos equivocaríamos si no entendiésemos la política prusiana de 1648 en el único sentido que debe ser entendida: como expresión de un maquiavelismo sin escrúpulos y de una pseudo-moral luterana. La Liga de los Príncipes Alemanes que fundó Federico en 1785 es el antecedente de aquella segunda unión que Bismarck creó en 1871 de manera más firme y amplia, pero íntegramente con el sentido de los planes de unión de un gran príncipe elector y de un gran *Federico*. En ambos casos, lo decisivo no eran los intereses y el bienestar de los pueblos, sino el poder, el honor y la seguridad de las coronas.

En Federico II encontraron los Hohenzollern al más diligente de su tradición; también al más chistoso, si se permite considerar como un chiste el placer por el engaño y la sarcástica severidad. Era el más diligente, de un vigor extraordinario, de una asombrosa soberanía.

Sus batallas no son ninguna obra maestra del arte de la guerra. Napoleón se mofaba de ello. Batalló y derrotó como mejor pudo y sin aspavientos. Y encontró a su maestro y también recibió derrotas, igualmente sin aspavientos. Su filosofía consistía en un cinismo irritante, propenso de manera vehemente a sacrificar a la «fama», el talento y la inteligencia humana incluso cuando contaban con la profundidad de la convicción.[36] Su melancolía y su solitario tocar de flauta le parecían experiencias que él creía geniales, que le entusiasmaban «contra su deseo», en absoluta contradicción con la de su carácter de carnicero prusiano.

Lo que a él le caracterizaba era la tenacidad, una elasticidad que, con puntualidad infalible, esperaba su momento para intervenir y vencer. No fue el «filósofo» de Sanssouci, ni el estratega, ni el poeta que dejaba marchar a la razón en columnas rimadas de manera cautiva-

36 «Lo militar debe adquirir en Prusia la primacía» (Testamento político de 1752).

doras: fue el demonio de hombre que obligó a los alemanes a «creer de nuevo en el milagro del heroísmo». Por fin alguien hacía algo independientemente de las consecuencias; alguien que tenía la cabeza sobre los hombros. Por fin alguien que estaba dispuesto a salirse del carril, a acabar con la frase, la redundancia y los panfletos. Por fin un tigre, aunque enseñase a la vez el látigo y los dientes. Por fin un temperamento seguido por pedantes, adeptos y soñadores.

Todavía Lessing habla de los prusianos como de un pueblo semibárbaro; sin embargo, comprueba maravillado que a ellos «el heroísmo les es tan congénito como a los espartanos». La batalla de Rossbach la ganaron aquellos que, como Goethe, ya estaban «enfedericados». Y aunque, según Treitschke, a los héroes del pensamiento alemán todavía durante mucho tiempo les resultó difícil «entender al único Estado con fuerza vital entre los de nuestro pueblo», en Federico se acentuó de nuevo la «antigua grandeza de las armas de la nación alemana»; y el «idealismo» hizo lo suyo para equilibrar las contradicciones. El abandono por parte del Imperio de los feudal-protestantes Países Bajos lo celebraron entusiásticamente Goethe y Schiller con sus versos. La rebelión de Prusia en el norte, el levantamiento de los vasallos de Federico II, no correspondía por completo al liberalismo, pero supo aprovecharse.

¿Cuáles fueron los motivos que transformaron a nuestros bisabuelos de más allá del río Meno, aunque vacilando y con resistencia, en realistas prusianos? El Sacro Imperio Romano había entrado en agonía y, de hecho, ya no existía desde los tiempos de Lutero. La república de las letras ofrecía unas ciertas garantías de independencia, aunque fuesen de modo muy provisional. Se filosofaba en busca del placer y el deseo; cada uno en su casa y Dios en la de todos. ¡Nada de sublevaciones, ningún sentimiento a favor de la «canaille», todo debe estar en paz y orden! Pero de la simpatía hasta la introducción del bastón de mando prusiano en todo el imperio hay un gran trecho. Y Austria tendría entonces también algo que decir.

Pero hubo algo que unió a poetas, pensadores y soberanos prusianos, y eso debería darnos que pensar: la ideología protestante. Cuando Federico descubrió lo siguiente: «Yo soy en cierto modo el Papa de los luteranos y la máxima autoridad eclesiástica de los reformadores».[37] Con ello, en esencia, no le quedaba ninguna oposición a sus aspiraciones alemanas. La filosofía de Kant venció a Schiller y Fichte, la idea protestante del Estado a Humboldt y Hegel. La Guerra de los Siete Años había ganado a Goethe. Un saqueo por aquí, otro saqueo por allá: la nación, corrompida al mismo tiempo por el Clasicismo y por el Luteranismo, adquirió un agradecido material para poder poetizar. «Cogí con ímpetu el arpa dorada, para tocar con vehemencia en alabanza a Federico».[38]

¿Pero no había dado Federico libertad de conciencia? Esto fue lo que le unió (de nuevo) a Schiller (véase al Marqués de Posa). ¿Acaso no poseía ese «gran entendimiento práctico» que Goethe alababa de los ingleses? Y aunque Federico escribía francés y se entendía mejor con Voltaire y con los enciclopedistas que con Weimar y Jena, ¿dónde mejor que en Prusia y en su ejército estaba la salvación ante el mal radical y la terrible revuelta de París?

37 Ibídem.

38 Así lo expresó el poeta suabo Schubart (1739-1791) que se hizo famoso por sus «ataques febriles hacia casi todas las coronas de la Tierra».

Como soberano, Federico no dejaba de tener sus remordimientos. La influencia de *La Henriade* fue más profunda de lo que él confesaba: «El afán por conseguir cada vez más», escribió en el *Antimaquiavelo*, «es la característica de almas de muy baja clase». Y también escribió: «El deseo de enriquecerse a costa del prójimo no encontrará fácil acomodo en el corazón de una persona honrada que valore el respeto del mundo». O esta otra: «Un malhechor sólo necesita ser de procedencia ilustre para recibir el aplauso de la mayoría de las personas».

En Alemania aún se considera como filosofía que la vida «verdadera» descarta como quien no quiere la cosa a este tipo de idealismos infantiles. Y, sin embargo, esta convicción es una deserción moral y radica precisamente en ese punto de vista el hecho, poco heroico, de nuestro modo de pensar. El rey bien lo sabía. Su cinismo se puso de manifiesto por el hecho de que comprendió y traicionó las verdaderas tareas del soberano y para colmo hizo filosofía de ellas.

Tan pronto como tuvo oportunidad, atacó Silesia. Hay que hacer constar de nuevo que una revuelta no es una traición sólo cuando parte de la conmiseración humana, se apoya en una necesidad perentoria, apoyada por una conciencia colectiva que después de haber reclamado inútilmente sus derechos se ve obligada a la rebelión.

En 1714 el rey reconoció lo siguiente: «La fama de las armas prusianas y el honor de la casa real son los que determinan mi actuación y serán los que me acompañen hasta la muerte». ¿Pero qué nos importa a nosotros la ambición de un príncipe y las ansias de poder de las armas prusianas? A nosotros lo que nos importa es el bienestar del pueblo. ¿Y qué nos importa a nosotros la política real prusiana cuando afirma?: «El rey prusiano debe necesariamente convertir la guerra en su principal objeto de estudio y despertar el afán de aquellos que han elegido el noble y peligroso oficio de las armas». ¿Es grandeza cultivar la guerra, un oficio satánico?

El resultado del caso es de lo más curioso: ¡Prusia defiende «la libertad de Europa»! ¡Federico aseguraba defender «la causa del protestantismo y de la libertad alemana de la opresión despiadada de la corte vienesa»! En varios escritos dirigidos a la corte real inglesa incluso llega a preguntar si «Alemania y el protestantismo lograrán sobrevivir. ¿Conservará el género humano la libertad de conciencia?».[39] Es el anticipo del famoso *Kulturkampf* que posteriormente conducirá Bismarck. Ahora ha descubierto que es «en cierto sentido, el Papa de los luteranos y la cabeza espiritual de los reformadores», y envía jesuitas franceses a Silesia para combatir a los jesuitas austriacos. ¡Una prueba temprana de «cristianismo práctico»! Y como quiera que no sólo es un apologeta, sino también un filósofo, se preocupa de que el duque de Choiseul, el conde de Struensee y Sócrates mantengan una conversación póstuma que demuestre aforísticamente su condición de sabio que, al mismo tiempo, honre la tradición prusiana: «Los golpes de Estado no son un delito y todo lo que proporcione fama, es grandioso».

Pero en el año 1780 se edita en Berlín en la editorial I. G. Decker un panfleto llamado «De la litérature allemande», que bajo mi punto de vista solamente Mehring ha sabido honrar,[40] y que tuvo consecuencias nocivas. La intención evidente de Federico era, antes de pasarse

39 «Cuarto escrito acerca de la situación actual de Europa». (Mediados de noviembre de 1756)

40 En *La leyenda de Lessing. Sobre la historia y la crítica del despotismo prusiano y de la literatura clásica*, Stuttgart, 1913.

a defender la constitución de la Liga de los Príncipes, callar la boca de manera violenta a la adelantada literatura del *Sturm und Drang*. Ya habían aparecido tanto el «Goetz», como el «Stella» y el «Werther» de Goethe. También habían aparecido el «Räuber» de Schiller y el «Señora Sarah Samson» de Lessing y que contribuyeron a la formación de una burguesía consciente de sí misma, algo que podía resultar peligroso y, por lo tanto, había que contrarrestar aquella situación. El Panfleto de Federico tenía unos principios y cierta elegancia. Cayó como un rayo procedente de un cielo despejado. ¡Los jóvenes genios teutónicos, medidos por Bossuet, Fenélon, Pascal y Bayle! A partir de ese momento quedaba de manifiesto que Prusia desfilaba la primera también en lo que respecta al mundo de las ideas. No necesitaba de citas. El panfleto, de estilo enérgico y dictado como una pintura al fresco, con distintos puntos de vista, desterraba a los escasos corifeos del arte patrio y se sometía a ellos como la serpiente ante el águila. La señora Consejo estaba fuera de sí y Wolfgang pensó en una réplica. Pero el palacio de Gotha lo rechazó, y el panfleto quedó inédito. Herder decidió revisar a fondo su fragmento «Acerca de la nueva literatura alemana» y de hecho, lo revisó. Wieland escribió en el «Teutschen Merkur»: «Desde hace muchos años creíamos saber que el grandioso autor nunca se había dedicado a nuestra literatura. Ahora vemos que en los últimos tiempos se ha ocupado de ella con el mejor ánimo y que abriga para ella los mejores sentimientos, que espera y desea lo mejor de ella.» Klopstock, quien con más ahínco se sintió atacado, demostró su furia en toda una serie de odas rimbombantes.

Pero el rey había demostrado que no solamente sabía combatir en el fragor de la batalla, sino también que era un maestro de la inteligencia alemana. El rey dio a conocer con toda claridad que habían pasado los tiempos en los que en Prusia se mataba de manera bárbara a los evangelistas.

Se deberían haber seguido sus iniciativas. Eran adecuadas para lograr algo de remedio y libertad. Bajo protectorado regio una sociedad de traductores del francés, al estilo de la que habían creado Norwikow y Katarina en Rusia, podría haber tenido una influencia notable. Se le podría haber sugerido al rey traducir todos los clásicos franceses que él recomendaba. Hubiese sido una obra imperecedera. Pero no se hizo. Se hubiese podido entender mejor los principios de la Revolución y, quién sabe, nos habríamos ahorrado a Napoleón y las guerras de independencia, además de no depender de Prusia, una de las consecuencias de aquellas guerras. Pero no se hizo. Se divinizó más que nunca a aquel que se había mostrado como un héroe «por partida doble». Se le dio el derecho a creer lo que había dado por supuesto: también el partido intelectual es, por así decirlo, inferior al *miles perpetuus.*

Después surgió la Liga de los Príncipes. Fue el primer paso para la constitución del imperio prusiano de la nación alemana. La inteligencia protestante se encontraba atrapada, antes incluso de que comprendiera verdaderamente de qué se estaba tratando.

[3]

Pero Rousseau había revolucionado Francia. Y revolucionaría también Alemania. El hombre no es ninguna máquina: vuelta a la naturaleza. El hombre no es un demonio: vuelta al cristianismo. El hombre no es un habitante de las cavernas: vuelta a la Patria. El paraíso se perdió. Todos son culpables. Todos son culpables y parte de la monstruosidad de la vida diaria. Todos poseen los atributos del pecado original de la costumbre, renegando de su niñez. Todos obedecen, porque cada uno obedece. Pero el alma no es prusiana por naturaleza; el hombre no es ningún fratricida. Hay que eliminar todas las normas, lugares, costumbres, cultura e ilusiones preestablecidas.

En Francia fue suficiente sentenciar que el mundo se había convertido en algo imposible, para pasar inmediatamente a los hechos. En Alemania, la filosofía de Rousseau condujo hacia aquella corriente de los idealistas, a los que se llama románticos. El ideal alemán había sido antiguamente contemplativo y no inclinado al ataque; trascendente y no federicano; y si nuestros antepasados alguna vez fueron realmente «formidables para todo el mundo» es porque la Iglesia había hecho mucho para llevarlos hacia una cruzada interior, con clarividente fantasía, con música de lamento y triunfo; con la muerte en los talones y el diablo a las espaldas, pero siempre con la mente ebria de Credo. Tiempos ya desaparecidos.

En Alemania, el atrevido pensamiento de Rousseau no floreció más allá de la nostalgia y la melancolía, no más allá de un extravagante culto al genio y una música «de añoranza por el pasado, presente y futuro». Los románticos dejaron caer las armas porque sucumbieron ante la cruda realidad, porque los asfixió la lógica de la vida diaria. Buscaron enfrentarse a estos tiempos de hierro mediante fórmulas y sueños antitéticos. Esperaban disolver los hechos consumados en apariencias, el presente en el pasado y la fosilizada razón en un necio juego de niños. El vicio y las debilidades aparecían como preferibles a cualquier remordimiento; y las más bajas pasiones eran preferibles a la monotonía. Pero el sentido por la ilusión había quedado destruido y ya no era posible romper las cadenas. Dimisión y renuncia: de este modo se documentaron en escritos y traducciones cuya desesperación quedó como un veredicto sobre la cortedad de miras de los tiempos pero cuyo legado llenó de tal espíritu a sus descendientes que la realidad tiene que inclinarse ante él.

«La poesía romántica es una poesía universal», anunciaba Friedrich Schlegel, «ella quiere mezclar y fusionar la poesía y la prosa, la genialidad y la crítica; la poesía debe ser viva y social, y la vida y la sociedad deben ser algo poético. Materia de todo tipo dotada de espíritu a través del humor. La poesía romántica representa, entre las artes, lo que el chiste en la filosofía y lo que representa la sociabilidad, el trato social, la amistad y el amor en la vida». «Bufonería trascendental» lo llama él, «en el estado interior de ánimo; bufonería que todo lo desprecia y que se eleva ilimitadamente sobre todo lo limitado, también sobre el propio arte, la virtud y la genialidad». La poesía es para él «la única ilimitada porque es la única libre y reconoce como la primera ley que la arbitrariedad del poeta no está sujeta a ninguna ley».

Esto son grandes y vívidas formas. Goethe volvió a encontrar la «naturaleza demoníaca» y el precipicio de los anhelos: Fausto y el monte Blocksberg. Había redescubierto el concepto natural del genio y lo inconmensurable del arte.[41] En la comprensión del campo de los cinco sentidos encontró los fenómenos originales y su capacidad de impregnación; encontró la enseñanza de la luz y los colores y aquella unión mística con el sol que se expresaba en las palabras pronunciadas como epitafio en su lecho de muerte: más luz.

De aquí procede el Romanticismo. Se quería reencontrar la Edad Media y ser una familia espiritual; el cobertizo catedralicio de un Tercer Reich. Colmado de innumerables imágenes y sonidos, Novalis escribió el «Ofterdingen» y a Beethoven la frase: «Para mí, el reino celestial es el más elevado de las monarquías terrenales y espirituales».[42] Y a Cherubin le escribió estas palabras jubilosas: «*L´art unit tout le monde*». Sus ritmos en aras de la unión de los pueblos toman vuelo hacia la defensa de los desposeídos y pobres. La revolución cristiana se une con ímpetu extático contra las estrellas y el destino. El hombre es bueno, a pesar de todo.

Novalis supone todo un renacimiento del cristianismo. En 1799 apareció en el «Ateneo» de los herma-

41 Todo esto se debe en esencia a Rousseau. El acento hay que ponerlo en la palabra «naturaleza». Goethe era más roussoniano de lo que se sabe y se puede saber.

42 Carta a Kanka, durante el Congreso de Viena.

nos Schlegel su ensayo «La cristiandad o Europa». En él hace notar: «Lutero trató al cristianismo de forma caprichosa, subestimó su espíritu e introdujo una nueva letra y una nueva religión. Es muy extraña esa historia de la actual falta de fe y otorga la llave para todos los monstruosos fenómenos de los tiempos actuales. ¿Qué ocurriría si tanto aquí como en las ciencias se estableciese una conexión y un contacto más estrecho y variado entre los Estados europeos... Si entrase en juego un nuevo estímulo de la hasta ahora dormida Europa, si Europa volviese a despertar.»[43]

Su religión es un éxtasis de alegría sublimada y apasionada. Lee *Los años de aprendizaje de Wilhelm Meister* y se encuentra contrariado el ejemplo de Voltaire, sobre el que escribe: «Es un Cándido, una novela aristocrática dirigida contra la poesía. Lo extraordinario en ella es tratado expresamente como poesía y lirismo. Un ateísmo artístico forma el espíritu del libro». Él mismo exige de la obra de arte que presente lo extraordinario como una representación habitual y común y esto mismo lo exige incluso de la vida. Ve en la naturaleza las mismas fuerzas maravillosas que posee el espíritu humano; ve su vida y a su amada como flor y hoja del mismo tallo. La vida se colorea místicamente de color verde. Las personas, los animales y los vegetales son un *mismo reino*; y

43 El ensayo se cierra de este modo: «¿Es que no va a haber pronto en Europa una multitud de almas verdaderamente santas? ¿Es que todos las personas verdaderamente religiosas no están ansiosas de ver el cielo en la tierra? La cristiandad debe de volver a la vida. La cristiandad se levantará del santo regazo de un sagrado concilio europeo e impulsará el quehacer del despertar de la religión siguiendo unos planes divinos que todo lo abarquen. Nadie protestará ya más contra la coacción cristiana y mundana porque la naturaleza de la Iglesia será la libertad verdadera y todas las reformas necesarias serán llevadas a cabo bajo su dirección como un proceso estatal pacífico y formal».

de Francisco parece separarlo solamente un cielo gris y nórdico. En la tristeza de la noche se encuentra protegido su sufrimiento y su conmiseración con las flores, con Dios y con Sophie Kühn, una muchacha mortal. La ama porque roza el más allá. Sin embargo, escribe una frase que supera todo el Romanticismo y señala profundamente hacia el futuro: «Si hemos de amar a Dios, entonces debe estar dispuesto a ayudarnos».

Gustav Landauer ha escrito de manera tan incisiva sobre Friedrich Hölderlin que se puede decir que Hölderlin acaba de ser descubierto. Él buscaba la unidad de la nación tanto en la sumisión como en el espíritu ditirámbico de la comunidad. Sufrió mucho debido a los avatares de su tiempo. Era consciente, mejor que ninguno de los que vinieron después, de la constitución libre y voluble de las cosas. Sus himnos son un delicado y ponderado libro de códigos del amor y la amistad. La agitación y la esperanza con los que lo asaltó la Revolución Francesa le llevaron a preguntarse: ¿Nos hemos quedado atrás, nos falta talento, vigor e iniciativa, o es que precisamente nosotros los más atrasados estamos elegidos para tareas especiales? Y su respuesta rezaba: «¡Oh, vosotros los buenos! Somos pobres en hechos pero ricos de pensamientos».

Sin, embargo, en el «Hyperion» se lamentaba: «Las virtudes de los alemanes son una maldad brillante y nada más; porque sólo actúan por miedo cobarde, penetrando en su desolado corazón con dedicación de esclavos y abandonando sin consuelo toda alma pura que, acostumbrada al acorde de la noble naturaleza, no soporta la disonancia que, a gritos, aparece en todo ese orden muerto de aquellas personas. Yo te digo: no hay nada santo que este pueblo no haya profanado, que no haya degradado al rango de una mísera orden y que, incluso lo que entre los salvajes se mantiene como divinamente puro, haya sido utilizado por estos bárbaros como se utiliza un instrumento, porque no saben hacerlo de otro modo; porque allí donde se ha educado a un ser humano, sirve para el propósito para el que se ha sido educado. ¡Pero tú, santa naturaleza, sabrás encontrar el camino! ¡Si sólo fuesen más humildes estos hombres, si no se considerasen la propia, incluso al comparase con los mejores de los hombres! ¡Si sólo dejaran de presumir de lo que en realidad no son, si no escarnecieran lo divino!» Pero el pecado original de los alemanes es para él lo mismo que para Friedrich Schlegel: «la completa separación e individualización de las capacidades humanas».[44]

Y aún debemos recordar aquí a otro romántico: Clemens Brentanos. Él escogió el camino que un día toda Alemania tendrá que volver a escoger si quiere curarse de su desorientación y su aislamiento, de su severidad y descontento. Escogió el camino hacia Anna Katharina Emmerich, hacia aquella mujer que le esperaba flotando en el Gólgota y que le convirtió en peregrino. Escogió el decisivo camino del romanticismo hacia la Iglesia y del genio hacia el catolicismo. En lo sobrenatural se encuentra determinada toda aquella comunidad que no

44 En el «Hyperion» se dice: «Es duro decirlo, pero lo diré a pesar de todo, porque es la verdad: no puedo imaginarme ningún pueblo que esté más desgarrado que el alemán. Puedes ver artesanos, pero no a seres humanos; pensadores, pero no seres humanos; sacerdotes, pero no seres humanos; señores y vasallos, personas jóvenes y personas ya asentadas, pero no seres humanos. ¿No es esto como un campo de batalla donde los brazos y las manos y todos los miembros se encuentras despedazados por todos sitios, mientras la sangre vital derramada se diluye en la tierra?». Hölderlin es uno de los primeros que intentó recomponer, aunque fuese a través de himnos, la unidad espiritual de la nación. Todo el romanticismo es una literatura y una música contra Lutero y Kant, contra la formación de un carácter y una filosofía individualista e ilustrada.

se opone al poder enemigo sea de la naturaleza que sea. En la magnificencia de la Iglesia se encuentran renacidos el arte y la vida. En la figura de la simpleza descansa todo desgarramiento. Desaparecerán *Hinkel, Gockel und Gackelei*»,[45] pero lo escrito por Brentano acerca del hijo del pastor, permanecerá: «La cornucopia del muchacho» expirará, pero permanecerá como símbolo el paso de este artista hacia la monja de Dülmen[46] y su entrega a aquel sensible instrumento de la Providencia al que, en medio de poetas y filósofos de diversa orientación, era quien llevaba tatuado en la frente el mudo poder del crucificado.

45 Título de una de las obras de Clemens Brentano. *(N. del T.)*

46 Se refiere a Anna Katherina Emmerich, de quien Brentano fue secretario y cuyas visiones recogió en diversos libros. *(N. del T.)*

[4]

No se debe considerar a la moral cristiana como el refugio de viejos prejuicios. Si lo fue en la época de la Restauración entonces se deben de combatir sólo aquellos prejuicios pero no la propia moral. Se advierte a la juventud europea para que no considere como correligionarios a los ateístas y naturalistas alemanes del siglo XIX. Sin embargo, entre los ateístas y los naturalistas se encuentran los escépticos de todos los lugares, y entre los escépticos se encuentra Heinrich Heine con dos de sus más importantes escritos: *Historia de la religión y la Filosofía en Alemania* e *Historia del Romanticismo*. Es doloroso, tener que llevarle la contraria.

Heine tuvo la mala suerte de haberse equivocado completamente en lo concerniente al protestantismo y la filosofía alemanes. Consideró a Lutero «el más grande y alemán de los hombres».[47] Él fue quien comenzó la triste broma de referirse a un «Marqués de Brandenburgo» que habría dado «libertad de pensamiento». Simpatizaba con Kant y Fichte, considerándolos rebeldes, y llamó al apologeta prusiano del Credo *quia absurdum*, el señor Hegel, «el gran Hegel, el más grande filósofo que ha dado Ale-

47 *Geschichte de Religion und Philosophie in Deutschland*. pág. 36

mania desde Leibnitz».[48] Por contra, escribía panfletos contra el Romanticismo, al que consideraba como oscurantismo por haberse extendido desde Prusia hasta Viena y Roma; porque no mantuvo casi nada ni de la libertad de pensamiento franciscana ni del resto de las libertades protestantes. Pero en 1825, después de que volvieran a editarse los escritos y diarios de Baader, se retractó y pareció comprender cuánto mal contenían sus avances.[49] Sin embargo, no se retractó de su libro contra el Romanticismo. Fue muy complaciente con las debilidades de este movimiento y en vez de atacar a las instituciones, a las que hay que atribuirle esas debilidades, se puso del lado de los que repartían los mantos púrpuras y los asados de carne, con los ojos cerrados y en calidad de nacionalista escéptico y *gourmet*.

¡Qué caso más extraño! ¡Un francés irredento de Düsseldorf niega el florecimiento del entusiasmo y del éxtasis, la única literatura cristiana que Alemania posee! Porque, ¿qué nos une a los pueblos sino la espiritualidad del Romanticismo?¿Acaso no forjó Franz von Baader, el

48 Ibídem, pág. 118: «No hay duda alguna de que superó ampliamente a Kant y a Fichte. Es agudo como el primero y vehemente como el segundo y además posee una paz anímica propia (!) y una armonía de pensamiento (!) que no encontramos en Kant y Fichte ya que en estos últimos gobierna más el espíritu revolucionario. Hegel era un hombre de carácter.»

49 En el prólogo de la segunda edición *París, im Wonnemond*, 1852: «Reconozco sin ningún tipo de reservas que todo lo que en este libro se encuentra relacionado con la cuestión divina es tan falso como falto de juicio. Igual de falto de juicio como falso es la afirmación, que repetí a la escuela, de que el deísmo ha desaparecido como fenómeno teórico y sólo ha quedado enraizado pobremente en el mundo de los fenómenos. No, no es cierto que la crítica de la razón haya destruido las demostraciones de la existencia de Dios según las conocemos desde Anselmo de Canterbury, ni que haya puesto fin a la propia existencia de Dios. El deísmo vive, vive una vida vital, no ha muerto y en ningún caso le ha matado la nueva filosofía alemana. Esa enmarañada dialéctica berlinesa no es capaz de engañar a nadie, ni siquiera a un tonto, cuanto menos a un Dios».

Montblanc en este sentido, profundas ligaduras con el espíritu ortodoxo de Rusia? ¿Acaso no se ocupó tanto de la *science divine* de un Marqués de Saint-Martin como de la inspiración *douloureuse* de un Pascal? ¿Es que no desveló en sus diarios, tanto suave como bruscamente, la irreligiosidad de la filosofía alemana e intentó solucionar la disputa entre lo católico y lo protestante en un espléndido proyecto de reforma? ¿Es que Müntzer y Böhme no parecen estar hablando por su boca cuando expresan: «Hay que enseñar que los reyes son prisioneros del Estado y pensionistas de todos los ricos»? ¿Acaso no ocurre lo mismo cuando demuestra a Kant y a Hegel, los abanderados de la teoría del conocimiento, que han confundido la lógica con el logos? Y cuando le dice a Schelling: «¿Hablas de una revelación de Dios por medio de las leyes naturales... y de una revelación humana a los hombres no quieres oír nada? No tienes ningún sentido para lo que de humano hay en Dios, como tampoco lo tienes para lo verdaderamente divino en los hombres. ¿Quieres saber? Bien, pues entérate de que tu razón, exceptuando para las experiencias sensoriales, no te sirve para nada más que para acorralarte en los terribles juegos de sombras dialécticos. Y entérate que la razón más grande, más racional y pura consiste en creer allí donde nunca alcanzarás a saber».

Estamos de acuerdo, el Romanticismo estremecedor, caballeresco y pomposo y también el sonar de fanfarrias de las oberturas wagnerianas iniciaron la fundación del imperio alemán. Otros acabaron en el callejón sin salida austríaco y permanecieron en el Portefeuille del príncipe de Metternich. Pero junto a los espíritus más débiles que acabaron en la servidumbre, ¿no hubo espíritus verdaderamente puros y hondos que heredaran una conciencia para aquello que queremos saber; una *ecclesia militans* que proteja de nuevo al genio y al arte; que combata con la rigurosidad de los padres de la Iglesia el mecanismo al que se le ha dado el nombre de racionalismo y que se dedique a convertir los hechos en apariciones y a cualquier lógica en rigidez cadavérica?

[5]

El Romanticismo quebró en Alemania la tradición de 1517. Ése es su mérito. Volvió a establecer lazos de unión con la antigua espiritualidad de Europa. Intentó una crítica del protestantismo y se extendió más allá de la pugna confesional.

Sin embargo, la fundación de la Universidad de Berlín según los planes de Wilhelm Humboldt (1810) fue una medida contrarrevolucionaria con la que Metternich y Humboldt estaban de acuerdo y con la que cinco años después celebraron su triunfo contra «los estamentos exaltados» en el Congreso de Viena.

Hasta ahora se habían menospreciado los méritos de Humboldt en lo tocante a la Reacción. El «ideal de Estado» de Humboldt, en teoría un intento de establecer en Prusia «el orden moral universal», se demostró en la práctica como una institución coercitiva y de seguridad «en la que el pueblo de los alemanes recibirá una seguridad de cara al exterior y unas libertades de cara al interior». Libertades, entre las cuales, siguiendo las últimas investigaciones, estaría «la seguridad de las banalidades y la libertad de los tópicos».

La idea de Humboldt de crear una universidad en Berlín me parece importante como creación reaccionaria. Debe pensarse en lo que ello significa: ¡el rey de Prusia como *Rector magnificentissimus* de la universidad de una ciudad residencial! ¡*Rector magnificentissimus* era el cargo antes de la Reforma de los Papas, después de la Reforma se convierte en príncipe protestante! Ya que el rey de Prusia era inequívocamente un rey soldado y a la vez ostentaba el episcopado supremo de su Iglesia, el resultado fue un protectorado militar religioso para la nueva universidad que mostró toda la predisposición a ocupar de forma terrible todas las aspiraciones papales de la Edad Media, sólo con que se encontrase un intérprete adecuado. Y éste no tardó mucho en aparecer.

En 1818 llegó Georg Wilhelm Friedrich Hegel a Berlín y a él se debe culpar de que las raíces de Prusia tomasen un nuevo rumbo ambicionando el Estado universal, un Estado universal en donde los intereses mundanos sustituyeron a los celestiales; donde Berlín se ofreció como un cínico sustituto de Roma y un todopoderoso clero de funcionarios sustituyó al clero de la espiritualidad; donde bajo el amparo del pragmatismo del Estado emergió una nueva forma de escolástica y el rey prusiano, con la ayuda de sus consejeros y profesores, gobernó el depravado mundo carcelario de sus súbditos en calidad de máxima autoridad espiritual y terrenal. Hegel, en su condición de persona privada, era un pequeño burgués bastante perezoso de Suabia. En Tubinga había sido «formado como teólogo». En Heidelberg, Nuremberg y Jena había ejercido como profesor y rector. Era la época en la que las exaltaciones poéticas alcanzaban incluso a los filisteos. «Cuando aún se agitaban nuestros cuerpos en pos el uno del otro», se escribían unos a otros en cartas y si uno experimentaba la suerte indescriptible de haber podido estar cara a cara con Napoleón, se le llamaba, como hizo

Goethe «la idea de lo superior transformada en visible», o «el espíritu del mundo a caballo», como hizo Hegel.

Ya en su escrito de oposición a la cátedra del 27 de agosto de 1801, incluía la frase siguiente: «*Principium scienia moralis est reverentia fato habenda*».[50] Y su biógrafo cuenta que al gran Hegel le podía la ambición de ser «el Maquiavelo de Alemania». La salud de un Estado, se demuestra, según expresó Hegel, «no tanto en la tranquilidad de la paz como en el movimiento de la guerra», y aún en 1917 el profesor Nicolai tuvo que refutar dicha frase. Cada príncipe sería el «general natural de su contingente de tropas». Y –aquí hay una relación causal– elevó al protestantismo con entusiasmo «como el reinstaurador de la exactitud y de la libertad de conciencia; de la *unidad de lo divino con lo humano*, como especialmente se expresa en el hecho de que el príncipe de un Estado protestante es al mismo tiempo la mayor autoridad religiosa de su Iglesia».[51] Hegel rechazó con firmeza «el nefasto error de creer que se puede constituir sólidamente un Estado sin instaurar la fe en Dios como el principio interior básico de todo pensamiento, acción y omisión». Pero, sin el menor escepticismo, identificó el protestantismo con el cristianismo como si fuese la cosa más natural del mundo, a pesar de que precisamente su forma de protestantismo es responsable en todos sus puntos esenciales de la instauración de un Estado vigilante y policíaco y de su triunfante dinastía.

---

50 Esta frase sola hubiese bastado para demostrar la convicción anticristiana y antipaulina de Hegel. ¿Porque, qué hay precisamente más cristiano y sobre todo más paulino sino la superación del Fatum?

51 La identidad de lo divino y de lo humano –ahí está toda la blasfemia del protestantismo. La identidad de lo divino y humano representada por el rey soldado prusiano–, aquí tenemos la doctrina satánica cuyo principal culpable es la teología luterana.

En el discurso de entrada de Hegel en Berlín se encuentran ya todas las frases pomposas que el hegelianismo posterior cultivaría para hacer compatible la relación de la filosofía hegeliana con la vocación «histórica universal» del Estado prusiano. Para Hegel, la Universidad de Berlín es «el ombligo de las universidades», y también debe convertirse en «el centro de la educación del espíritu y de la ciencia». A los alemanes los elogia, al igual que expresó ya en una conferencia en Heidelberg, como «el pueblo elegido por Dios en la Filosofía». Sin embargo, su primera acción consiste en oscurecer de nuevo los logros kantianos, expresando, acerca de la separación que hace Kant entre oscurantismo y razón pura, lo siguiente: «Últimamente, la llamada filosofía crítica ha dado al desconocimiento de lo eterno y divino una buena conciencia mediante la aseveración de que había demostrado que de lo eterno y de lo divino no puede saberse nada. Y esta suposición ha tenido incluso el valor de hacerse llamar filosofía».[52]

Hegel por su parte, creía poseer el conocimiento *absoluto* de lo eterno y lo divino. Prometió una filosofía que habría de tener «substancia», y apeló a la juventud que aún no tenía prejuicios para que se liberara del «negativo espíritu de la vanidad, de la inanidad del esfuerzo crítico sin contenido». Cómo se imaginaba Hegel concretamente esa «substancia» se pudo ver con la ocasión de su brindis en conmemoración de la Confesión de Augsburgo en 1830.

La Confesión de Augsburgo es el libro más simbólico de los luteranos. Sólo con su completa desacreditación puede

52 Podría parecer después de esto que Hegel rechaza el kantianismo típico. Rosenkranz hace notar entretanto (*G. F. W. La vida de Hegel*) muy acertadamente, que Hegel «debía los puntos más importantes de su filosofía a la filosofía kantiana que es la original prusiana».

Alemania volver a abrazar el cristianismo. Hegel llamó a la Augustina, sin entrar de lleno en los puntos cardinales del documento, «*Magna charta* del protestantismo» (aunque sólo lo hiciese por el *sola fides justificat*). ¿Qué fue lo que él escribió al respecto?: «La corrupción de la Iglesia durante el catolicismo papista expresaba la tiranía con la que la Iglesia mantiene postrada a la ciencia. Describía la ruindad de la vida mediante la destrucción de la familia por medio del celibato (!); mediante la destrucción de la industria de los artesanos a través del endiosamiento de la pobreza, la pereza y la estúpida falsa devoción; mediante la destrucción del entusiasmo por medio de una ciega sumisión infantil que en su irreflexión delega la responsabilidad de su quehacer a los sacerdotes; y finalmente mediante la destrucción del Estado como consecuencia del no reconocimiento de la verdadera soberanía de los príncipes».[53] En resumen, describía todo aquello que actualmente reprochamos al inmanentismo como efecto de la Reforma: la corrupción de la Iglesia (mediante la herejía promocionada por el Estado), la esclavitud de la ciencia (mediante la dependencia del poder de los príncipes), la ruindad de la vida (mediante un positivismo irreflexivo), la destrucción de la vida artesanal y la familia (mediante el desencadenamiento de los instintos primarios), la profanación de la pobreza (mediante una escrupulosa explotación), la destrucción del entusiasmo (mediante la destrucción de la supremacía espiritual).

Con ocasión de esta conmemoración, el Senado llamó la atención sobre la ausencia de una correspondiente iglesia universitaria en Berlín, y Hegel, que entretanto se había convertido en rector, se tomó el asunto «con todas

53 Rosenkranz, pág. 411-12

sus fuerzas», y exigió que al menos se debería «construir de momento un lugar para la oración» si aún no se podía construir la iglesia. Una buena iglesia «pertenece al decoro de una universidad». Después de que (la universidad) «ha crecido hasta una cifra de 1.800 estudiantes, forma *con las familias* la suma de más de cien docentes, una *comunidad* que debe tenerse en cuenta.» Hegel, como rector y el príncipe como *rector magnificentissimus*, se trataron el uno al otro en la línea teológica tal como lo hacen el sacerdote y el obispo.

La filosofía de Hegel trae consigo una extensión del pensamiento protestante y de la conciencia absolutista, pero no de la verdad y el conocimiento. Aquella frase de Hegel en su preámbulo a la *Filosofía del Derecho*, –«lo que es razonable, es realidad; y lo que es realidad, es razonable»–, puede haber sido alguna vez un hecho, un hacer hincapié en lo fáctico por encima de lo aparente de todas las cosas en el Sacro Imperio Romano. Sin embargo, nunca implicó dicha frase un conocimiento, y en toda su aceptación sumaria, tanto de lo abyecto como de lo glorificado, sólo se podía sostener dentro de un sistema que estuviese a favor de una cohabitación pacífica de las más incompatibles contradicciones.[54] Y esta otra

54 La contradicción que Hegel refleja al principio de su filosofía («contradictio est regula veri, non contradictio falsi», escribe en su escrito de oposición a la cátedra), esa contradicción revoca la moral, en tanto en cuanto Dios y el diablo gozan de los mismos derechos. La contradicción, la cuestión más personal de Hegel (expresados mediante su tesis y antítesis), debe, en síntesis, olvidarse y enterrarse. Nadie ha desvelado tan claramente como Ernst Hello (en su magnífico libro *Philosophie et Athéisme*, nueva edición, París 1905) el nihilismo moral de la filosofía hegeliana: «Par cette théorie de l´identité des contraires, où Hegel a-t-il été conduit? Si, en effet, l´affirmation et la négation sont identiques, toutes les doctrines deviennent égales et indifférentes. Hegel proclame l´égalité, l´identité de l´être et du néant. Voilà l´erreur radicale, fondamentale, inmense de ce siècle-ci; voilà la négation mère; voilà ce doute absolu, qui est l´absence même de

frase importante de Hegel: «el único pensamiento que trae la Filosofía consigo», el sencillo pensamiento de la razón, «el de que la razón gobierna el mundo y que por lo tanto la historia del mundo ha discurrido de manera racional», ¿no es acaso también esta frase una falsedad, una capitulación moral tan palmaria que solamente un auditorio falto de crítica podría pasar por alto su disimulada creencia en el absurdo?

La filosofía del Derecho y de la Historia de Hegel sólo tenía en común *una* definición: la demostración retórica de aportarle al autor la convicción apriorística de que «la monarquía prusiana es el ideal de un organismo político». Porque, igual que Bismarck creyó después en el «gran proceso de desarrollo, en el que Moisés, la revelación cristiana y la Reforma aparecen como etapas», así creía Hegel en su *Filosofía del Derecho*, en el «espíritu germano» como «el espíritu del nuevo mundo» y en el «instinto de la perfectibilidad».[55] ¿Cuál es su argumentación? «El tercer período del mundo germánico se desarrolla desde la Reforma hasta nuestros días. El principio del espíritu libre se ha convertido aquí en estandarte del mundo y en ese principio se desarrollan los principios generales de la razón». Y como ya se ha dicho «en lo que respecta al modo de pensar, la conciliación entre la religión y el derecho se produjo a través de la Iglesia protestante». Y la consecuencia dicta: «no existe ninguna

---

philosophie, érigé en philosophie absolue». Y también describe las raíces de dicha filosofía de la nada: «le grand malheur, le pêche original de la société moderne; le protestantisme» (p. 247-269).

55 Todavía se ha de ver hacia dónde condujo el «instinto de perfectibilidad» y la fe en las «leyes naturales» en el siglo XIX alemán: hacia la abolición de la ideología –gobiernan los hechos–. El desarrollo que supone en sí la razón (lo «inevitable» que tanta popularidad adquirió durante la guerra), lo decidirá todo por sí misma y la moral lo proclama con suficiente claridad: quien tiene el poder, tiene la razón.

conciencia santa ni religiosa que se encuentre separada de los derechos mundanos o que le sirva de oposición». Esto quiere decir, en relación con el sistema hegeliano, lo siguiente: no hay una conciencia santa, religiosa, más allá del absolutismo protestante o acaso contra él. Y sin embargo, escribió el más concienzudo de los pensadores la siguiente frase: «La Historia Universal es el desarrollo de la conciencia de la libertad».

¿Cómo puede aclararse este tipo de sumisa devoción? Que Prusia era «el ideal absoluto» ya lo pensaba Hegel cuando fue nombrado profesor. Un puesto en la universidad de Berlín ya era su mayor sueño cuando aún se encontraba en Heidelberg. ¿Lo que finalmente le llevaría a Prusia era acaso el sueldo de Prusia? ¿Cómo hubiera podido fundar aquella monarquía la universidad de Berlín y dotarla tan abundantemente si Prusia no hubiese sobrepasado a todos los demás Estados?[56] ¿Cómo podría haberlo elegido y solicitado a él, a Hegel, el pobre diablo al que Goethe le envió a Jena algo de dinero en una carta? Pero entonces, todo el mundo estuvo de acuerdo con la «especulación» de Hegel y su teología metódica. Y entonces se trató exclusivamente de superar en lo posible el «Estado ideal» de Humboldt. Eso se lo debía a su profesión y a su príncipe.

Por lo tanto, Hegel recurrió al «espíritu universal» y dejó que éste se desarrollara como la conciencia de los

56 Según Rosenkranz (pág. 318/9) «El ministerio apoyó a Hegel continuamente y de manera extraordinaria, ya fuera con remuneraciones importantes, ya con espléndidas minutas de viaje, y aceptó de la manera más amistosa el cumplimiento de otros de sus deseos. Todo lo que necesitaba se le facilitaba y hasta sus más atrevidas esperanzas para su trabajo le eran concedidas con una placentera sonrisa. ¡Quién sabe qué perspectivas incubaba su vigoroso espíritu! Quién sabe si no tenía la perspectiva de entrar él mismo en el gobierno».

súbditos y el Estado prusiano mediante su tesis, antítesis y síntesis. Esto resultó un proceso agotador para el espíritu universal y también para el señor profesor, y el proceso resultó algo oscuro, aunque tanto más provechoso el resultado. Y algo ya sabía Hegel de antemano: que todo lo que es contrarrevolucionario también es racional, por lo tanto también el servicio militar obligatorio que Federico Guillermo III regaló a su pueblo tras las «Guerras de Liberación» (1814). También esto lo dedujo de la idea, sin acordarse de sus simpatías hacia Francia del año 1806, y también dedujo de ella la monarquía hereditaria, los mayorazgos y el sistema bicameral. Y de esta forma, el «idealismo» alemán se convirtió en aquel gabinete secreto en cuyo tejado ondeaba la bandera de la razón y la Ilustración, mientras que en su interior, los iniciados lanzaban una máscara de cloroformo sobre el rostro de la nación y suministraban el anestesiado régimen al sadismo de los gobernantes.

Hegel puso en movimiento toda la Historia Universal con el fin de hacer salir de ella a Prusia como si fuese una paloma. Nadie antes que él había concedido una importancia tan supersticiosa a esta monarquía. La noción instintiva de lo absurdo de su sistema fue la causa del éxito de Hegel en Europa; la charlatanería y atrevimiento de este sistema fueron sin embargo los que indignaron a Schopenhauer.[57]

---

57 Sería un error creer que Goethe estaba de acuerdo con la filosofía hegeliana. Él tenía una cierta bonhomía para con el árido suabo que tan bien había sabido aprovecharse de la coyuntura prusiana aunque no imaginase las consecuencias. En 1821 envió a Hegel una copa con la siguiente irónica inscripción: «Lo absoluto/ es lo más aconsejable/ para la aceptación amistosa/ del fenómeno original.» En el *Fausto*, sin embargo, están las palabras que siguen actualmente acompañando como un lema a la filosofía de Hegel: «Mi padre fue un oscuro hombre de honor/ que mezclando infinitas recetas/ acrisoló todo lo opuesto».

[6]

Dos clases de rebeliones son posibles. Una rebelión *contra* las bases naturales de la sociedad y la conciencia, algo que es estúpido y criminal; y una rebelión, por conciencia universal, *en favor* de esas bases. Esta última demanda la libertad y refuerza el sentimiento de dignidad humana.

Es incomprensible cómo se puede tener a Hegel por un rebelde en el sentido de la libertad. Pueden recordarse aquí las palabras de Heine: «Nuestra revolución filosófica ha terminado. Hegel ha cerrado el gran círculo... No os riáis de mi consejo, el consejo de un soñador que os previene ante los kantianos, fichtenianos y filósofos naturales. No os riáis de los visionarios que esperan que se produzca en el reino de los fenómenos la misma revolución que se ha producido en el reino del espíritu...». Es increíble cómo se puede reconocer al protestantismo como principio de la nueva historia alemana y al mismo tiempo se espera una *santa* subversión que sea iniciada precisamente por los profesores de dichos principios. Estoy de acuerdo con la opinión del historiador francés Théodore Duret que en una investigación sobre la posibilidad de una revolución de este tipo en Alemania escribió las siguientes escépticas frases: «*L´idée de révolution, d´un changement profond à réaliser brusquement, n´a pu naître et se développer que dans un pays latin, idéaliste et catholique comme la France. Elle est restée sans prise réelle et le restera toujours, sur les pays germaniques, positivs et protestants, comme l´Allemagne el l´Angleterre».*[58]

Especialmente el protestantismo luterano coloca el bienestar material por encima de todo sacrificio personal, el egoísmo sobre todos los objetivos de la comunidad. Su propia absolución, de la que se origina, deja expirar la sensibilidad en las cuestiones de la conciencia y al final incluso excluye cualquier conocimiento sobre la justicia o la injusticia. Sólo por la conciencia de sí mismas de naciones desarrolladas colectivamente puede concebirse y juzgarse como intolerable violación del concepto moral social la vanidad de individuos o clases. La conciencia colectiva, nunca la individual, es la condición de una revolución productiva.

Los alemanes se rebelaron siempre *contra* la conciencia, *contra* las bases de la moral y de la sociedad, ya se llamasen Lutero, Kant o Hegel. La Reforma resultó ser una deformación. La herejía que se estableció como norma se puede equiparar a una violación del resto de la sociedad, de cuyo núcleo surgió y se aisló. En Alemania ya no es posible ni siquiera una reforma política duradera, no digamos una reforma moral, sin un profundo cambio del ideal religioso.

La rebelión de Hegel no tuvo motivos defensivos, pero sí destructores. No se podía hacer creer que Prusia procediese de Dios. Eso lo comprendió incluso Hegel, al igual que Kant, que al parecer no creía ya en Dios sólo porque aún conocía la realidad prusiana de Federico Guillermo

58 «En Allemagne une Révolution est-elle possible?» Introducción y notas de Marius-Ary Leblond (con colaboración de Barrès, Huret, Lichtenberger, Rolland, Schuré, Seignobus, Sembat entre otros), París 1917.

y se avergonzaba de ella. Por lo tanto, había que hacer que Dios procediese de Prusia o dejarlo totalmente de lado y encontrar un sustituto. Kant encontró «la cosa en sí», Hegel el «espíritu universal». El espíritu universal de Hegel era al menos un objeto respetable. Ningún regente prusiano podía quejarse de haber establecido él relaciones íntimas. Por encima de ello, era una cosa en la que nadie creía excepto el propio señor profesor y de él por tanto no se podía esperar ningún tipo de rivalidad en la esfera del poder.

En el «espíritu universal» se encontró un sustituto-de-Dios de considerable utilidad. Hegel acomodó su espíritu universal en Adán y Eva, sentándolo en una especie de silla de ruedas, le dio dos palancas en las manos en calidad de tesis y antítesis y la dejó avanzar en la síntesis. A esto lo llamó «el avance de la razón pura desde el en-sí a través del por-sí hasta el en-y-para-sí». Al camino recorrido lo llamó proceso o progreso. Después de transcurridos algunos miles de años, el espíritu universal llegó a Berlín y los estudiantes lo vitorearon cuando se bajó en el palacio real. Y al señor profesor Hegel, como descubridor de dicha máquina, le organizaron un desfile de antorchas.

La cosa no es tan divertida como parece. Porque dejando aparte que ahora cada uno quiere encontrar una máquina dialéctica de tal tipo –a la que se le llamaba sistema–, el espíritu universal de Hegel le trajo a los berlineses y a su rey algo en su viaje. Esto fue el «inventario» del espíritu universal: una especie de ordenación en rangos y tablas de las ciencias políticas, un árbol genealógico utilitario para las facultades y disciplinas. Inútilmente señaló Baader que el proceso mental divino y humano, la Metafísica y la Lógica, no se deberían de identificar; señaló a los servilistas, pietistas y racionalistas, los cuales dejaron que se estableciera una oposición entre el saber y la fe «*per generationem aequivocam*». Inútilmente escribió en una carta del 30 de septiembre de 1830 al propio Hegel: «El demonio está en todas partes, y porque usted desprecia la idea en su concepto celestial, debe usted temblar ahora ante su diabólica caricatura.» Como el Estado prusiano había sido una vez la cúspide de la Historia Universal y aún se podía desarrollar más en ese sentido de acuerdo a su deseo de perfectibilidad, –que posteriormente en la socialdemocracia se transformó en perfectibilidad de las latas de conserva, carritos de niño y botellas de soda–, no hubo en consecuencia más ciencia excepto en el Estado, por medio de él y para él. Sin embargo, el contenido de las ciencias políticas fue la simpleza anticristiana.

Capítulo cuarto

[1]

Se considera a Wilhelm Weitling como el fundador del comunismo alemán y a dos almas judías, Ferdinand Lassalle y Karl Marx, como los fundadores de la socialdemocracia alemana.

La fundación de la socialdemocracia se debe considerar en primer lugar como una etapa de la lucha por la emancipación judía. Hermann Cohen, el tempranamente desaparecido luchador del judaísmo alemán, ha investigado la relación que une al espíritu judío con el alemán desde la traducción de Lutero del Antiguo Testamento y la reforma ritual de Moses Mendelsohn. Su folleto, rico en información,[59] establece un entendimiento entre la idea judía del mesías y el concepto alemán del Estado, cuya profundidad y significación subraya expresamente Cohen.[60] Ciertamente se puede

59 *Deutschtum und Judentum*, Giessen, 1915.

60 Algunas citas son verdaderamente interesantes. Cohen señala el extraordinario posicionamiento del judaísmo alemán con respecto a Francia e Inglaterra y continua diciendo: Hoy, siguiendo a Moses Mendelsohn, que ha llevado lo germánico «hacia la fuerza vital del judaísmo» (pág. 25) y siguiendo a Herder con el que «el mesías ha renacido en el alma alemana» (pág. 30), «nos sentimos, como judíos alemanes, en la conciencia de una *fuerza cultural central* que está llamada a unir a los pueblos en el sentido de la humanidad mesiánica. Si alguna vez se vuelve seriamente a desear el entendimiento internacional y va a llegar una verdadera paz de

admitir que el mesianismo, en la enseñanza estatal de Hegel, ocupó un lugar destacado. Y del mismo modo, Marx y Lassalle le manifiestan al Estado racional abstracto de procedencia reformadora una devoción que está fundada tanto en sus estudios filosóficos como en sus propios intereses. Pero mientras Cohen ve en el fortalecimiento de la idea alemana del Estado un mérito de Marx y Lasalle, yo no veo ningún motivo para olvidar el precio que Europa y Alemania han pagado por las ventajas logradas por el judaísmo: a saber, la entrega de las nuevas ideas sociales al entretanto *insocial* Estado autoritario prusiano-alemán.

No se puede poner en duda la dedicación ni de Marx ni de Lassalle en los inicios de su trayectoria profesional. Desde luego no se puede imaginar mayor contradicción que el ideal de los weitlingianos, a cuya cabeza se pusieron, y el método positivo de sus capacidades dialécticas y autoritarias. Pero el conocimiento político de un judío de Breslau de los años 40 del siglo XIX como es Lasalle y su inteligencia calculadora, agudizada por el Talmud de un espíritu procedente de la familia rabínica como Marx, prometieron el mayor ascenso posible al movimiento proletario. Precisamente revolucionarios judíos y una situación económica desarrollada como la de la Europa de la primera mitad del siglo XIX, era lo que necesitaba un estado antisemita como era la Prusia de los nobles. Nadie se sintió tan desheredado como Lassalle, nadie se sintió tan predestinado para la crítica de los intereses como Marx. Precisamente a los rebeldes judíos se les ofrecía un campo de acción si identifica-

los pueblos, entonces *nuestro ejemplo podrá servir como modelo* (!) para el reconocimiento de la *hegemonía* en todos los aspectos de la vida espiritual y anímica. (pág. 37) ban su emancipación personal y la de su raza con la de la clase más desheredada de su tiempo. El férreo entusiasmo revolucionario de Lasalle y el temperamento profundamente centrado en la problemática económica de Marx parecían estar llamados a complementarse para alcanzar el objetivo, con gran intrepidez e incorruptibilidad, lograr la emancipación tanto del proletariado como del judaísmo.

¿Cómo fue posible que la emancipación quedase de lado y en su lugar apareciese un partido que, aunque parecía representar los últimos y más modernos principios de un nuevo orden social, en realidad marchó relativamente rápido al encuentro con el Estado de los ciudadanos, funcionarios y militares? Tanto Marx como Lassalle se guardaron de atacar al Estado racionalista; los dos rechazaron quedarse al margen de las aspiraciones de poder oficiales. Sobre todo Marx persiguió amargamente, cuando vislumbró los peligros de su sistema, todas las opiniones esgrimidas en ese sentido. Los rebeldes alemanes fueron muy impacientes contra el bonapartismo y el zarismo, pero paradójicamente apoyaban al bismarckianismo. En teoría predicaban la revolución, pero en la práctica coqueteaban con el sistema centralista del Reich y no querían quedarse al margen cuando llegase el éxito y la bendición.

[2]

Lasalle había nacido el 11 de abril de 1825 en Breslau, donde hasta el año 1848 los judíos ni siquiera estaban formalmente emancipados. La conciencia de ser de ascendencia judía todavía le resultaba «en los años descritos, de una responsabilidad embarazosa».[61] Según su diario, no editado hasta 1890, el tormento de su origen judío fue el que le acompañó y le dio la llave para vivir. Ya con quince años escribe: «Podría arriesgar mi vida como aquel judío en *Leila,* la novela de Bulwer, arrancando a los judíos de su oprimida situación actual. Yo mismo no rehuiría el cadalso si pudiera devolverles la condición de pueblo respetado». Su sueño favorito es «colocarse a la cabeza de los judíos, con las armas en la mano, hacerlos autónomos». El aguijón de las torturas, de las que habla, lo empuja a lograr a cualquier precio reconocimiento y prestigio. Dirige el llamado «proceso de las cajas» de la condesa Hatzfeld, lo lleva adelante con todos los medios, espionaje, soborno, engaños y falsedades, sólo para mostrarle a una dama de la aristocracia la prueba, como caballero judío, de que es el talento el

61 "Escritos y discursos de Ferd. Lassalle", con una introducción biográfica, editado por Eduard Bernstein, tomo I, pág. 18, Berlín, 1892.

que decide y no la nobleza hereditaria de un aristócrata alemán contra el cual se dirigía el proceso. Su pasión de causar admiración por medio de actividades extraordinarias se corresponde con su sed de gloria, poder y fama.

Alemania experimenta la existencia de un joven Alcibíades. En 1845 los weitlingianos de Leipzig le nombraron su guía. Con 37 años se coloca a la cabeza del movimiento –renunciando voluntariamente al poder y a la fama– con cuya intención comunista no tenía absolutamente nada en común, por no hablar de la idea cristiana de Weitling. Tan típico como su meta, la de convertir el movimiento weitlingiano «en un ejército al servicio de sus ambiciosos intereses» es la acusación que Marx le formuló más adelante, la de haber falseado o no haber entendido el «Manifiesto Comunista».

Por medio de su amigo Hatzfeld mantuvo fantásticas entrevistas con Bismarck y, poco antes de que estalle la guerra de 1866, que como guerra civil en ningún caso podía contar con apoyo popular, le sugiere imponer el derecho universal de voto y cooperativas de producción con subvención estatal. Serían dos sugerencias que supusieron una brusca ruptura de la confianza que ciegamente le había otorgado la clase obrera. A su ilimitada vanidad le gustaba el papel de hombre de confianza de Bismarck al que le envía dos ejemplares de todas sus obras publicadas, en un sobre cerrado con la inscripción «personal» a través del secretariado de la «Agrupación General de los Trabajadores Alemanes». La ambición de convertirse en marido de una mujer de la aristocracia hace que este revolucionario judío esté dispuesto a convertirse al catolicismo y batirse en duelos caballerescos con ministros. De la manera más ingenua confunde la nobleza interior con la exterior. No tiene ninguna consideración ni conoce impedimento si lo que está en juego es su «honor» (¡con los caballeros!) y su carrera (¡en el Estado de Bismarck!); y al mismo tiempo, entre marxistas y lassallenianos votaron su nombre dos tercios del joven partido socialdemócrata en el «Congreso de unificación de Gotha» (1875). Demasiado tarde desvelaron los diarios sus planes secretos, consistentes en que el proletariado sólo tenía validez como un instrumento a su disposición, como un arma con la que pensaba demostrar su poder personal.

Se conocen las lisonjeras palabras que Lasalle encontró para los trabajadores: «¡Son la roca sobre la que la Iglesia construirá el presente!». O estas mesiánicas: «el espíritu nacional alemán es la idea metafísica nacional y su significado radica en que los alemanes alcanzan su *elevado significado en la Historia Universal* partiendo del *espíritu puro* (!), esto no es solamente una verdadera realidad, sino que incluso el mero sentido de su existencia, radica en lograr su propio territorio».[62] Qué sorprendente resulta a la vista de lo anterior la benevolencia con la que Eduard Bernstein, todavía en 1892, trata la delicada naturaleza de las negociaciones de Lassalle con Bismarck. Bismarck escribió en 1878: «¡Qué podría haberme ofrecido y dado Lasalle! ¡No tenía nada detrás de sí! En todas las negociaciones políticas lo que importa es la cuestión de fondo, aunque directamente

62 La primera cita procede de un discurso en Berlín «sobre la especial relación entre la idea de estamento de los trabajadores con el periodo histórico actual» (primavera de 1862, bajo la influencia de Hegel); el segundo procede de un discurso en una conmemoración con motivo de los 100 años del nacimiento de Fichte que tuvo lugar en la «Sociedad Filosófica» el 19 de mayo de 1862 y titulada «La filosofía de Fichte y el significado del espíritu nacional alemán». El espíritu chovinista de la filosofía protestante apareció de manera vívida precisamente en Lassalle.

no se hable de ello». ¡Y tenía razón! ¿Pero resulta adecuado, una vez que el «derecho universal de voto» y el otorgamiento de una «legislación social» rompieran el frente de la oposición proletaria, contestar con orgullo casi lassallesco sobre el particular?: «En cualquier caso, Lasalle tenía algo que ofrecer. La cuestión era si parecía suficiente para convencer a Bismarck».

Bismarck definió perfectamente a Lassalle: «Fue uno de los hombres más agudos y gentiles con los que he tenido relación, un hombre que tenía una gran ambición, pero no republicana, pues tenía una acentuada convicción nacional y *monárquica*. La idea que perseguía era la de constituir el Imperio alemán y ahí tendríamos algo a lo que atenernos. Quizá albergaba dudas de si el Imperio alemán se llevaría a término precisamente con la dinastía de los Hohenzollern *o con la dinastía Lasalle*, pero en cualquier caso su convicción era monárquica de los pies a la cabeza.» Aquí, Mehring señala que en aquellas conversaciones Bismarck había ejercido el papel de pobre diablo y su intento de partir peras con el socialismo (a pesar del intento de Lassalle de partir peras con Bismarck) finalizó de modo que a Bismarck le tocaron sólo las sobras.[63] Todo esto simplemente es una baldía charlatanería, que es a lo que conduce en realidad la socialdemocracia bajo el influjo del «idealismo».[64] El

63 *Geschichte der deutschen Sozialdemokratie*, tomo III, pág. 118-9.

64 Obsérvese los ostentosos y militaristas títulos de los capítulos que acompañan a la descripción de Lassalle realizada por Mehring: «El plan de campaña de Lasalle», «El plan de batalla de Lassalle», «El desfile militar renano y el asalto a la Bastilla». Debe considerarse que Lassalle nunca se encontró al frente de un poder armado, como sí fue el caso de Mazzini y Garibaldi, todavía nadie ha tomado por él o por sus ideas las armas y se ha puesto en rebeldía. El propio Mehring admite: «De los miles que han estado sin aliento pendientes de los labios de Lasalle, como mucho unos cientos se inscribieron en las listas de la Agrupación General de los Traba-

punto débil de Lasalle no se puede disimular. Él mismo confiesa: «No sé, a pesar de que ahora tengo una convicción revolucionario-democrático-republicana, pero siento que si hubiese estado en el lugar del conde Lavagna (en el Fiesko de Schiller) hubiera actuado igual que él y además no me habría conformado con ello, con ser el primer ciudadano de Génova, sino que hubiese extendido mi mano para alcanzar la diadema. De esto se desprende, si miro el asunto a la luz del día, que soy un simple *egoísta*. Si hubiese nacido príncipe, sería un aristócrata en cuerpo y alma». Y al final de su carrera admite: «¡Qué poca fe tienen en mí! Nada me gustaría más que liberarme de toda la política. Estoy cansado y harto de la política. Sería capaz de volverme por ella tan apasionado como siempre si se produjeran serios acontecimientos, o si *yo tuviese el poder* o viese un medio de conseguirlo –un medio que fuese el *adecuado para mí*–, porque sin el poder absoluto poco se puede hacer».[65]

Ese estado de ánimo no podía considerarse una depresión pasajera o una broma. Expresa la decepción de Lassalle por el fracaso de sus planes personales para lograr el poder. Le acompañará durante toda la vida a Lassalle y seguirá viviendo en su partido tras su muerte, cuando la albacea de su testamento, precisamente la condesa Hatzfeld, intentó poner, de manera ambigua, al partido en manos del gobierno.[66]

---

jadores Alemanes, de esos cientos no más de una docena cumplieron con las obligaciones que con ello contrajeron» (III, 141).

65 Bernstein, pág. 19, 179.

66 Ya en 1847, Marx y Engels se vieron obligados (en el diario *Deutschen Brüsseler Zeitung*) a escribir contra el «socialismo del gobierno real prusiano». En 1864 la *cabeza dirigente* del *Sozialdemokrat* (el órgano de la Agrupación General de los Trabajadores Alemanes en el que colaboraba Engels, Herwegh, Hess, Marx y Liebknecht), Jean Baptiste von Schweizer, hablaba de la «relevante política» de Bismarck, calificaba al «viejo Fritz»

Si los héroes no ofrecían otro ejemplo mejor, no puede uno sorprenderse actualmente de las consecuencias. Las palabras de Heine, según las cuales el gobierno prusiano sabe sacar partido incluso de los revolucionarios, se referían a Lassalle. Lassalle lo sabía y le escribió a Marx: «Pareces haber contemplado la justicia prusiana bajo una luz demasiado cándida. Yo he tenido un tipo muy diferente de experiencias con esos tipos. ¡Cuando pienso en ese asesinato diario de la justicia por el que he pasado durante diez años, aún tiemblo y se me nubla la vista de sangre y parece que me asfixio de indignación!» Al mismo tiempo no era capaz de decidirse a romper motu propio con ese sistema sino que reclamaba en 1863, cuando se cuestionaba la anexión de Schleswig-Holstein, que Prusia debería tomar la decisión *revolucionaria* de romper el Protocolo de Londres y arrojarle los jirones a la cara a las potencias europeas. Y delante de los mismos jueces que practicaron el «asesinato diario de la justicia», dijo ocasionalmente: «A pesar de todas las diferencias que nos puedan separar a ustedes y a mí, defiendo junto a ustedes el antiquísimo fuego vestal de la civilización, del Estado, frente a aquellos modernos bárbaros.»[67]

(Federico II) como «poderoso genio» y con sus artículos sobre Bismarck despertó la impresión de que el joven partido de los trabajadores debía ser realmente prusificado. Mehring informaba, por otra parte, acerca de la albacea del testamento de Lassalle, la condesa Hatzfeld, que en su ceguera había percibido la reforma federal prusiana como la realización del programa nacional de Lassalle; en él se expresaban todos sus anhelos patrióticos desde 1866, que hicieron de la «Agrupación General de los Trabajadores Alemanes» un instrumento de Bismarck, independientemente de que ella estuviera ahora con el «gran ministro» en relaciones más o menos estrechas y los grandes fondos que ella tiraba por la ventana fuesen de su propiedad o de otra procedencia.

67 Esto procedía del «idealismo» de la escuela de Hegel y Fichte y del protestantismo optimista en el que, aparte de Lassalle, también cayeron

Cuando en 1866 la guerra con Austria se encontraba a las puertas, Bebel, ejerciendo como oponente en una asamblea, *ante los reparos* de progresistas y defensores de la unidad nacional, expresó que no habría tanto que temer porque de la guerra podría salir como resultado algo muy distinto a lo que piensan los que la dirigen. ¿Qué se puede colegir de todo esto? ¿La revolución o una Gran Alemania Imperial? El *Sozialdemokrat*, el órgano de la «Agrupación General de los Trabajadores Alemanes», ofreció a Prusia una alianza con el fin de instaurar una «Alemania libre y unida». J. B.Schweizer, aquel sucesor de Lassalle, al cual en el extranjero incluso sus compatriotas alemanes consideraban como espía de Bismarck, remarcaba, siguiendo a Mehring, que «con respecto al extranjero, él y los trabajadores de su clase se encontraba al lado de Prusia». De las dos facciones existentes en aquel entonces, los «lassallianos» echaban en cara a los «eisenachianos» que no se tomaban en serio la lucha de clases, que eran «medio socialistas»; los eisenachianos por su parte se vengaban escribiendo en su *Volksstaat* lo siguiente: «Si Lassalle no hubiese aparecido por sí mismo, Bismarck se hubiese encargado de crearlo».[68]

Heine y Marx. Lassalle era un *entusiasta* hegeliano. En su *Sistema de los derechos adquiridos* (1861), define al derecho filosófico hegeliano como el primer intento de «demostrar el derecho como un organismo racional desarrollado a partir de sí mismo», y aunque demandaba una «reforma total» de la filosofía hegeliana, con el concepto de lo positivo y dado como «el flujo necesario de los conceptos espirituales históricos de todos los tiempos», sólo quería probar «que la filosofía hegeliana seguía teniendo *más razón de la que creía el mismo Hegel*, y que el concepto especulativo abarca más campos y de manera más intensa de lo que el propio Hegel había supuesto.» (Prólogo a *Sistema de los derechos adquiridos*).

68 Hasta el «Congreso de unificación de Gotha» (22 al 27 de mayo de 1875) no se llevó a cabo la unión de las dos fracciones del partido socialdemócrata. La confusión del Congreso de Gotha se pone de manifiesto precisamente en el hecho de que al mismo tiempo que exigía una actitud revolucionaria (la «plena dedicación al trabajo») y una reforma ciudadana

Lassalle intentó encontrar un nexo de unión con la tradición *protestante*-liberal de su madre patria. Esto le dio a sus argumentos una cierta base y poder, un empuje a su entusiasmo. Pareció haber encontrado una halagüeña calma a sus aspiraciones cuando se comparaba con Ulrich von Hutten y Franz von Sickingen, aquellos dos caballeros opositores del siglo xvi que ofrecieron a Lutero una alianza a favor de una Alemania unida contra el Papa. Un afecto empático sintió además por Fichte y Hegel, los maquiavelistas especulativos. En un drama en verso *Franz von Sickingen* (1859), este abigarrado «socialista» se muestra como aquello que no debería haber sido –teniendo en cuenta que se presentaba como un rebelde que luchaba por la libertad–, como un apologeta de la razón, un apóstol con espada y un monárquico. De manera hegeliana se interroga:

> ¡Honorable señor! Mal conocéis la Historia,
> tenéis toda la razón, es la Razón su contenido.

Después de haber dejado hablar a Oekolampadius de la profanación de la doctrina del amor por medio de

---

(«toma de medidas para una legislación de protección al trabajador»), reconociendo por lo tanto al Estado ya existente. Las grandes luchas ideológicas de la 1ª Internacional (1861-1874) no habían dado, según los documentos de Mehring, «ningún o casi ningún resultado». La condesa Hatzfeld se había ganado a los principales agitadores del partido con su «siempre dispuesto presupuesto de guerra» (aproximadamente desde 1868) mientras que Schweitzer conducía al movimiento de los trabajadores «hacia las vías más anchas y libres del Manifiesto Comunista». El propio Marx, hasta ese momento, sólo había podido influir con sus escritos impopulares y difíciles de comprender sobre algunos dirigentes con los que mantenía una correspondencia personal. Según Bernstein, Marx y Engels, los pontífices del partido asentados en su trono en Londres, sólo se preocupaban «por la república universal y la revolución. Lo que le ocurría a Alemania, les traía *completamente sin cuidado*» (pág. 47).

la espada, recita un «Panegyrikus en la espada» ante el cual Bismarck y los pangermanistas de todos los tiempos podían haber estado más que contentos y que termina del siguiente modo:

> Desde siempre la espada ha terminado
> lo espléndido que la Historia ha mostrado,
> y todo lo grande que en cualquier momento se produzca
> a la espada en última instancia se atribuya.

Será esta una hermosa profecía para año 1871, una profecía de lo maravilloso, de algo para lo que nosotros nos hemos convertido actualmente en testigos de su liquidación. Pero el hecho de que Bismarck diese en el clavo al calificar en su libro de notas a este hombre no como un republicano, sino como un monárquico, lo corroboran las palabras de Sickingen a Hutten:

> Lo que queremos...
> es una Alemania unida, grande, majestuosa,
> ...
> y fuertemente apoyada en el poderoso impulso
> [de los tiempos,
> en su alma profundamente enraizada
> *Una-evangélica* cabeza al frente, como Kaiser
> del gran Reich.[69]

69 Bernstein, pág. 38.

[3]

Si Lassalle disponía para él de una tradición alemana, así resulta que Marx pareció romper con aquélla y buscó como emigrante nuevos principios en el extranjero. La lucha de emancipación judía encuentra en Marx un representante de inigualable profundidad y de significado trascendental. Casi parece como si el «judaísmo» se hubiese elevado a través de la figura de Marx. Pero se trata sólo de una ilusión.

Marx comenzó como estudiante de Derecho y de Filosofía. Todavía en 1842 tenía la intención de llegar a convertirse en profesor de Filosofía. Cuando a su amigo y compañero de estudios, el teólogo Bruno Bauer, se le retira la *venia legendi*, duda del éxito de su propia pretensión y con 24 años se pasa al periodismo y entra como redactor en el periódico *Rheinische Zeitung*. A partir de ese momento comienza su carrera como intelectual libre y opositor, como panfletista y organizador.

El problema judío aflora en Marx no solamente de manera más profunda y enérgica, sino también de manera más diferenciada y con un perfil mayor que en Lassalle. No se debe juzgar en base a manifestaciones y trabajos aislados. Las simpatías y antipatías de Marx son más decisivas que su confesión personal; se menospreciaría la obra de este hombre, que se convirtió en uno de los dirigentes más responsables de la nación, si se tuviese más en cuenta sus pretensiones que el círculo político en el que se movía.

Con un temperamento impetuoso, Marx apareció en escena en la época de la joven Alemania. Primeramente imbuido de las doctrinas hegelianas, de cuya lógica talmúdica, de cuyo absolutismo científico, de cuyo abstracto método de subordinación nunca dudó; se preocupará muy pronto, bajo el influjo de Bauer y Feuerbach, de elaborar una antítesis creíble contra la filosofía de Hegel. En lugar de una afirmación celestial apareció un mundo de implacables reverencias, tanto en el sentido religioso como en el político y el económico; en lugar de idealismo abstracto apareció un mundo de grosero materialismo. Una metafísica conservadora y malcriada debía ser sustituida por un mundo jalonado principalmente por revueltas; la ilusión debía ser sustituida por los hechos, la fe por el conocimiento, la burguesía por el proletariado. Su contradicción doctrinaria, su antítesis simplista, conducen a Marx hacia brutalidades que no pueden seguir siendo justificadas. Materialismo y abstracción, conocimiento y fe, proletariado y burguesía no aparecen ya como contradicciones tan marcadas a como el método de Marx las explicaba. Tampoco valoramos ya la crítica por la crítica y la negación por el simple hecho de negar. Pero el no sobre el sí y la contradicción entre estratos sociales marginados y una autocomplaciente Teodicea eran nuevos y de valor en un tiempo que incluso podía admirar el abismo, siempre con sonriente complacencia, o no verlo en absoluto.

Los *Anales Franco-Germanos* muestran al Marx joven y nuevo alemán como un luchador tan agudo como seguro de sí mismo. Con respecto a lo político, se mostraba radical hasta tal punto que no era posible imaginarse un grado mayor. Junto a los más radicales ataques contra la monarquía se puede encontrar a la vez un casi cínico desprecio hacia todos aquellos que se dejan dominar. Contra el «Estado filisteo» de Federico Guillermo IV iba dirigido todo su desprecio, producto del visible influjo de su oposición al Romanticismo. «El mundo filisteo es el mundo político de los animales, y si debemos reconocer su existencia no nos quedará más remedio que aceptar de la manera más sencilla el *status quo*». «El mundo pertenece al filisteo, por ello debemos estudiar detenidamente a estos amos del mundo. Nada nos impide por tanto enlazar nuestra crítica a la crítica de la política, a la toma de partido en la política, es decir, a la verdadera lucha».[70]

Louis Blanc tenía razón cuando pensaba que ésta era una intención digna de elogio. ¿Y cómo se lo tomó Marx? ¿Estudió a los «amos del mundo», a los filisteos? ¿Y con qué resultado? Consideró los inicios de Federico Guillermo como el intento de un monarca fracasado de elevar al Estado filisteo sobre una base propia, un intento que fracasó y lo hizo regresar de nuevo al Estado de los siervos y esclavos. Pero entonces creyó que el *filisteísmo* sólo residía en disfrutar de las rentas y que la secularización de los privilegios sería suficiente para abolir el *filisteísmo*. Y esta concepción puramente económica de la «Bourgeois», que dejaba al margen el capital de las ideas, que pasaba por alto que sólo la renuncia a cualquier posesión estaba capacitada para abolir el *filisteísmo*, este error, se convirtió en evangelio.

---

70 «Cartas del joven Marx», divulgadas por Fr. Brupbacher, *Marx y Bakunin*, Munich, 1911.

Marx impulsó los análisis del supuesto poder de la burguesía y de las finanzas hasta su resolución, y, sin embargo, no se ocupó en absoluto de aquel «sueño del mundo» del que murmuraba Hebbels Kandaules, ni de las verdaderas raíces ideológicas del Estado filisteo, que son la milenaria tradición de ejercer de Bella Durmiente y el quietismo moral que incluso mantuvo obsesionados a los propios rebeldes.

¿Cómo se podía esperar en serio un renacimiento político o social antes de que el *filisteísmo* religioso tomase conciencia de sí, antes de que se quebrantase la fe en un Dios muerto y enterrado para la eternidad, antes de que resucitase la actuación divina? Sólo Schopenhauer y Nietzsche despertaron de nuevo en nosotros la capacidad de experimentar: mediante la destrucción del optimismo de la razón, mediante el desmantelamiento de las ilusiones de la propiedad individual y ejerciendo con ello una crítica al *filisteísmo moral.* Un programa como el de Marx, basado en la «capacidad de cada época de entender sus luchas y deseos» debía quedarse necesariamente en la superficie mientras que bajo el término «luchas» sólo se entendiese la lucha económica y bajo el término «deseos» sólo se entendiese el reparto del placer.

Una cosa sí vislumbró Marx, que Alemania se encontraba increíblemente retrasada con respecto a las demás naciones. Pensaba que a Alemania aún le quedaba mucho hasta llegar al punto en el que Francia se encontraba ya en 1789. Pensaba que Alemania no había participado en ninguna de las modernas revoluciones, pero a cambio sí había participado en los procesos de Restauración de los demás pueblos: «Acepto incluso que no existe la vergüenza en Alemania; al contrario, esos miserables continúan siendo patriotas». «Incluso el germanismo ha caído en el materialismo. Mientras en Francia e Inglaterra el problema proclama la disyuntiva entre la economía política o gobierno de la sociedad sobre la riqueza, en Alemania la disyuntiva se presenta entre economía nacional o gobierno de la propiedad privada sobre la nacionalidad.»

Solamente la Filosofía, concretamente la hegeliana, encuentra reconocimiento. Para Marx, es «la única historia alemana que se encuentra de igual a igual con respecto al presente oficial contemporáneo».[71] Pero no fue ése el caso de la filosofía hegeliana, o al menos en París no se la consideró como de la misma altura. A pesar de ello, ofrecía al menos la posibilidad de un sistema antitético de lo irracional que podría haber estado, trasladado a medidas hegelianas, en relación de paridad con respecto al desarrollo histórico de Europa; y si ni Bauer ni Marx, ni Feuerbach ofrecieron un sistema similar, al menos les quedó, como racionalistas, materialistas y antropomorfistas doctrinarios, el mérito de haber comprendido la Ilustración francesa e inglesa desde sus raíces, aunque no llegasen a comprender el nuevo espíritu cristiano que en Inglaterra, en Francia, en Rusia y en Italia despertaba de la miseria al proletariado. Marx, al igual que Heine, se equivocaba cuando, influido por Hegel y Feuerbach, consideraba a la filosofía protestante como el punto de partida de un nuevo orden que estaba en camino. En realidad, dicha filosofía era sólo el apoyo de la revuelta reformadora y un precursor de la completa disolución de la sociedad.

La postura del joven Marx con respecto a la nación y la filosofía es aún más reveladora que con respecto a la reli-

71 «Crítica a la filosofía hegeliana», *Deutsch-Französische Jahrbücher* [Anales Franco-Germanos], pág. 77.

gión. La cuestión religiosa lo conduce, en consonancia con Bruno Bauer, al problema judío y lo obliga a formular sus más íntimas convicciones. Para un juicio correcto sobre Marx es de cierta importancia el ensayo «Sobre la cuestión judía» en la revista *Deutsch-Französischen Jahrbücher*. El punto de partida de la controversia era un judaísmo riguroso en la teología protestante. Ya en 1839 Bruno Bauer había tenido una cierta polémica con el luterano ortodoxo Hengstenberg, el cual, siguiendo un ejemplo conocido, trataba de elevar al Dios de la cólera y de la venganza que anunciaba el Antiguo Testamento (se podría decir también del teutónico) como Dios del cristianismo. Esto supuso para los Ilustrados una oportunidad para hacer de la ley israelita, a la que tomaron desde un punto de vista político, el centro de sus críticas. El judaísmo aparecía ahora como encarnación y ejemplo de toda intolerancia religiosa y del cual el cristianismo había aprendido la «censura de lo humano». En su *Crítica de la historia evangélica* (1841) Bauer trató de demostrar el despotismo de las leyes religiosas judías, también en el evangelio y en el catolicismo (en el Estado cristiano-germánico).[72]

A esto debe añadirse la postura de Feuerbach, quien en el mismo año (1841) en su libro *Naturaleza del cristianismo* definió a la religión judía como la religión del propio interés. «Los judíos», así quedaba expresado ahí, «se han mantenido hasta hoy en su particularidad reli-

72 La oposición de la Renania católica contra el dominio prusiano y el interés del gobierno prusiano en la «ilustradora» crítica religiosa y en la persona de Bruno Bauer fue durante un tiempo un habitual en el Ministerio de Cultura prusiano; y si no se puede calificar sin reservas al diario *Rheinische Zeitung* como un panfleto del gobierno prusiano, al menos se puede decir que su redactor Karl Marx no era ajeno a los intereses prusianos. (Véase Mehring, *Karl Marx. Geschichte seines Lebens*, Leipzig, 1918, págs. 39, 26, 25, 29 y ss.)

giosa. Su principio, su Dios, es el principio práctico del mundo, el egoísmo, en concreto el egoísmo en forma de religión. El egoísmo es el dios que no maltrata a sus siervos. El egoísmo es intrínsecamente monoteísta porque sólo tiene un propósito: él mismo. El egoísmo reúne y concentra al hombre en torno a sí mismo, pero lo hace teóricamente obtuso, porque lo enfrenta a todo lo que no se refiera a él mismo».[73] Y por otra parte, Bauer mantenía que mientras los judíos se mantuviesen judíos, no podrían emanciparse; pero esto sería para los judíos, cuya religión es increíblemente astuta, extraordinariamente difícil, si no imposible, puesto que se habían opuesto a cualquier avance histórico y en su odio a todos los pueblos habían llevado la vida más aventurera y limitada posible.

Mediante este tipo de críticas y reflexiones, la religión y segregación judía parecían profundamente comprometidas y así se encuentra en la polémica marxista con Bauer aquella desesperante huida de la tradición de sus padres que Marx califica con la siguiente frase: la crítica de la religión es la condición previa de toda crítica. Sin aceptar la actitud inclinada al humanismo de Feuerbach, que consideraba disolver los elementos judíos del cristianismo oficial mediante una ley del «amor del hombre hacia el hombre», es decir, al menos con una determinada religiosidad, Marx rebajó a la religión a la calidad de «categoría», como si fuese un traje usado, sin encontrar ni un pequeño sustituto en algún ideal opuesto, aunque fuese simplemente en los ideales revolucionarios de la libertad,

73 Sobre la relación Feuerbach-Marx que esclarece los rasgos fundamentales de la joven revolución alemana, instruyó perfectamente Th. G. Masaryk en *Die philosophischen und soziologischen Grundlagen del Marxismus*, Viena, 1899. El libro pertenece a lo mejor de la literatura sobre Marx, esclarece la fraseología de protestantismo puro de la escuela de Feuerbach.

la igualdad y la fraternidad, los cuales asimismo también rebajaría posteriormente a la categoría de simples frases. La religión es entonces para él «la materialización fantástica del hombre», «el opio del pueblo», porque en la religión «se expresa la miseria del hombre y a través de ella se adormece al mismo tiempo la conciencia»; «la abolición de la religión como la ilusoria felicidad del pueblo es la exigencia de la verdadera felicidad».[74]

La consecuencia, ya señalada, es que Marx descubre como condición previa de cualquier religión, tanto a nivel económico como particular, a la «base universal del judaísmo, al usurero» y como su «dios mundano», al dinero. Bajo judaísmo, entiende Marx un «elemento común, actual, antisocial» que se ha convertido en algo tanto más peligroso en cuanto que el cristianismo se había vuelto a diluir en el judaísmo[75] y el Cristo[76] práctico había vuelto a ser judío. Marx señala la «quimérica nacionalidad de los judíos», que es la nacionalidad de los hombres del dinero y los mercaderes, y al final de este auto-desgarramiento llega a la siguiente conclusión: «La emancipación social de los judíos es la emancipación de la sociedad del judaísmo». Con ello se convirtió en un apóstata pero sería deseable que esta última franqueza tuviese validez para los que pertenecen a cualquier raza y a cualquier confesión.

---

74 *Zur Kritik der Hegelschen Rechtsphilosophie*, pág. 72. Es la misma confusión ingenua entre la Religión y la dudosa convicción de la religión temporal, la fe de los pueblos; una confusión que también descubrieron otros tres grandes alumnos de Feuerbach (Stirner, Bakunin y Nietzsche) como resolutos antropomorfistas y conscientes o inconscientes protestantes.

75 En cualquier caso sólo el protestante.

76 En ningún caso la Santa Iglesia. La inconsistencia de estos argumentos es realmente espantosa.

[4]

Para este estudio es suficiente poner de manifiesto que la crítica del «capital» realizada por Marx, según su propia interpretación, es originalmente una crítica a la religión, y que su ensayo *Sobre la cuestión judía* de 1844 trata tanto el problema religioso como el económico en relación con la *emancipación* política de los *judíos*. Marx percibe las causas de las desigualdades sociales en las relaciones entre la posesión, la educación y la religión, en los privilegios del dinero y, más allá, en la protección de estos privilegios por parte del Estado. Sus ansias de rebelión son víctimas de un espíritu muy impresionable que quiere ver sacrificada *cualquier* religión y *cualquier* posesión, ya que no cree necesario sacrificar a su propia religión a la furia financiera de su época.

Marx nunca fue tan honesto ni logró, como pensador, llegar a tanto como llegó con este temprano ensayo. Aplicó su ambición juvenil e incluso llevó su entusiasmo hasta donde la sangre y el instinto se lo permitieron. Rompió mentalmente con un origen que, aunque era capaz de autocrítica y de examinarse, no dejaba que se extirparan sus raíces fácilmente. El futuro dictador del consejo general de la Internacional, el patrocinador del riguroso centralismo estatal y por tanto también financiero, no deja que se reconozca en él a aquel joven entusiasta alemán antiautoritario y anticapitalista.

La pregunta, «¿cómo pueden seguir estando emancipados los «judíos» y cómo puede romperse el prejuicio que hay contra ellos?» le conduce de manera apasionada hacia el comunismo, al que le impone un giro estrictamente material, religioso y moral. Debe pensarse que sus invectivas contra el «Estado cristiano» estaban más dirigidas contra la cristiandad que contra el Estado. Al mismo tiempo espera poder erigir sin oposición los fundamentos de un nuevo orden basado en una convicción materialista de la idea del Estado.[77]

Así como la Reforma se inició de manera teórica, la revolución del futuro debe iniciarse de manera teórica. La revolución debe ser iniciada por el proletariado, por parte de aquel ya medio militarizado proletariado de la fábrica. El proletariado secularizará el capital y los medios de producción. El proletariado ateo suprimirá la cuestión judía con la religión, y la cuestión judía con la economía del dinero. La violencia no la produce la

77 Se pueden mostrar ciertos documentos en los cuales Marx mantiene principalmente una postura *contra* el Estado. Masaryk los ha reunido (págs. 390-394). Proceden de la época anterior a 1848 y combaten, bajo la influencia de Feuerbach y Proudhon, con el mismo temperamento al «Estado cristiano». Marx, bajo el influjo de Hegel, había visto antiguamente en el Estado el «verdadero dirigente de la sociedad». Ya en el *Manifiesto Comunista* de 1847, bajo el influjo de Louis Blanc, se refiere nuevamente al Estado (Socialismo estatal y conquista del poder político), sin tener en cuenta que la idea prusiana del Estado no puede ser comparada ni puesta a la altura de la francesa, ni en lo referente a la estabilidad ni tampoco en cuanto a atrocidades cometidas. La desilusión de los años 1848-49 le afianza en su ideología *política*, y las victorias alemanas de 1870-71 le hacen incluso decantarse por el sistema de elecciones. Hay que cuidarse mucho de no mezclar estas distintas etapas de Marx o de hacer un recuento científico de sus contradicciones y trazar una media aritmética con ellas. Marx fue un gran ecléctico, una gigantesca esponja de ideas ajenas. Lo que, como hombre radical y de amplia visión, llegó a conocer en Inglaterra y Francia, lo aceptó para su sistema sin tener en cuenta el estado relativo del desarrollo alemán.

fábrica, ni la máquina, ni la despersonalización del individuo, sino la usurpación de esas abstracciones por un abstracto *abstraktum*, el capital privilegiado, el dinero.

Marx despliega una actividad científica febril. La crítica de la propiedad de Proudhon se convierte para él en una especie de «revelación». Babeuf y Owen, Saint-Simon y Fourier sustituyen a Hegel. Todavía es capaz de escribir en alguna carta: «No estoy por la labor de enarbolar una bandera dogmática, al contrario. Debemos ayudar a los dogmáticos para que ellos mismos se den cuenta de sus errores». Y a pesar de todo, también escribe que las cuestiones religiosas y políticas deben ser presentadas de «una forma humana autoconsciente». Todavía encuentra que «el comunismo, como enseñan Cabet, Dezamy, Weitling y otros, es una abstracción dogmática», y a pesar de ello, será posteriormente el jefe de la más intolerante y obtusa de las sectas de trabajadores. Mientras que en Alemania el proletariado «comienza a manifestarse con la llegada de la revolución industrial», él representa en ese momento el concepto de que la economía política y sólo ella, facilita el análisis de la sociedad burguesa, y al mismo tiempo ve en la producción material el estado embrionario para toda la Historia.

Suficientemente raro: este revolucionario sin una nación que revolucionar tiene interés en una centralización industrial porque ello conllevaría la creación de un proletariado alemán y con esa condición trabaja porque necesita un proletariado centralizado para la emancipación con la que sueña. Así se convierte, según la acertada definición de Brupbacher, en el «psicoanalista económico» y en el «cerebro técnico» del movimiento de los trabajadores. A pesar de que tanto la literatura francesa como la inglesa le aportan mayores logros que la alemana, encuentra poco que agradecer especialmente a sus profesores franceses, incluso podría decirse que les tiene una determinada animadversión. La ambición de llegar a ser autoridad y dirigente es quien le dicta, y no el corazón o la creencia en los derechos de los hombres.[78]

Son *weitlingianos* y *buonarotistas*, dirigidos por él, los que irrumpen en Bruselas en 1845 después de haber sido expulsados de París. Si paradójico era el llamamiento de Lassalle a través de seguidores de Weitling, paradójico también era que la dirección de la agrupación de artesanos de Bruselas recayera precisamente en Marx. Si en el caso de Weitling aún se habla de que «nosotros, pobres pecadores, también creemos todos en Dios, a pesar de que no hablamos mucho de ello y rara vez le rezamos. Pero, ¿qué sabemos de Dios? Nada», en el caso de Losung

78 El reconocimiento de los derechos humanos es para él, según Mehring, «nada más que el reconocimiento del individuo burgués y egoísta (!) y el desbocado movimiento de los elementos materiales y espirituales. Los derechos humanos no liberan al hombre de la religión (!), sino que le dan libertad religiosa; no lo liberan de la propiedad privada, sino que le consiguen la libertad de poseer propiedad privada; no lo liberan del ansia de la posesión (!), sino que le otorgan en mayor medida la libertad de posesión. El reconocimiento de los derechos humanos por parte del Estado moderno no tiene otro sentido que el del reconocimiento de la esclavitud por parte del Estado antiguo» (*Geschichte der Sozialdemokratie*, tomo I, pág. 175). –Curioso que Marx se sintiese tan atraído por los derechos humanos judíos: «No sólo dice, sino que también demuestra por qué el judío posee el más indiscutible derecho al disfrute de los derechos humanos» (pág. 176)–. Por otra parte, resulta interesante que Marx mencione como derechos humanos, mencionados en el artículo 2 de la Constitución de 1789, sólo la libertad, la propiedad privada y la seguridad y se olvide de mencionar el derecho a la resistencia. Según la Constitución de 1789, el derecho del Estado radica casi únicamente en velar por la conservación de los derechos naturales e inalienables de los hombres. Ante el legislativo, esto significa: «Le poivoir législative ne pourra faire aucunes lois qui portent atteinte et mettent obstacle aux droits naturels et civils consignés dans le présent titre et garantis per la Constitution». En Alemania, por contra, son las personas las que velan por la conservación de los derechos inalienables del Estado y se identifican con la burocracia y el funcionariado, con excepción de la clase trabajadora.

se dice: «capacidad de cada época de comprender sus luchas y deseos». Si en Weitling aún se dice que «Cristo es un profeta de la libertad, sus enseñanzas son las de la libertad y el amor. Este Cristo debe ser para nosotros, pobres pecadores, amigo y hermano; no una presencia sobrenatural e inimaginable, sino, como nosotros, sometido a las mismas debilidades», en el carné de miembro de la Agrupación de Trabajadores Comunistas de Londres rezaba en veinte idiomas distintos el eslogan «Todos los hombres son hermanos», y el lema «¡Proletarios de todo el mundo, uníos!».[79]

Después de dejar a un lado a rivales incómodos (Weitling, Proudhon, Louis Blanc), el movimiento de los trabajadores, como proclamó Mehring, «no permaneció mucho tiempo iluminado por la luz del socialismo cristiano». Cuando en el Congreso federal de Londres de 1847 Marx y Engels presentaron su «Manifiesto del Partido Comunista», sabían que «en la dura lucha de clases no se logra nada con aquel ánimo frágil y estéril que el filisteo denomina compasión humana e indignación moral»; «no hay en ellos una sola huella de sentimenta-

79 Mehring, tomo I, pág. 207: «La bandera del comunismo científico estaba plantada». Pero James Guillaume lo reflejaba de modo más exacto: «No es verdad que la Internacional sea una creación de Carlos Marx. No participó en los trabajos preparativos entre 1862 y 1864. Se adscribió a la Internacional cuando ya había sido creada por la iniciativa de trabajadores ingleses y franceses. Como un pájaro cuco, llegó y puso su huevo en un nido ajeno. Desde el primer día, su plan fue hacer de la gran organización de trabajadores un instrumento de sus propios deseos». («Karl Marx Pangermaniste et l´Association Internationale des Travailleurs de 1864 à 1870», París, 1915, p. II). Ni siquiera el eslogan de la Internacional procede originariamente de Marx. Ya Jean Meslier (1664-1733) había escrito: «¡Proletarios, uníos! ¡Uníos si tenéis el deseo de liberaos de vuestras miserias comunes! Alentaos los unos a los otros para lograr un proyecto honroso e importante... los pueblos unidos lo lograrán... los pueblos deben sofocar toda lucha y enemistad entre ellos, superar toda indignación contra los enemigos comunes, contra los arrogantes... deben transformar a aquellas personas que provocan la miseria y les roban los mejores frutos de su trabajo».

lidad». Para Marx, la mercancía era la mano de obra, y la mano de obra la mercancía. La clase revolucionaria era para él «la mayor fuerza productiva de todos los medios de producción»; incluso, pensando como un empresario cualquiera, añadió al precio del coste de fabricación de la mercancía el de subsistencia de la horda. Debió añadir a la cuenta los imponderables de libertad, igualdad y fraternidad, e incluso se puede decir que Marx fue el primer alemán que acuñó teóricamente el término «material humano».

¿Esta «objetividad» condicionó la manera de ver la Historia? Quedó anclada como materia muerta. Marx no solamente suministró grandes definiciones al movimiento de los trabajadores, también se lo suministró al más crítico de sus enemigos. Y resulta bastante extraño que en 1867, cuando apareció *El Capital*, según testimonio de Freiligraths, «en el Rin, entusiasmó el libro a muchos hombres de comercio y *propietarios de fábricas*». El poco permeable estilo en el que estaba escrita la obra provocó que fuese inaccesible para los trabajadores a no ser que alguno tuviera una formación de bachillerato.

[5]

La Internacional de Marx no era ni desde sus inicios la del espíritu y de la decencia, sino la de los intereses económicos y del mercado de trabajo. Lo que le preocupaba, según sus propias palabras, era la «quimérica nacionalidad de los judíos», la Internacional de los hombres con dinero y los comerciantes. Lo que le coloca como rival sin oposición de la tendencia mercantilista predominante de su tiempo es que situara los productos de uso y consumo por encima de los ideales religiosos y la materia sobre la forma; que sobrevalorara al usurero, algo que presentaba con pretensiones filosóficas aunque nada tenga que buscar en el mundo de las ideas; y también su metódica banalización de los procesos vitales. La Internacional no es ni la esotérica de los hombres vulgares de Weitling, ni la nueva humanidad fundada sobre una comuna de trabajo de Bakunin, sino una Internacional de la oferta y la demanda, de la destrucción moral. Trae como consecuencia la abolición de la calidad y de la caballerosidad, la indiferencia en las cuestiones sobre la conciencia y la superficialidad del individuo. Su complaciente convencimiento es el de que el lucro gobierna el mundo. El lucro es el alma del mundo.[80]

Según Marx, los problemas son los mismos en todas partes porque con la industrialización el jefe de la tribu de Owambu y el empleado de telégrafos de Estocolmo juegan el mismo papel secundario. Según Marx, «el capital» determina del mismo modo en América, Inglaterra y Rusia los objetivos últimos de la nación, porque el trigo huele igual y también sabe igual en unos sitios como en otros y sólo se diferencia en el precio. Marx se encuentra muy lejos de extraer del materialismo universal, que él cree haber reconocido, la consecuencia filosófica de que aquel estado de las cosas se puede sustituir por su contrario, el ideal universal. Más bien reconoce, certifica y se convierte en el profeta de ese estado de cosas. Desde el momento en el que se esfuerza por encontrarle en todas partes una puerta de entrada, incluso allí donde, en modo de solidaridad primitiva, persisten las «ilusiones», se convierte, como uno de los más mortales enemigos del pueblo, en un depredador de las últimas fuentes de poder de la moralidad, la pobreza.

Desmenuzó con precisión la situación material del trabajador de la fábrica, pero le negó un refugio a su alma y la fuerza de oponerse a la desvalorización de su persona, justo en el momento en el que un Estado completamente mecanizado exigía la más completa (religiosa) oposición de los individuos. Para alegría de los empresarios, destruyó los últimos rescoldos de una ideología de la libertad que aún se encontraba presente. Desde el

80 Los bolcheviques, como los alumnos más consecuentes de Marx, lo han puesto en práctica. La utopía y el maquiavelismo de Marx, su amoralidad y su jacobinismo no podían haberse puesto en práctica de manera mas clara que con las acciones de los Lenin, Trotski, Radek y sus consortes.

momento en el que sólo pensaba en términos de cantidad y medida, y asumió tales valores, introdujo en el proletariado el mismo espíritu nihilista y destructor que dominaba en el mundo de las finanzas. Logró revolucionar los presupuestos, pero no a las personas. Su actitud impaciente contra cualquier personalismo que apareciese en el movimiento de los trabajadores, necesariamente perturbaba el sentido de la justicia y se convertía en atroz en cuanto el individuo comenzaba a olvidar su misión como hombre en beneficio de los intereses políticos.

Precisamente de entre las filas de los propios socialistas no faltaron las advertencias ante esta «filosofía» de carácter intrínsecamente dictatorial. En la primavera de 1868, en la misma época en la que aparecía *El Capital* y se celebraba el primer congreso de la «Internacional», Mijaíl Bakunin escribía en una carta a la publicación *Démocratie européenne* de Chassins en París. «Ojalá el futuro nos proteja de la bondad del despotismo; y que nos proteja también de las nefastas consecuencias y del entontecimiento del socialismo doctrinario o Estatal. Seamos socialistas, pero no nos convirtamos nunca en pueblos de borregos... No puede florecer nada vivo y humano fuera de la libertad; y un socialismo que la extrajese de su interior o que no la tomase como el único principio creativo y como base, nos llevaría directamente a la esclavitud y a la bestialidad.»

Pero la libertad universal, el reconocimiento de la libertad como principio, eso era lo que no se pretendía. Marx tenía con respecto a lo anterior la misma postura que tenía con respecto al idealismo: una postura negativa. Su lucha estaba encaminada a lograr la libertad de acción judía dentro de la sociedad proletaria y proletarizada. Su lucha era por lograr una especie de carrera abreviada después de haber suprimido sus dos mayores obstáculos: la ideología «burguesa» (alias la moral) y la religión protegida por el Estado (alias cristianismo). ¿Pero por qué combatir al propio Estado que en Alemania, como en ningún otro sitio, es adorado de manera supersticiosa? ¿Para qué debilitar la fuerza militar que primero causa la unificación pero que después desaparece por sí sola? ¡Si al fin y al cabo ella contribuye a hacer la masa obediente, a adiestrarla como un instrumento que se puede dominar a voluntad, y que obedece a *toda* autoridad, también la de un estudiado economista, siempre que éste entienda que debe vincular la apariencia de una profunda rebelión a la gesta del amigo de la humanidad!

Marx combatió al capital, pero dentro de una idea del Estado cuya arbitrariedad no le seguía incomodando a pesar de su correspondencia con Lassalle. Sí, él simpatizaba con los logros oficiales del Estado de los nobles. Ellos fomentaban el centralismo que Marx necesitaba para su mísera teoría, contribuyeron a trasladar a Alemania el centro de gravedad del movimiento de los trabajadores. Y en eso se entendía con Lassalle, quien también se prometió aprovecharse del espíritu prusiano de todos los modos posibles en beneficio de la organización de las masas de trabajadores «revolucionarios». Cuando la revolución no cumplió, por lo menos en Alemania, con lo primero que había prometido, ¿no se pudo comprobar que Hermann Cohen, en 1915, en su ya citado escrito culpaba a la nobleza antisemita de la lealtad de Marx y Lassalle al Estado?

[6]

Es bastante interesante seguir el desarrollo histórico del marxismo político. En el *Manifiesto Comunista* de 1847 el partido comunista lucha, –en un momento en el que la burguesía aparece como fuerza revolucionaria–, «junto a la burguesía contra la monarquía absolutista de la propiedad territorial feudal y los pequeños propietarios». Pero cuando en 1848 la situación se vuelve realmente seria, Marx y Engels no vuelvan su mirada hacia Berlín, sino que permanecen ocupados en la menos peligrosa Colonia y claman contra «los juegos revolucionarios» de Herweghs en Baden.

Cada paso en el *Manifiesto Comunista* parece haber sido una concesión de Marx hacia las enérgicas corrientes democráticas existentes dentro del movimiento de los emigrantes. Porque en 1843, en la lectura de las «garantías» de Weitling, toma la decisión que Bakunin califica como evasiva ante la intervención política en la citada carta a Chassin: «Alemania posee la misma tendencia clásica hacia la revolución social que a la incapacidad política». Y en 1847, en la polémica con Proudhon, niega el poder autónomo del soberano, que precisamente por entonces se encontraba de manera caprichosa y consciente más afianzado en Prusia que en cualquier otro sitio gracias a una política interior con objetivos claros y a una alianza con las peores fuerzas románticas.

Bajo la persistente impresión de los hechos de 1849, Marx se aparta con mayor decisión aún de la «intervención política». ¿Por qué? ¿Es que la falta de perspectivas de algo determina la renuncia a una necesaria toma de posición? Aunque sea cierto que, para hablar en palabras de Marx, una revolución política sin la revolución social «deja en suspenso el pilar que todo lo sustenta», también es cierto que la revolución social sin la revolución política es como pedirle peras al olmo. Pero ambas son inútiles, incluso imposibles, sin la revolución *moral*, y de ésta, Marx no quería saber voluntariamente nada.

«El resultado de los movimientos de 1848/9», escribe Brupbacher, «fue que Marx, después de este tiempo y en extrema contradicción a Bakunin, no creyó más en la posibilidad de una revolución cercana en el tiempo». Tanto mejor entonces para comprobar con mucho cuidado los principios de la libertad y protegerlos de todos los elementos que pudieran interponerse en su camino o que la hiciesen peligrar. Cuanto más potente se hizo el Estado prusiano, más sensatos y vehementes eran los motivos para mantenerse alejado de él. Había no sólo motivos económicos, sino también político-morales para una discusión; en definitiva, debían ser analizadas las condiciones y objetivos del movimiento de unidad y centralización que estaba patente desde 1848.[81]

---

81 Precisamente en 1871 fue cuando en la Conferencia de Londres, después de la derrota de la Comuna de Paris, Marx y Engels le dieron a los estatutos generales de la Internacional la interpretación que puso en primera línea el derecho a voto, destruyó el espíritu universalista de la Internacional que hasta ese momento había prevalecido y que produjo su desmembramiento en los partidos nacionales (véase Brupbacher, *Marx und Bakunin*, pág. 104-109, y James Guillaume, *L´Internationale*, tomo

Marx no reconoció la necesidad de esta tarea. En ese sentido, persiguió con amargura todas las ideas que entraron en la Internacional desde 1868. Con todos lo medios puestos a su alcance, tanto con los permitidos como con los no permitidos, adoptó una actitud de oposición ante la tendencia federal-anarquista al igual que ante el ideal cristiano. «¡Al igual que para los demócratas la palabra pueblo se ha convertido en un término santo, así debe ser para nosotros la palabra proletariado!» Con ello Marx quería blindarse contra la «frase de la revolución», contra el concepto «burgués» de la libertad, igualdad y fraternidad al cual debía rendirse el proletariado según el deseo de los «socialistas burgueses». Es decir, que compartía la opinión de los anarquistas de que el último y más natural estamento de la sociedad estaba en condiciones de crear a partir sí mismo formas de vida nuevas, más sencillas y humanas; y de que la conservación del proletariado no debería tener otro sentido que el de que un proletariado consciente de su clase social, no debía significar lo mismo que falta de libertad con conciencia de clase, falta de educación con conciencia de clase y miseria con conciencia de clase.[82] Se podría de manera antitética enfrentar el primitivismo de un estrato humano inmaculado y desposeído con una sociedad perversa, desarraigada y explotada. ¿Pero no preten-

II). En los estatutos de la Internacional estaba fijado que «la emancipación económica del proletariado es el gran objetivo y al que cualquier acción política como medio (as a means) debe subordinarse. Sigue Guillaume diciendo que «Nosotros estábamos a un mundo de distancia de aquello; piénsese que un buen día alguien interpreta las palabras as a means de un modo distinto y asegura encontrar en ellas que imponen a los socialistas la obligación de realizar elecciones bajo la amenaza de exclusión».

82 De ahí que Marx se desmarcara contra el llamado «lumpenproletariado» y en Bakunin la exaltación de este estamento como el último y «más natural» de la sociedad.

día el socialismo en sus inicios una *profundización* del carácter humano?

Erigir la dictadura del proletariado significaba renunciar a la emancipación, utilizar métodos violentos y destruir los fundamentos de la sociedad. Proponer la *conquista del poder político* (conquista por lo tanto de un sistema político gastado) significaba renunciar a las fuerzas morales específicas de las masas y llevarlas a la corrupción; y estas manifiestas contradicciones en el programa político de Marx, que al mismo tiempo aparecieron como una pretensión de infalibilidad, fueron la gran prioridad de su crítica económica y le hicieron aparecer, al igual que a Lassalle, como el más celoso rival de los representantes de la política oficial en el papel de grandes emancipadores de la humanidad.[83]

Marx lanzaba el haz de rayos de Júpiter contra el «bonapartismo» a la derecha, contra el «zarismo» a la izquierda. Pero contra el bismarckianismo, que se encontraba precisamente en el florido mayo de su abominable estado, sólo mostraba frívola benevolencia e ingenuidad. Engels en la carta a Marx el 11 de septiembre de 1868: «Ya que tienes relación con Vermorel, ¿no podrías ocuparte de que no escriba tales tonterías sobre Alemania? ¡Se empeña en exigir que Napoleón III se liberalice,

83 A qué se refería Marx lo esclarece una carta a Engels del 11 de septiembre de 1868: «Nuestra asociación (La Asociación Internacional de los Trabajadores, con sede en Londres y dirigida por Carlos Marx) ha hecho grandes progresos... En la próxima revolución, que quizá esté más cerca de lo que parece, vamos nosotros (eso significa tú y yo) a tener en nuestras manos este poderoso instrumento. ¡Compara esto por ejemplo con el resultado de las operaciones de Mazzini y demás durante 30 años! Y todo esto sin dinero y a pesar de las intrigas de los proudhonistas en París, Mazzini en Italia y los Odger, Cremer y Potter en Londres, que nos envidian y a pesar de que en Alemania teníamos en nuestra contra a Schultze-Delitzsch y los Lassalleanos».

se liberalice burguesamente y después declare la guerra a Alemania para liberarla de la tiranía de Bismarck! Esos sapos etc. etc.» Y Marx escribe en una carta a Engels el 20 de julio de 1870: «Los franceses necesitan que se les de una paliza. Si gana Prusia, la *centralización del poder del Estado será aprovechada para la centralización de la clase obrera alemana*. El predominio alemán hará que se desplace de Francia a Alemania el centro de gravedad del movimiento de los trabajadores (!) y sólo debe compararse el movimiento desde 1866 hasta día de hoy en ambos países para ver que la clase trabajadora alemana es superior a la francesa en el plano teórico y en el organizativo. Su superioridad en el teatro universal (!) es al mismo tiempo el predominio de nuestra teoría sobre la de Proudhon». ¡Una extraña forma de argumentar, que las victorias prusianas traigan consigo el «predominio» sobre la teoría de Proudhon! ¿Se diferencia en algo esta manera de ver las cosas de la de Lassalle que en último caso está dispuesto a finalizar todo lo importante con la espada?

Brupbacher extrae el escaso valor que Marx le da al concepto de libertad de la «asimilación de Marx por medio de Hegel»: «Marx se convierte por medio de Hegel en el profeta de la idea de la necesidad histórica para el pasado, pero también para el futuro. Se convierte en consabidor de las leyes del espíritu universal y se arroga la despiadada y dura conciencia que adquiere el que sabe ante el que no sabe. Al igual que Engels, califica a los suizos, los cuales están luchando por su libertad, como reaccionarios porque la Historia Universal demanda centralización y ellos propugnan el federalismo y la libertad. No tiene la conciencia de ser un autoritario pero sabe que la Historia Universal es autoritaria y que él es su sirviente en la Tierra». Esto es lo que significa encontrar una explicación metafísica para los motivos que mueven a un declarado materialista. De lo que se trataba era de alcanzar el poder, y Marx sabía como manejar al proletariado.

Sin calcular hacia dónde se encaminaba realmente el espíritu prusiano en las manos de Prusia, Marx ya en 1852 ataca a Bonaparte. Y la segunda edición de su escrito *El 18 Brumario de Luis Bonaparte* apareció justamente en 1869, ¡cuando la guerra franco-prusiana se encontraba a las puertas! En lugar de dedicar toda su atención a la rivalidad austro-prusiana por la corona imperial, en su panfleto de 1866, titulado «Herr Vogdt», se dirigió de nuevo y con los más duros ataques a «la corrompida economía bonapartista». En vez de ocuparse con algún escrito de la subida al trono de Guillermo I, la reforma del ejército y la política sangrienta y de hierro desarrollada por Roon y Bismarck, los estatutos de la Internacional (1864) sólo incorporan en general unos párrafos indicando que la acción política está subordinada a la económica.[84] La primera edición de *El Capital* (1867) contiene todavía pasajes que desaparecieron posteriormente: «Si en Europa el desarrollo de la influencia capitalista se mantiene al mismo nivel que el creciente militarismo, las deudas del Estado, los impuestos y demás, la regeneración de Europa, profetizada tan seriamente por Herzen, ese medio ruso y

84 Es evidente que este párrafo, incluso para Marx y Engels significaba al principio otra cosa distinta a cómo más adelante lo interpretaron. En 1864 se les ocurrió que la intervención política en lo referente a la política nacional debía quedar *subordinada* a la emancipación económica, es decir, que había que «dejar hacer» a la política bismarckiana en la medida de lo posible. Pero en 1871, en la Conferencia de Londres, después del relumbrante triunfo de Bismarck, temieron desaprovechar la unificación. Por tanto, ahora colocaron en primer plano el medio de la acción política, presentándolo como un partido parlamentario reformista mientras que los camaradas franceses, fieles y traicionados, escenificaron el levantamiento de la Comuna.

completo moscovita, se tendrá que llevar a cabo necesariamente mediante el látigo y la mezcla con la sangre de los calmucos de Mongolia».[85] Pero en 1868 cuando el litigio luxemburgués amenazaba con una guerra entre Alemania y Francia, aparece en el Congreso de Berna la «Liga para la paz y la libertad»; allí interviene el judío alemán Borkheim, portando instrucciones de Marx para hablar contra la «agitación pacífica»; se dirige contra «un único gobierno de Europa central y occidental» (es decir, Alemania) con el fin de culpar a Rusia como «el declarado enemigo del desarrollo económico».

Quien quiera hacerse una idea de con qué medios Marx actuó contra el «paneslavismo» sin decir una sola palabra sobre el pangermanismo, debe de leer dos escritos de Bakunin, *Aux citoyens rédacteurs du Réveil* (1869), y en *L´Empire konutogermanique* de 1870/71 el fragmento «L´alliance russe et la russophobie del Allemands». No es casualidad que ambos escritos aparecieran en la época de la guerra franco-alemana. No sólo desvelan el carácter de la acción marxista que conspira con la política de Bismarck, sino que también demuestran que los prejuicios paneslavistas de Marx, –con los cuales coincidían todos los alemanes y judeo-alemanes socialistas de su tiempo–, ya en su tiempo fueron reconocidos de manera inconsciente como un intento de patriotas alemanes de desviar la atención del inminente imperio pangermánico hacia la Rusia «que amenaza la cultura occidental».

85 No se necesita decir que Alexander Herzen nunca demandó o profetizó tal cosa. Herzen creía en la fuerza regeneradora de la sociedad rural rusa del Mir, en la fuerza regeneradora de los campesinos de Rusia ante la «decadencia» occidental. Pero en ningún caso exigía una «regeneración mediante el látigo y la mezcla con la sangre de los calmucos de Mongolia».

[7]

Sobre ningún tema se ha escrito tan poco en Alemania como sobre la nobleza alemana. Y si algo se escribió, se hizo con un asombroso espíritu conciliador, con una devoción llena de nervio y fantasía; sin mencionar en absoluto el carácter de enemigo del pueblo de sus intrigas, la peligrosidad de sus fingidas o enmohecidas aseveraciones nacionales; sin el más mínimo escepticismo frente a su pobreza de pensamiento y su razón de Estado apoyada en los sables.

Esto sólo puede ser una sorpresa para aquellos que no conocen la historia de la censura alemana y de la tradición de la idea alemana del Estado; para aquellos que no hayan prestado atención a la continua y profunda depreciación de las exigencias liberales y que hayan minusvalorado la fuerte tendencia a la corrupción que tienen las capacidades físicas en el ánimo de los alemanes. El pueblo ha servido a sus príncipes con tal ingenuidad y entrega que, todavía en 1917, Walter Rathenau lo describía de este modo: «hasta las fronteras más extremas de sus capacidades ha prestado el pueblo su servicio. La conciencia del deber no es la expresión de esta relación, aún menos lo es la obediencia ciega, porque de ella participa el *libre afecto*, sino que esta situación es más bien producto de una docilidad infantil».[86]

En contraposición a lo anterior, no es inoportuno describir con más detalle el contexto exacto en el que se mueve el ideal de la aristocracia dirigente alemana, es decir, de la prusiana. Tres son los atributos distintivos de su carácter político:

1. El impulso hacia los medios de poder suministrados por la Reforma, según el cual «el aristócrata cristiano de la nación teutónica» es considerado el procurador de las convicciones nacionales más sagradas frente a las corrientes ajenas internacionales (como socialismo, catolicismo, pacifismo y judaísmo).

2. La consideración aristocrático-deportiva de la profesión de soldado, por la que desde los tiempos de Federico, la aristocracia prusiana se sentía superior a los civiles y a la llamada moral de la conveniencia. Su idealismo y heroísmo, por así decirlo, no es más que una filosofía dandista y palurda sobre la incapacidad del individuo y la falta de valor de la vida.

3. Un escrupuloso cinismo que supo seducir no sólo a un amplio círculo de la inteligencia burguesa, sino también al pueblo trabajador; que, a pesar de las guerras campesinas y la Revolución Francesa, a pesar de combatir en 1830 y 1848, supo afirmarse de tal modo contra la conciencia y la Ilustración, contra la humanidad y los derechos humanos, que hoy casi podría decirse que dichos conceptos han desaparecido de la conciencia de la nación.

Decía Mehring: «Debe ser difícil encontrar en toda la Historia Universal una clase que haya sido durante tanto

86 «Von den kommenden Dingen», pág. 263.

tiempo tan pobre de espíritu y tan falta de fuerzas y por otro lado haya sido tan exageradamente rica en depravación humana como lo han sido los príncipes alemanes desde el siglo XV hasta el XVIII»,[87] es decir, como la aristocracia surgida de la Reforma.

Los experimentados emperadores austríacos no lograron dominar a dicha aristocracia. En Francia, el sometimiento de los príncipes provincianos condujo a la creación de aquella aristocracia palatina que llevó a la literatura francesa a su eclosión. En Inglaterra, la aristocracia que había sobrevivido a la revolución se adaptó a los intereses del pueblo. Hasta en la misma Rusia, con la revolución decembrista, la aristocracia se conjuró contra los zares en favor de la emancipación del pueblo y en contra de sus propios privilegios. ¿Y en Alemania? «Alemania rebosa de príncipes», escribió en la primera mitad del siglo XVIII un conocedor de la corte nortealemana, el conde Manteuffel; y continua diciendo: «de los cuales, tres cuartas partes no tienen ni el más mínimo sentido común y son una vergüenza y una plaga para la humanidad. Mientras más pequeño es su principado, más creen que la humanidad está hecha para ellos, para servir de objeto a sus majaderías. Al considerarse a sí mismos como centro y merecedores de todo, consideran superfluo o inferior a su dignidad el cultivo de su espíritu y su corazón. Cuando se les ve actuar, podría pensarse que sólo existen para esclavizar a sus semejantes, puesto que a través de sus acciones destruyen todos los principios sin los cuales el individuo no merece ser llamado ser racional».

La alusión a la corte prusiana no se puede ignorar

87 «Lessinglegende», pág. 76.

en este comentario. El Gran Príncipe Elector tuvo que pelearse por la contribución para el mantenimiento de su ejército permanente con «un grandioso número de copiosas y execrables familias de aristocrática ralea». Los aristócratas son avispados. Al final es el campesino el que lleva la carga. Federico Guillermo I, el fundador de la dinastía prusiana, decretó en el año 1717 que «hay que arruinar la autoridad de los nobles. Yo, sin embargo, estabilizo la soberanía cual roca de bronce». Pero ya Federico II se ve de nuevo obligado a pactar con los nobles: «a fin de cuentas, los hijos de los nobles defienden el país, y la raza es por ello tan buena que merece ser conservada a toda costa». Federico Guillermo I atravesaba enfurecido Berlín golpeando con su bastón para ver cómo iban las cosas y Federico II hacía apalear a los periodistas. En los libros alemanes de Historia se encuentran referencias jocosas, contadas como si fuese una Historia anticuada, pero al último de los Hohenzollern aún le gustaba bromear con métodos similares.

Debe comprenderse que es difícil poder hablar de gobiernos bonancibles en los corrompidos asuntos del reino prusiano. En lo que se refiere a la tan famosa tolerancia bajo el reinado de Federico I, Lessing nos proporcionó un documento que aún no ha perdido su vigencia. En una carta a Nicolai, fechada en agosto de 1769, escribe: «No me diga usted que piense o escriba nada sobre su libertad berlinesa. En el fondo se reduce simplemente a la libertad de *llevar al mercado todos los productos posibles contra la religión*. Y pronto, el hombre recto se avergonzará de haberse aprovechado de dicha libertad. Pero intente usted escribir libremente en Berlín sobre otros asuntos..., procure decirle la verdad al populacho..., lleve usted a Berlín a alguien que eleve su voz en favor de los derechos de los súbditos, que la eleve contra la explotación y el despotismo... y pronto vivirá la experiencia de saber qué país es, hasta día de hoy, el más esclavista de Europa».[88]

Después de la derrota de Jena y Auerstädt (1806), la aristocracia prusiana se ve obligada a permitir reformas burguesas en el ejército. ¡Scharnhorst y Gneisenau fueron presentados como revolucionarios porque eliminaron los «cargos reservados a los aristócratas» en el ejército prusiano y la «libertad de la espalda», es decir, la eliminación del castigo físico! Pero a cambio, la jauría aristocrática, obliga a destituir a dos barones reformistas, los señores von Stein y von Hardenberg, uno por exigir una especie de «Estado del pueblo», el otro por demandar de manera más conciliadora una «revolución en el buen sentido de la palabra». Precisamente fueron las reformas las que posibilitaron que, bajo dirección prusiana, se pudiesen llevar a cabo las «guerras de libertad» y fueron éstas las que ayudaron de nuevo a la Reacción a tomar el poder.

88 Por cierto, que no sólo Lessing se ha expresado de tal forma sobre la libertad de pensamiento bajo el reinado de Federico II. De similar forma escribe sobre Berlín sir Charles Hanbury Williams en 1750: «Apenas puede creerse como este pater patriae se preocupa de sus súbditos: en esencia no les deja otra libertad que la de pensamiento. Creo que Hamlet dice en algún sitio: Dinamarca es una cárcel. Todo el territorio prusiano lo es en el verdadero sentido de la palabra». También el poeta italiano Alfiere, en su autobiografía en la que relata una visita a Prusia en 1770, escribe que Berlín le había parecido una especie de «gran cuartel que provoca indignación» y el Estado prusiano en su conjunto le pareció «con sus muchos miles de remunerados satélites, un puesto de guardia monstruoso e ininterrumpido». Cómo les parecía todo esto a los habitantes se deja apreciar en un escrito de 1772 de Lord Malmesbury: «Berlín es una ciudad donde no se puede encontrar ni un hombre honesto ni una mujer pura. Una corrupción total gobierna ambos sexos y todas las clases sociales. Los hombres están continuamente ocupados en llevar una vida disipada con medios muy limitados y las mujeres son arpías que desconocen la delicadeza y el verdadero amor y que se ofrecen a cualquiera que pague un precio por ellas».

¿Pero dónde quedaba la Filosofía, el Idealismo germánico, y el pueblo elegido para la Filosofía? Mehring escribió: «Como en una comedia histórica universal, la vara de mando militar prusiana había elevado hacia cotas cada vez más altas a la filosofía alemana, hasta que ella (la vara de mando militar) percibió a la filosofía como si fuese una pasajera nube de tormenta, como un camello inofensivo o una comadreja».

Las ideas romántico-teutónicas se aliaron con el protestantismo; la majestuosidad imperial del medievo feudal con la pretensión de una separación del papado mediante un episcopado prusiano. En la filosofía de Hegel se convirtió en sistema lo que durante el reinado de Federico Guillermo IV era un ideal filisteo: la exaltada, profunda y universalmente fundamentada supremacía del Estado. El rey declaró en abril de 1847 durante la inauguración de la Asamblea Nacional unificada, que «me apremia, en conmemoración de la festiva declaración, que ninguna fuerza terrenal será capaz de transformar la relación natural tan poderosa entre el príncipe y el pueblo, lograda mediante la *verdad interior*, en una relación convencional-constitucional, y que nunca aceptaré que se interponga entre nuestro Señor en el cielo y este país una ley escrita que a modo de Providencia quiera gobernarnos con sus artículos». Estábamos en vísperas de la Revolución. Precisamente el 18 de marzo de 1848 la inflexible arrogancia se ve obligada a decretar lo siguiente: «El rey quiere que haya libertad de prensa; el rey quiere que se redacte una Constitución que, sobre una base liberal, abarque todos los territorios alemanes, etc. etc.»

Apenas un año después, la aristocracia ya se había repuesto del susto. El gobierno prusiano disolvió la segunda Cámara. El 28 de abril de 1849 invitó a aquellos gobiernos que «quieran fundar con nosotros la unidad alemana», a una conferencia conjunta en Berlín y aseguraba que en caso de imprevistos, estaba todo preparado por si se produjesen «peligrosas amenazas», incluidas las exteriores. Como «apasionado soldado», Guillermo I organizó inmediatamente su famoso gabinete militar. El jefe de dicho gabinete sería von Manteuffel y el Ministro de la Guerra el señor von Roon. Éste último declaró en el momento de su nombramiento que «nunca había esperado nada del gobierno constitucional». El gabinete militar y el Ministerio de la Guerra elevaron conjuntamente al nuevo hombre: el aristócrata Otto von Bismarck.

[8]

La inversión de los conceptos morales que llevó a cabo Lutero concedió a la brutalidad de los príncipes alemanes la dignidad pontificia y el poder divino a la autoridad y al Estado, lo que confirma el pecado original de nuestra nación: el paradójico concepto de libertad, el bienestar dentro de un estado de salvajismo. Mereschkowski llamó a la Reforma «la segunda invasión de los bárbaros» en las costumbres latinas.[89] Y de hecho, el sentido del luteranismo es el regocijo ante la lograda destrucción –el así llamado regocijo ante el daño– y la santificación de la profanación. El apogeo del luteranismo es la divinización de todos los atentados contra el espíritu, la eliminación de la moral, la *destrucción* de la religión y de la conciencia de la humanidad.

Bismarck tuvo que descubrir el alma universal para poder enseñar a Europa un ejemplo flagrante en el que existiese unanimidad en Alemania y que alguien que conozca el concepto alemán de libertad pudiese dar por válido. Se ha llamado a Bismarck «el más alemán de todos los alemanes», y si las torres de Bismarck demues-

89 *Vom Krieg zur Revolution*, Munich 1918. De la mentira religiosa del nacionalismo.

tran algo a todos los distritos alemanes, lo harán con razón. Él ha encadenado más a la nación que Lutero y Nietzsche. Él era el más «libre» de los alemanes. No se asustaba ni ante los peores instintos. Llevó a la nación a un punto determinado al que nadie antes la había llevado, inequívocamente y sin meditarlo.

El concepto de alemán no se encuentra definido ni siquiera entre los alemanes. Dirigentes extraordinarios se han esforzado en vano en definir lo que realmente significa el concepto de alemán. Todos se contradicen. Fichte fue quien más cercano estuvo a resolver el problema. Para él, ser alemán significa ser original. Y ya que era luterano, tal definición significa que la originalidad descansa en la ruptura con la tradición, en comenzar constantemente de nuevo y desde el principio, en negar el canon en lugar de revisarlo, en luchar contra el pensamiento en cuanto este aparezca. Ser alemán significa enfrentarse a los hombres; ser alemán significa confundir todos los conceptos, desmontarlos y someterlos para conservar la «libertad». Ser alemán significa erigir torres babilónicas en las que la sinrazón de diez mil lenguas aspira a encontrar novedades; ser alemán significa concebir renuentes sistemas llenos de sofística por el simple temor a la verdad y a la bondad.

Con este tipo de filosofía se convierte uno en un antagonista y en una persona original. Con este tipo de filosofía se es un crítico y un enemigo del pueblo, se evade uno de la *otra* realidad, de la miseria y el sacrificio, se mantiene uno en construcciones y situaciones extravagantes; se balbucea algo, se niega y se flota en el aire. Esto aclara suficientemente la aprobación que encontró Bismarck cuando aseguró que ser alemán significaba *tener éxito*, sin importar a través de qué medios.

Sería una sorpresa que alguien se atreviese a hablar con claridad, independientemente de sus convicciones. Fue una forma plausible y manejable que acabó con muchas fabulaciones y cavilaciones infructuosas y hacia la que se abalanzaron como hambrientos todos los torturados hombres de sentimientos que hacían negocios con sumo placer aunque estuviesen prohibidos. La vida recibió un sentido, la nación un sentido, la hipocresía se transformó ahora en justicia y la pillería en moral. ¡Se acabaron las bromas, seamos prácticos!

Y Bismarck *tuvo* éxito, un éxito eminente, por lo menos durante algunos decenios. Con los medios más atrevidos «abrió el camino a Alemania»; él era el hombre más alemán y logró entregar a una nación narcotizada y encadenada a la aristocracia. Fundió todas las coronas en un poderoso anillo y a él vinculó un gran pueblo esclavizándolo espantosamente sin que éste aún hoy día haya sido capaz de percibirlo. ¿Pero qué pasará cuando su sistema se colapse? ¿El sistema del éxito, el sistema de la fuerza, el filibusterismo moral? ¿Qué quedará entonces de Alemania? ¿Qué, más allá del lamento?

Cuando Federico Guillermo IV tachó el primero a Bismarck de la lista para ministros se comenta que dijo: «Reaccionario rojo, huele a sangre; se le necesitará más adelante». El endeudado, pobre y hambriento aristócrata rural Bismarck era un hijo de su época romántica. Como romántico leyó a Byron y Shakespeare, como aristócrata, a Maquiavelo. Era la época en la que los dispuestos hegelianos traducían a la jerga de la burocracia prusiana las manifestaciones del alma universal y en la que uno de ellos escribía una Historia del Derecho y del Estado en la que el Estado prusiano aparecía como un arpa gigantesca, tensada en el jardín divino para dirigir la coral universal. Contra esa burocracia, contra cuya puntualidad, orden y estabilidad chocó la corona, lucharon los aristócratas. Para ellos, la razón de la monarquía prusiana no necesitaba ser extraída del alma universal. Esto les parecía a ellos demasiado elevado y banal, demasiado afectado.

El señor Bismarck también participó de la aversión hacia la burocracia argumentada en el Derecho del Estado que se fundamentaba en toda clase de conocimientos académicos. No es que diese por válidos los derechos del pueblo; de hecho, ¿cómo podría hacerlos válidos? Al capitán del dique le repudiaba la «clase de los escritores». Para ellos encontró estas delicadas palabras: «La burocracia es cancerígena, desde la cabeza a los pies. Sólo su estómago está sano, y los excrementos de las leyes que emanan de ella, son la suciedad más natural del mundo». ¡Debe hacerse notar la cuestión del estómago y la alusión al derecho natural, algo que por aquel entonces aún se debatía entre los eruditos!

El romanticismo de Bismarck es algo distinto al resto del romanticismo. Es un romanticismo aristocrático. De todas las aventureras excursiones espirituales de su época, que instintivamente se volvían hacia el medievo, sólo le quedó el pensamiento del poder de aquellos antiguos emperadores, la creencia propia del verdugo en la solución violenta de los conflictos, la vida shakesperiana plena de monstruosas intrigas, la creencia en la sangre y el hierro como medio universal de resolución de los conflictos políticos; y al igual que actuó concienzudamente contra los ideólogos, los soñadores y los visionarios, permaneció fiel a su aristocrático romanticismo de la fuerza, la bronca y la borrachera. El bandolerismo, el vasallaje, el sadismo sangriento de las ancestrales peleas de mercenarios alemanes, el oxidado espectáculo de las tragedias isabelinas, todo ello encontró en Bismarck a su más tardío apologeta, debilitado por crisis nerviosas y ataques de lloreras, desconfiado por culpa de su adscripción a una «fe cristiana» en continuo conflicto con los problemas económicos del siglo XIX, pero aplaudido por todo el pseudonacionalismo egoísta de la escuela luterana. ¿Dónde podría volver a florecer toda aquella majestuosidad imperial feudal y heroica de la Edad Media que enmohecía en el desván y en el trono de los Habsburgo, sino en Pomerania, en Prusia? ¿Pero debería volver a florecer? Ésa es otra cuestión.[90]

El joven impaciente y aburrido señor von Bismarck, al que aún le esperaban «todavía algunos años entreteniéndose en adiestrar a los reclutas con espadas sin afilar, casarse, criar hijos, cultivar la tierra y enterrar las almas de sus campesinos mediante la planificada destilación de aguardiente», (según sus propias palabras) sufría de «embrutecimiento y falta de cariño». El «trato con caballos, perros y aristócratas rurales (sus propias palabras) le arruinaba. Para el cumpleaños del rey se iría a «emborrachar y gritar vivas». En la primera fila de la

90 El callejón político al que condujo el romanticismo de fuerza de Bismarck ha sido combatido en Alemania desde Konstantin Franz, con gran acierto por Fr. W. Förster. Entre otras, con las siguientes palabras: «La teoría de la gran potencia, puramente individualista es sólo una pequeña fase, un despiste, sólo podía aparecer en aquel interregno en el que la representación medieval de la *civitas humana* se encontraba destruida sin que en su lugar hubiesen aparecido aún nuevas grandes ideas de organización mundial... Este desarrollo no puede ser puesto en práctica con simples propuestas políticas. Depende mucho más de que la joven generación en Alemania se libere completamente del hechizo con el que el falso Romanticismo del nuevo Imperio ha revestido las almas de la vieja generación y que ha estrechado su capacidad de pensamiento sobre los problemas políticos del pueblo y le ha separado, en nombre de la *Realpolitik*, de los hechos y necesidades más reales del nuevo desarrollo mundial».

ópera se comporta «tan zafio como sea posible». Más adelante, vivirá en el bosque de Sajonia, como una especie de lunático, con sable sin ceñir y dobles sacos lagrimales de los que gotean dos enormes lágrimas por sus ojos, cuando Dryander le cita de la Biblia lo siguiente: «Líbranos, oh Señor, de la grandeza malhadada».

El aciago día de Olomouc, donde Prusia en 1850 recibió por parte de Austria un desaire tan completo que los verdaderos aristócratas –según Mehring– se revolcaban como gatos entre la valeriana, ese fue el día en el que la mirada de su rey romántico se dirigió hacia él. Bismarck, que en 1848 todavía veía la unidad alemana como una amenaza para la aristocracia y que habría preferido disparar a la masa, se convierte en representante de la humillada corte prusiana en el restablecido Parlamento de Frankfurt, y de este modo comienza su carrera.

La era Bismarck es típicamente prusiana. Caracterizada en la política interior por la inestabilidad estatal, prohibiciones masivas, leyes «mordaza» y todas las vergonzosas reglas masivas de una dictadura militar cuyo argumento es la porra de la policía. En cuanto a la política exterior, se caracterizó, primero por la mayor de las humillaciones (Olomouc), a continuación por movimientos irreflexivos (las así llamadas «negociaciones dilatorias»), después por maniobras de engaño (1866 y 1870) y finalmente por una provocación histórica, la fundación del Imperio germano-*prusiano*. En su diplomacia se puede apreciar arrogancia y santurrona hipocresía para tapar su absoluta falta de una convicción moral. El objetivo era alcanzar la soberanía sobre el continente.

Algunas sentencias de Bismarck, triviales fanfarronadas de una violencia tan falta de fundamento como inconsciente, pueden documentar su pobreza de espíritu. «Sólo los reyes hacen la revolución en Prusia» (a Napoleón III, conferencia de despedida, 1862). O esta otra: «El único fundamento sano de un gran Estado es el egoísmo estatal, no el Romanticismo» (en el Parlamento prusiano, 1853). O ésta: «Las influencias y dependencias que trae consigo la vida práctica, son dependencias queridas por Dios que no se deben ni pueden ignorar», etc. Cuando se dispuso a marchar contra Austria no consideró como acertada la expresión «guerra civil». Sólo hay una «política incómoda, un paso detrás de otro y de manera efectiva». Y a Andrassy le escribe tras la firma del tratado de defensa germano-austríaco de 1879: «*Si vis pacem, para bellum*. Las garantías de la paz no son nuestras buenas intenciones, sino nuestros ejércitos unidos». En sus *Pensamientos y recuerdos* confiesa: «El derecho europeo se consigue mediante tratados europeos, pero sería una ilusión considerar a estos acuerdos como sólidos según los principios de la justicia y la moral». Y sólo con la edad, este «sincero corredor de comercio que quiere poner verdaderamente en pie la industria», según las palabras de su pastor, «se adentra cada vez en una más libre y amplia religiosidad», e incluso trae a aquellos que «no se creen ya ninguna manifestación» en el Parlamento de 1882 la conciencia de que «sus conceptos de moral, honor y sentido del deber son, en esencia, sólo los restos fosilizados del cristianismo de sus padres».[91]

Si el Estado soberano ya es de por sí la negación de la humanidad, y en especial el prusiano, porque sus fundamentos militares, jurídicos y teológicos no dan segu-

91 Citando las obras de Hans Blum *Fürst Bismarck und seine Zeit*, Munich, 1895, y Emil Ludwig, *Bismarck*, Berlín, 1917.

ridad a las personas y las cosas, no digamos ya a la posibilidad de la existencia de las ideas; así, el Estado, bajo una personalidad tan despótica como la de Bismarck, se convierte en insoportable, y para todo el mundo será una indignante provocación, tanto mayor si la nación que es su víctima muestra una sensibilidad hacia ello.

Bismarck es tan típicamente protestante como aristócrata. Sí, se puede decir que ha ayudado a que el término de protestantismo alcanzara entre los alemanes un renacimiento, recogiendo románticas ideas imperiales que se remontaban claramente al medievo preluterano. Como persona privada asiste a la eucaristía y le caen las lágrimas por las mejillas. No se trata sin embargo del misterio del amor, sino del Estado «porque en el reino de este mundo tiene (el Estado) el derecho y la preeminencia». Pasa momentos de oración con su predicador pero al cónsul Michahelles le confiesa la naturaleza de su creencia: «Sí, todos estamos en las manos de Dios, y en tales situaciones el mejor consuelo es tener al lado un buen revólver para, por lo menos, no hacer el viaje solo». Mediante las leyes de excepción contra los socialistas se deja sin recursos a 500 familias. La suma de las penas de privación de libertad impuestas se reparte entre 1.500 personas y llega hasta los aproximadamente 1.000 años. Sin embargo la famosa legislación social se realiza «en conexión con las verdaderas fuerzas de la vida popular cristiana» y es una muestra de «cristianismo práctico», del mismo modo que el ejército permanente del gran príncipe elector también era una muestra de cristianismo práctico.[92]

92 Para el cumpleaños de Lutero, el 10 de noviembre (1888), Bismarck fue nombrado doctor honoris causa en Teología por la Universidad de Giessen. El elogio en latín de dicho honor rezaba: «al guardián del imperio,

¿Cuándo nos vamos a dar cuenta en Alemania de que aquel monje de Wittenberg fue una fatalidad? ¿O es que acaso todavía existe alguna duda de que de su religión extrajeron los aduladores de la época de Bismarck sus más enérgicos argumentos? Friedrich Neumann encontró que «la Contrarreforma católica fue la tumba del espíritu alemán en el Danubio», y así, se llamó a Bismarck «el segundo Lutero», el «mayor de los protestantes», ya que él desplazó de Alemania a la dinastía de los Habsburgo, contraria a la Reforma, y la sustituyó por la casa de los Hohenzollern. «El genio de Lutero se instaló en la efervescente primavera del año 1813 en su sagrado pueblo del mismo modo a como lo hicieron las antorchas ante el pueblo de Israel en el desierto». Si pudo escribirse lo anterior en los *Diarios prusianos* en el año 1900 sobre las guerras de liberación, entonces, ¡cuánta razón tenía aquel superintendente Meyer, que calificó al reino imperial de Bismarck como «la coronación nacional de la obra de la Reforma»! Sin embargo, una mirada optimista al futuro fue introducida por Treitschke al afirmar: «Es Prusia, la mayor autoridad *protestante* de los nuevos tiempos, la que va

el más celebrado de los consejeros del *rey evangélico* de Prusia, ilustre sostén de la causa evangélica en todo el mundo, el cual vigila que la Iglesia evangélica se guíe de acuerdo a sus propias peculiaridades y no las ajenas que le son ejemplos nocivos; al hombre de Estado de *profunda* mirada, que ha reconocido que sólo la religión cristiana puede traer la salvación al mundo social; la religión cristiana que es para él la religión del amor valioso y no de las palabras, del corazón y de la voluntad y no de la vacía especulación; el comprensivo amigo de todas las universidades alemanas, que ha sido *especialmente caro a las universidades evangélicas* mediante su decisión de apostar por su libertad sin la cual no pueden servir ni al evangelio ni a la Iglesia». Y Bismarck contestó (22 de noviembre) dando las gracias: «A mi intervención en favor de un cristianismo tolerante y *práctico* le debo esta distinción», etc. (Blum. Tomo VI, pág. 323).

a ayudar a los demás a sacudirse las cadenas de la Iglesia que todo lo abarca».

Y aquí tenemos junto a la política protestante, también la filosofía protestante: ella «sacude las cadenas». La guerra es para Bismarck «en realidad, el estado natural de los hombres». La vida del cazador es «en realidad lo más natural en los hombres». Es decir, caza de animales y de hombres. «¿Prisioneros?», grita en Versalles, «¿Pero han hecho prisioneros? ¡Deberían haberlos fusilado en el paredón!» Y cuando se le habló de casas abandonadas cuyos bienes de valor habían sido confiscados para los gastos de la guerra, alaba esta forma de actuar y dice: «En realidad, este tipo de casas deberían ser quemadas si no fuese porque también afecta a las personas honradas y por desgracia eso no se puede hacer». En realidad, en realidad...

Con la misma actitud blasfema que Bismarck se sitúa ante la religión, se sitúa en actitud sarcástica ante el pueblo. Al parlamento lo llama «la casa de las frases», algo que se puede expresar perfectamente cuando se sabe que detrás de uno lo están apoyando fusiles listos para disparar. Consideraba que ya era suficientemente complicada la política exterior, a la que había convertido en un asunto privado y por lo tanto consideraba que con la intervención de trescientas «cabezas mentecatas» sólo podría ser aún más complicada. Una persona con sentimientos, no cabe duda; «el más alemán de todos los alemanes». ¿Conocía el respeto práctico? ¿La bondad práctica? Sólo conocía la brutalidad práctica y sigue «al instinto natural sin mayores escrúpulos». Sólo se indigna una vez, cuando un general prusiano entra en negociaciones con la población de Tours que había izado una bandera blanca. Él, Bismarck, hubiese lanzado «granadas contra esos tipos», hasta que «hubiesen enviado 400 rehenes».[93] Es el ya harto conocido discurso reiterativo de la aristocracia, con su rudo acento que nunca necesitó ir a la escuela y que ni siquiera percibe alguna diferencia entre sus enemigos y sus propios compatriotas. Se trata de aquella desolada barbarie instintiva que los folletinistas ingeniosos en vano se esforzaron en cargar sobre los conceptos que Goethe aplicó al demonio y a su problemática.

Se trata de aquella elevación «de los hombres de la sangre y el poder santos» que caracterizaba al parnaso prusiano-alemán.[94]

---

93 Emil Ludwig, págs. 57, 77 y 82. Véase también Moritz Busch *Tagebuchblätter*, Leipzig, 1899, de donde se extraen las siguientes afirmaciones de Bismarck: «Francia es una nación de don nadies, un rebaño... Había 30.000.000 de sumisos cafres, cada uno de ellos sin voz ni valor –ni tan siquiera se podrían comparar con los italianos o con los rusos, cuanto menos con nosotros los alemanes» (tomo I, pág. 200). O esto otro: «Si no podemos equipar nuestras fronteras completamente con guarniciones, entonces podemos enviar de vez en cuando columnas volantes hacia aquellos lugares para que se comporten de manera recalcitrante, disparen, cuelguen y los pasen a sangre y fuego». O también: «para cada día de retraso se exigirá a las comunidades un 5% adicional de la cantidad. Columnas volantes, provistas de artillería, deberán dirigirse a las localidades que se resistan con obstinación, cobrarles los impuestos y si esto no se puede hacer sin dilación, proceder a bombardearlas e incendiarlas». Y todavía más: «Yo (Bismarck) pienso que será efectivo proporcionarle a los parisinos primero los medios de subsistencia necesarios para después darles media ración y dejarlos pasar hambre de nuevo. Esto es como con un potro de tortura. Si se golpea un poco más de lo debido –de manera continua–, no pasa nada. Pero si se suspende la tortura y después de un tiempo se empieza de nuevo, no resulta nada agradable». (Tomo II, 57/58, 81/82 y 84).

94 Compárese con O. Nippold, *Der deutsche Chauvinismus* (Berna, 1913 y 1917), especialmente las declaraciones al respecto de un consejero médico, el doctor W. Fuchs, con fecha 12 de junio de 1912: «¿Qué hómbres son los que más se elevan en la historia de la nación, a quién alcanza con mayor fervor amoroso cuando palpita el corazón de los alemanes? ¿Quizá a Goethe, Schiller, Wagner o Marx? Oh, no, es a Barbarroja, al gran Federico, Blücher, Moltke, Bismarck, los *duros hombres sanguinarios*. Ellos, que sacrificaron miles de vidas, ellos son los que despiertan en el alma del pueblo los más tiernos sentimientos, los que le provocan un verdadero

La aparición de Bismarck y sus convicciones significa que en adelante la bestialidad no necesitará avergonzarse de su nombre, significa que se convierte en filosofía. La aparición de Bismarck supone la preparación del tercer y último asalto de la barbarie teutónica a las costumbres latinas. Cuando Pascal y Rousseau prevenían al hombre sobre la soberbia y hacían referencia al cercano parentesco entre el hombre y los animales, se estaban refiriendo a un ideal de humildad. Bismarck y Nietzsche, desde el momento en el que consideraban a los instintos animales como el *verdadero* estado natural del hombre, convirtieron a la humanidad en nihilista y cínica. Lo cínico se convierte en ideal heroico; de nuevo se ha encontrado el camino por el que se es original y se extiende la convicción de que también los éxitos morales han de conquistarse a fuerza de golpes.

Si se quiere saber en qué se sentían Francia y Rusia aliadas en 1914, entonces no deben proyectarse en los demás los propios motivos, sino leer en León Bloy, *Sueur du sang*, concretamente aquel capítulo «Bismarck chez Louis XVI» por el que se puede apreciar que el pueblo de los Bloy y los d´Aurevilly, en 1871, no consideraba a los prusianos de manera distinta a como el pueblo de León Tolstoi consideraba en 1813 a los sobrehumanos franceses. Bismarck aparece como «une combinaision

agradecimiento y son idolatrados. Porque han hecho lo que deberíamos de hacer ahora. Porque han sido tan audaces, tan plenos de responsabilidad como nadie lo ha sido». El consejero médico continua diciendo: «Y ahora la moral burguesa se dedica a condenar a todos los grandes; porque nada hay que proteja el pueblo con mayor devoción que la moral burguesa –y a pesar de ello continúan consintiendo a los titanes de los hechos sangrientos–». ¡Salve al gran analítico Fuchs! Ha resuelto el enigma. La mala conciencia del pueblo alemán es ¿su moral? Los hechos sangrientos ¿su naturaleza? ¿Los patriotas son aquellos que restablecen el derecho natural de los hechos sangrientos?

de goinfre, de goujat et de sanguinaire cafard qui déconcerte», y la casa de la señora condesa de Jessé, en la que pernoctó el señor canciller, fue desinfectada con ácido una vez que el canciller la abandonara.

[9]

Es un hecho de importancia que al sistema de Bismarck y de sus sucesores no le surgiese ningún rival de su misma talla en Alemania, ningún antípoda y apologeta de gran convicción que en nombre de la nación protestara y que poseyera el poder mágico de derribar los argumentos de Bismarck, si no para su generación, al menos para la siguiente.

Al güelfo Windhorst, el mayor rival de Bismarck en el parlamento, le fue posible despertar la impresión de que «parece que hay personas tan impías en el gobierno de nuestro rey que pretenden erigir un Estado pagano»; de que la ley de inspección escolar de 1872 «autoriza a introducir entre nosotros el paganismo, un Estado sin Dios, como si los señores diputados por Meppen (Windhorst) y los suyos fuesen aquí los únicos defensores de Dios».[95] Pero Bismarck ejercitó en su contra, sirviéndose para ello del derecho pontificio de ser el único dispensador de gracia y logró, mediante dicha fórmula, atraer hacia su bando a la «serenidad» de la mayoría luterana. El propio Windhorst se declaró satisfecho con la posi-

95 Palabras de Bismarck en su discurso del 9 de febrero de 1872 con motivo de la ley de asistencia escolar obligatoria.

ción de un partido en el Estado, y teniendo en cuenta esta base disminuyó su oposición a la política de intereses. La iniciativa del *Kulturkampf* fue una acción de Bismarck *contra* la Iglesia católica, no al contrario, y el canciller se ganó con ello incluso la simpatía de los rebeldes racionalistas que en el plano político eran sus más violentos rivales.[96]

En cuanto a la socialdemocracia, August Bebel se expresó en el nuevo Reichstag a favor «del ateísmo en el campo de lo religioso, del republicanismo en el de la política y a favor del comunismo en el campo económico»; y seguro que Bebel estaba convencido de haber establecido con ello una fórmula que le granjeara una hostilidad mortal. Pero a pesar de su sincera valentía, no dejaba de ser el hijo de un soldado prusiano, dispuesto a «empuñar el arma» por una causa noble y, desgraciadamente, la guerra aristocrática de 1870 tuvo que ser considerada como una causa noble. El propio Mehring daba a conocer que «por mucho que Bismarck haya pecado y a pesar de haber confundido la Liga del Norte alemana, como poco, como un Estado ideal, le fue posible mostrar al extranjero que Alemania estaba dispuesta y capacitada para tener su propia voluntad. Mediante toda clase de engaños diplomáticos (¿toda clase?) el pueblo sólo fue capaz de percibir un hecho, el de que la guerra habría de ser llevada a cabo para garantizar la existencia de la nación».[97]

Sólo un periodo de prisión de nueve meses enseñó a

---

96 De ahí las simpatías del decidido enemigo del Estado Bakunin, un factor que aquí admito con agrado que me sirvió para ilustrarme sobre el racionalismo y el bakunismo ya que, en aquel entonces, cuando conocí estos hechos, todavía era amigo de la filosofía de Bakunin, aunque no hasta el grado de que le hubiese cogido gusto a un *Kulturkampf* prusiano.

97 *Geschichte der deutschen Sozialdemokratie*, tomo IV, pág. 5

Bebel que el pueblo *no* había luchado por la libertad y por su existencia nacional, sino, al contrario, por la libertad de los aristócratas y al mismo tiempo por la existencia nacional de aquellos. Bismarck no necesitaba temer al «ateísmo en el campo religioso» y mucho menos al «comunismo en el campo económico». El primero lo representaba él mucho mejor que Bebel, aunque estuviese orlado de pietismo; y en cuanto al comunismo estatal, lo entendió con su codicia penetrante y le arrojó las migajas de la gracia y hermandad con la legislación social para así acallar su apetito.

El sistema de Bismarck era más poderoso que sus enemigos oficiales. En ese sistema desembocaba el maquiavelismo secular de la nación, desembocaban los sistemas autoritarios, desde la Iglesia estatal oficial hasta la organización dogmática socialdemócrata. En ese sistema se reconocían reforzados la escuela atea y materialista, la antropomórfica y la filosófico-natural. En él encontró su cima aquella destrucción de la moral cuyo más nefasto representante, después de Lutero y Hegel, fue Bismarck.

No se debe considerar a los alemanes como personas superficiales. Son profundos, muy profundos, más profundos de lo que se pueda pensar. Excavan pozos y galerías en todas direcciones, pero sólo las aprovechan para la huida: cuando deberían utilizar el camino recto, el derecho, el lógico y humano no lo hacen y sólo lo toman cuando amenazan su «libertad», aunque el precio a pagar sea la destrucción. No hablo de la música, el mayor brillo que ha dado nuestra esclavitud. Hablo de la esclavitud en sí, aquel ser cegado, oculto, siniestro, que bajo la simple superficie de un optimismo conciliador, íntegro y sonriente, ejerce la venganza malévola que, oculta durante largo tiempo, le ha hecho perder su bonhomía. Se trata de la *terrible* profundidad, que se convierte en nuestra esperanza cuando seguimos entusiasmados a Dios y no al demonio y volvemos a la luz, profundamente entusiasmados, sabios y agotados.

El joven Nietzsche suponía un peligro para Bismarck, suficientemente poderoso en capacidad y empuje como para anular el servilismo a Dios, como para romper la espada de Odín. Creció bajo el sibilino influjo de Wagner y continuó la tradición de los románticos, desprendiéndose de la abyecta degeneración. Logró el entusiasmo divino a nivel humano. Eliminación de las escuelas pedantes que se inventaban el orden universal moral e inmediatamente lo derribaban. Eliminación del entumecimiento del corazón y del espíritu. Liberación de nuestra sepultada, vergonzosa y dulce *vox human*. Unión espiritual de la nación. En la música de Wagner seguían vivos Novalis y Hölderlin, vivía el espíritu de Beethoven y Suso. Bismarck había buscado la unidad material, económica y exterior con métodos vulgares, de manera abominable y grosera. La unidad interior, la espiritual, la elevada, aún había de ser buscada y encontrada.

Nietzsche procedía de la mejor escuela: de Schopenhauer y de Wagner, dos muescas del Romanticismo; dos de los espíritus más humanos que la nación había sido capaz de producir. Le conmovía y le guiaba la negación pesimista de Schopenhauer, el acerbo de su entusiasmo interno. ¿Qué era el pesimismo de Schopenhauer sino la decepción de un fanático amigo de la verdad que había sido capaz de percibir el fraude de un mundo despótico lleno de ilusiones, de un mundo lleno de corazones dorados y furor pedante? ¿Quién ha rechazado con tanta vehemencia la «cultura» y el nuevo imperio alemán de origen hegeliano con su ostentación de fuerza y espíritu? ¿Quién ha fustigado de manera tan mordaz y compasiva la inclinación general al gozo? Ya le podía llamar Mehring el «filósofo de los pequeños burgueses medrosos». Schopenhauer conocía algunos conceptos que, por desgracia, se habían perdido en el desarrollo alemán, por ejemplo el de la *hybris* y los del pecado y la culpa. Y conocía un heroísmo que podría enterrar a toda la socialdemocracia teutónica, el heroísmo de los santos y los ascetas.

Schopenhauer no habría autorizado la emisión de créditos de guerra. Schopenhauer no habría entregado la unidad espiritual a los nacionalistas y los políticos, ni tampoco *la unidad humana a los nacionalistas.* Y Schopenhauer tenía una comunidad. El joven partido intelectual de su tiempo abjuró sobre su nombre «el optimismo impío» que en 1871 celebró sus saturnales y que fue sentenciado en 1918 pero que aún hoy no ha sido capaz de tomar conciencia de ello. En Schopenhauer renació Pascal de nuevo, renació la apología del corazón y de las lágrimas, la apología de la integridad inquebrantable. Lo que atraía por igual a Wagner y Nietzsche hacia su visión del mundo era su filosofía, que veía las heridas del crucificado sangrando en toda criatura, su genial enseñanza profundamente cristiana –el misterio, el enigma, Dios debe ser salvado–; su filosofía de la ilusión, que conducía desde el dolor del aislamiento hacia la comunión de todos en el arte.

De ningún modo pretendo apoyar los pensamientos de redención de Schopenhauer. Considero su estética y su nirvana como una huida y tengo con ellos el mismo reparo que el que tengo contra la libertad inteligible y el concepto romántico de la universitas, algo que no he dejado de mencionar. Ya no se trata (desde la Revolución Francesa) de huir de la inaceptable realidad hacia el arte y la ilusión. Se trata mucho más de la disolución de esa realidad, de la liberación de la sociedad, hasta el último de sus perdidos miembros. Se trata de traspasarla. Y se trata de la libertad de uno dentro del conjunto. Pero los conceptos deben ser definidos, antes de que puedan emplearse de manera fecunda, y así, Schopenhauer y Wagner tienen el mérito de dar a luz, en unos tiempos de florecimiento de los filisteos convencidos, de haber ayudado a renacer al concepto de liberación.[98]

Deben leerse los escritos de juventud de Nietzsche para poder calibrar qué clase de grandes y fecundos pensamientos unieron a estos tres grandes hombres. Nietzsche escribe: «La voluntad de vivir de Schopenhauer recibe aquí (en Wagner) su expresión artística: ese sordo impulso sin propósito, ese éxtasis, esa desesperación, ese tono del sufrimiento y del anhelo, ese acento del amor y de la pasión». Y, sumergido en el estudio de Schopenhauer, expresa: «Su grandeza (de Schopenhauer) es extraordinaria. Ha vuelto a apreciar la vida en el corazón, sin abstracciones eruditas, sin detenerse a descansar, sin someterse a la escolástica filosófica. Él derriba la secularización, pero igualmente la bárbara fuerza de las ciencias; él despierta las más tremendas necesidades, al igual que Sócrates también fue capaz de despertar aquellas necesidades. Lo que la religión fue, se ha olvidado, al igual que se ha olvidado el significado que el arte ha tenido para la vida. Schopenhauer está

98 Un aforismo de Nietzsche del año 1874 dice: "Profundo anhelo de resurrección como santo y genio. Comprensión del sufrimiento conjunto y de la desilusión. Profundo olfato para los semejantes y para los que sufren. Profundo agradecimiento hacia los escasos redentores. ("Schopenhauer als Erzieher"; *Werke*, tomo X, pág. 319.)

en contradicción con todo aquello que ahora se considera como cultura».[99]

La utilización de los pensamientos de liberación en la «cultura», ésa era la tarea que le estaba encomendada a un heredero de su misma condición. Pero Nietzsche era protestante; sí, también él, y se encontraba más imbuido del egoísmo de su nación y su tiempo de lo que confesaba. Bajo el influjo de Jacob Burckhardt y del Renacimiento, pronto aparecen en él pensamientos tanto contra Schopenhauer como contra Wagner y, ¡vaya!, precisamente contra aquella relación entre ellos que él debería de haber fortalecido y que, sin embargo, disolvió: el espíritu de la culpa y de la renuncia, el espíritu de la humildad y la debilidad, el espíritu del error y el extravío.

El compromiso que Wagner había adquirido con la nueva Alemania desde la fundación del Reich, la histérica materialización de la música redentora, fueron derivados por Nietzsche del hálito pestilente de una «religión moribunda» y no de la carencia de oposición a un prostituido sistema opresor. En vez de dirigirse contra el Estado, que deshonraba a la religión y a la conciencia, Nietzsche se dirigió, siguiendo los postulados estatales, contra los supuestos «restos» de la religión, a la que hace responsable, primero de manera dubitativa, posteriormente de manera más decisiva, de los sonados éxitos del maestro, que asegura son ajenos y contrarios a la «esencia germánica». Sí, define precisamente a la vieja moral cristiana como dañina, en vez de tomar precisamente a esa moral como punto de partida de su crítica.[100]

---

99 *Werke*, tomo X, pág. 449

100 «Si se quiere asegurar que el *germano* estaba preparado y predeterminado para el cristianismo, no le faltará a uno cierta desvergüenza. Porque lo contrario no sólo es cierto, sino también palmario... ¿Cómo se entiende

Ahora considera lo siguiente: «La negación de la vida ya no es tan fácil de lograr: hay que ser un ermitaño o un monje. ¿Y qué se niega con ello?». También considera: «Hay tantas clases de sensaciones agradables que dudo poder identificar al más alto de los bienes». En vez de centrarse en la escuela de la Alta Edad Media, se centra en los moralistas franceses del *ancien régime*, en la escuela de la crítica racionalista a la Biblia, en Darwin y en Gobineau. Busca restablecer el «texto primitivo» germano, el verdadero «estado natural» de los germanos, el primitivismo precristiano para, según cree, lograr una nación pura después de haber expulsado el moralismo judío; y con ello espera salvar al genio futuro de cualquier confusión de ideas y estancamiento en los que él veía que Wagner había caído. Para él, el individuo prudente, junto a Lutero y Kant, el garante de la conciencia; y así, se opone, aunque sea por razones de estética, a la Reforma, pero transitando su propio camino y en una postura que entra en conflicto con la conciencia colectiva que se había despertado en 1789.

En la obra *Nacimiento de la tragedia*, aún influenciada por Wagner, había profetizado una cultura trágica y apoyado la disolución del individuo en la tragedia. Ahora creía ser más radical al extender su lucha contra la Iglesia, contra la cruz, contra los clérigos y los misterios.[101]

la más elevada sutilidad moral que ha convencido la vista a un rabino y no a un vendedor de pieles de oso? ... ¿Cómo se entiende la jerarquía clerical y el ascetismo popular, la cercanía al desierto y no al bosque de los osos? ¿Cómo se entiende todo esto con los corrompidos pero belicosos ladrones germanos, con los fríos y sensuales amantes de la caza y la bebida, que no han llegado más allá de una simple y mala religión de indios y que hace diez siglos aún no habían olvidado sacrificar humanos sobre piedras sagradas?» (*Werke*, tomo XI).

101 El 20 de noviembre de 1888 escribe a Georg Brandes: «El libro se llama *Ecce homo* y es un atentado sin la menor consideración hacia el

Ataca por igual a las virtudes humanas y a las divinas: la entrega propia a todo lo demás, a todo lo que es débil y está necesitado. El hijo del pastor evangelista se quiere liberar en él: la soberbia y confusión de los sentidos del protestante nacido de un matrimonio de pastores evangelistas en el campo de batalla de Lützen.

Se convierte en «original» y cae víctima del pecado original del protestantismo. Y cae en una cada vez mayor alianza simpática con el espíritu de obligación y de soldado prusiano-protestante. En lugar de exaltar la sabiduría medieval, como lo hizo Schopenhauer, considera sus ideas como agotadas y desgastadas y, como Marx, las arroja a un lado[102] pero no logra encontrar un sustituto para ellas. Instituye una moral de los señores y una de los esclavos; en la primera de estas morales incluye la divinización del Renacimiento y del helenismo con conciencia de clase y en la segunda los ideales de libertad de la Revolución Francesa y de los evangelios. Espera herir con ello a la confusión de los instintos, la falta de sentido de las distancias y la bajeza alemana; en su ceguera, prefiere vérselas con las ordenanzas de obediencia y disciplinas prusianas que con la jerarquía de la Iglesia católica y la disciplina espiritual de los monjes. Cree poder despertar al mundo de su somnolencia mortal, liberando para ello al teutonismo de las últimas cadenas de su conciencia; se convierte, contra su voluntad, en el heraldo y sepulturero de aquellas ideas racistas de ojos azul claro

crucificado; finaliza con truenos y relámpagos contra todo lo que sea cristiano o esté infectado de cristianismo... En última instancia soy el primer psicólogo del cristianismo». (Y por tanto solamente un protestante; la psicología duda de lo divino y lo empequeñece a través de reducirlo a la propia y humana osadía.)

102 Casi con las mismas palabras: «Entiendo las religiones como narcóticas» (*Werke*, X, 407)

que ahora se aprestaban a fustigar las pasiones nacionales basándose en la Filosofía.

Completamente consciente y conociendo su responsabilidad, entierra paso a paso y siempre por principio, su propia base, en contra de sus sentimientos, en contra de sus nervios; sí, contra su propio juicio, y mientras más se aislaba, con mayor fuerza cree convertir a ese aislamiento en su nuevo heroísmo, su mejor espiritualidad, su valentía. Hasta que al final, incapaz de asimilar lo que él mismo había creado, pierde todo poder cercano, el poder sobre sí mismo, el poder sobre la propia personalidad, y se desmorona en el mismo momento en el que se encuentra con Napoleón Bonaparte y se ve obligado a reivindicar el despotismo más severo, el rebaño, el amaestramiento.

«Teología política de Carl Schmitt»

[1]

Carl Schmitt pertenece al reducido número de eruditos alemanes al que se le pueden asignar los atributos profesionales de un catedrático contemporáneo. Sí, no soy quién para asegurar que ha sido en realidad el primero en conquistar e inaugurar para sí mismo la figura del nuevo erudito alemán. Aunque los escritos de este extraordinario profesor (por no decir confesor) sólo sirviesen para reconocer y estudiar la fisonomía católica (universal) de su autor, ya sería más que suficiente para asegurarles una posición destacada. Chesterton dijo una vez en el precioso ensayo «De los ideales» que nuestro confuso y malvado tiempo no necesita en ningún caso para sanarse al gran práctico por el que suspira todo el mundo, sino al gran ideólogo. «Un práctico es un hombre acostumbrado a la práctica diaria, en el modo en cómo funcionan comúnmente las cosas. Pero si las cosas no funcionan, entonces se necesita al pensador, al hombre que tiene algo así como una doctrina que explica las causas por las que funcionan las cosas. Es un error tocar el violín mientras arde Roma, pero es absolutamente adecuado estudiar la teoría de la hidráulica mientras arde Roma.» Carl Schmitt pertenece a aquellos que se dedican a estudiar «la teoría de la hidráulica». Schmitt es un ideólogo de singular convencimiento y se puede decir que ayudará a otorgarle prestigio de nuevo a esa palabra que desde Bismarck tiene un significado negativo.

¿Qué caracteriza al ideólogo? ¿Cómo se realiza? Tiene un sistema personal, casi privado, al que quiere otorgarle permanencia. Agrupa todas las circunstancias vitales, agrupa toda su experiencia alrededor de ese convencimiento fundamental de que las ideas gobiernan la vida; de que la vida no se puede ordenar y construir según sus condiciones sino solamente según un razones presupuestas, libres, incondicionales, es decir, sobre las ideas. La exaltación y tenacidad de su convencimiento constituye la grandeza del ideólogo. En un tiempo en el que se adora a una Nada que combate o se burla de la ideología es cuando se necesita al ideólogo para que pruebe sus fundamentos. Se convertirá en un político y finalmente en un teólogo antes de que pueda darse siquiera cuenta de ello. Se podría decir que en la tendencia tenebrosa de nuestro tiempo radica la última esperanza de la ideología. Sea como fuere, en la obra de Carl Schmitt encuentra la ideología uno de sus más descarnados y ardientes defensores. Su punto de partida es el Derecho, la jurisprudencia. Schmitt es profesor de Derecho en Bonn. Sus primeros escritos son *Sobre la culpa y sus formas* (1910), sobre *Ley y Juicio* (1912). Pero también se vislumbra ya su paso a la filosofía política (*El valor del Estado y el significado del individuo*, 1914). No hay ningún Derecho fuera del Estado y no hay ningún Estado fuera del Derecho. Tampoco sería justo aquel que no reconozca al Estado como la siguiente instancia de la idea (*Romanticismo político*, 1919, Duncker & Humblot, editora también de las siguientes obras). En sus siguientes y últimos escritos se amplia la pregunta sobre la autoridad, la pregunta sobre la última decisiva autoridad y su forma, con lo que la interpretación del jurista sobre la «Teología política» alcanza su colofón.

[2]

Ésta es por tanto la impronta de este erudito: el problema del ideólogo no sólo es para él algo conocido sino que, partiendo de ese problema, de esa experiencia, construye su obra en relación a ello y con todas las consecuencias. Vive su tiempo concienciado de su capacidad. Eso es lo que da a sus escritos su extraordinaria consistencia; eso es lo que les da la unidad universal con la que se presentan. Con una fuerza dialéctica inusitada y un insólito ímpetu lingüístico, busca una postura genuinamente jurídica, por no decir una convicción formal que sea fundamento hasta en las últimas consecuencias. El resultado nos muestra una imbricación de la cuestión concerniente al Derecho con todas las instancias sociológicas e ideológicas. Se podría decir también que, ya que conoce la idea del Derecho, busca otorgarle permanencia; busca elevar el don que le ha sido concedido, al valor más preciado que sea posible alcanzar. No sólo quiere comprender la idea del Derecho sino, hasta donde sea posible, representarla, hacerla ser ella misma. Esto está pensado de manera católica, escatológica y lo conduce hacia las preguntas de la dictadura y la representación, tal y como han sido tratadas en sus últimos escritos.

La tendencia hacia el absoluto que le caracteriza no se rige sin embargo por lo abstracto, como ocurre con los grandes maestros en la construcción de sistemas del

Barroco y de la Ilustración, sino que está regida por lo concreto. Y así, no conduce tampoco, en última instancia, hacia una abstracción que todo lo condiciona, se llame ésta Dios, Forma, Autoridad o de cualquier otro modo, sino hacia el Papa como la persona Absoluta que representa un mundo concreto irracional, inalcanzable para el registro lógico de personas y valores. Como un kantiano cualquiera, Schmitt parte de conceptos apriorísticos, precisamente procedentes de su ideología jurídica; solamente que no se conforma con definir sus conceptos por su propio carácter y en ponerlos en relación a los unos con otros. Su procedimiento es otro: busca establecer de manera progresiva sus conceptos jurídicos en el Estado establecido y, más allá, en la tradición de su contexto, en su asociación con el resto de las elevadas categorías (Filosofía, Arte, Teología).

Como sociólogo al que no se le escapa ningún detalle trascendente de la vida cercana o distante, pregunta siempre sobre el verdadero uso del Derecho para, de este modo, siguiendo los hechos, identificar su forma precisa. Él no establece ningún Estado ideal, ninguna utopía; no hace sonar una campana según un sonido sistemático previamente establecido. La estructura de la última instancia que finalmente aprecia es un organismo y no una máquina; es un planetario que oscila libremente y no una construcción impuesta. La ausencia de sentimentalismo de esta obra se aprecia en que no hay valor sentimental alguno, ni siquiera el más elevado, que sirva de punto de partida. La moral comienza con conceptos jurídicos afianzados. Éstos, libremente, abarcan en su razón todos los valores irracionales más elevados. Lo jurídico, tal y como lo interpreta Schmitt, es la forma presencial y racional de las ideas.

[3]

Si se compara la obra de Schmitt con la de sus predecesores, aparece claramente la matriz diferencial. Bonald y De Maistre, como también Donoso Cortés, proceden de naciones católicas y de un tiempo en el que el concepto ideológico del mundo se encontraba en peligro, pero no destrozado y completamente devastado. Su punto de partida es una fuerte estructura legal, que encuentra gran sustento vital en la Restauración monárquica para Bonald y De Maistre, y en la transmisión contrarreformista de su patria española para Cortés. El Estado teológico es discutido pero aún no ha sido destruido; a diario demuestra todavía su fuerza vital. La antítesis de Fe y Razón, independientemente de en qué forma crítica, gobierna las mentes; pero aquí y ahora, la Fe perdida quiere ser reencontrada y elevada. La Escolástica y sus sucesores racionalistas tuvieron capacidad para construir sistemas que, nacidos de la omnipresencia del axioma, mantuvieron unidos en un eje inamovible a toda la variedad de argumentos. Desde que, entretanto, con Proudhon y Bakunin la negación ha penetrado en la metafísica, se ha destruido el centro de la vieja legalidad y es lícito recuperar la unidad por medio de nuevos caminos. La renuncia a la autoridad fue el distintivo de la última filosofía ungida en nuestro tiempo. Esta filosofía ha dudado incluso de la persona en cuanto tal, ha dudado del sentido y del valor de cualquier confesión. La maquinaria es omnipotente. Una vida demoníaca, sin alma, por no hablar de un espíritu poseído o un hieratismo, engaña a la vida y a la armonía. Y así glosa el genio, vestido como un rebelde o como un dandy, la sorda bancarrota de la cultura y se siente como el refugio de toda vida elevada.

En su interés por el orden del Romanticismo, Schmitt también se sacrifica ante esta situación. El espíritu del genio alcanza hasta las ciegas, antinómicas e instintivas razones de la naturaleza, así como la esfera suprarracional[1] de la vida religiosa. El desprenderse de las normas de una sociedad entumecida incluso le otorga una cierta razón a los instintos ilegales. Como enemigo mortal del Romanticismo, tal y como Schmitt se presenta ocasionalmente, combate en él el peligro irracional de su propio fondo creativo, a cuyo esclarecimiento parecen estar dedicados sus escritos en la totalidad. El carácter orgánico que presentan dichos escritos así lo indica. Schmitt en ningún caso está preparado en sus primeros escritos para la teología y el catolicismo romano. Su obra se despliega entre dolores, no sólo de naturaleza técnica, en un colorido sucesivo de diatriba furiosa y búsqueda objetiva, de dictado definidor y apología artística. Los resultados son paulatinamente extraídos de las consecuencias: una yuxtaposición y superposición de las opiniones acompaña su concepción. Una determinada aforística indica aislamiento, pero Schmitt está a un mundo de distancia de los peligros de un individualismo peculiar. La naturaleza social de los conceptos jurídicos le asegura una armonía constante con la norma y así, con cada obra, aparece más clara y aguda la forma primitiva según la cual se desarrolla el sistema. El fondo irracional de una gran personalidad y de su tiempo es transferido enteramente a conceptos desde las ataduras de la naturaleza y del éxtasis.

---

1 La palabra *übervernünftig* es un compuesto de Ball al unir *über* (sobre) y *Vernunft* (razón, juicio) por lo que la traducción más cercana sería «suprarracional». *(N. del T.)*

[4]

Romanticismo político es el primer escrito con el que Schmitt se presentaba ante un público no compuesto exclusivamente de expertos en la materia. Una increíble fuerza formal inaugura el intento de reducir a normas políticas la pseudología fantástica del Romanticismo. Una unánime permuta y confusión de los conceptos, una promiscuidad ilimitada de las palabras y los valores, no es sólo una característica del Romanticismo, sino que desde el Romanticismo se ha transformado en una circunstancia general para las personas ilustradas. Se extiende una mentalidad místico-estético-espiritual, algo que Tröltsch, todavía en 1912, consideraba como la religión furtiva de los ilustrados de la moderna Alemania protestante. La forma de pensar de Schmitt, en contraposición a lo anterior, está muy dirigida hacia lo inquietante, hacia lo publicista. Poco estímulo puede sacar de la nebulosa mentalidad general. Allí la evasiva en todas sus formas, aquí la férrea voluntad de superación. Allí todos los síntomas de una voluntad enferma, aquí una inteligencia determinante e inquisitoria. Un jurista, que bien versado en gramática, acaba con cualquier confusión del extravagante culto al genio. El romántico Proteo cae en la camisa de fuerza de la lógica. Los sustitutos del lenguaje de la época romántica recibieron una articulación difícil de superar.

El tema parece restringido. El libelo no le sirve en absoluto al Romanticismo, pero sí al Romanticismo político. En realidad, solamente al Romanticismo alemán, y, en última instancia, sólo a Adam Müller.[2] Puede parecer que para cazar un conejo se haya vallado toda una provincia. También podría parecer que Schmitt habla de algo que en realidad no existe. Pero precisamente es ahí donde triunfa su supremacía, en capturar de manera lógica ese imaginario de todo argumento; y hacerlo con una enorme capacidad para la definición, para la diferenciación, para el registro metódico. Y así se revela que Adam Müller quizá sea el más sintético y específico representante de lo que acostumbramos a llamar la política o teología del Romanticismo. Él emplea un gran número de argumentos filosóficos, estéticos, políticos y teológicos, y lo hace de una forma que compromete a cada una de las disciplinas con excepción de la retórica. De los enunciados, a Schmitt le interesan especialmente los constructores político-teológicos de cada época, los teólogos católicos del Estado de la Restauración. Nietzsche, en los inicios de su carrera, recurrió al «provinciano» David Strauss,[3] masacrando el criticismo trivial de su época; Schmitt recurre al «teólogo del Estado» Adam Müller, acosando hasta la muerte la genial hipocresía del liberalismo. Pero no es solamente la contundencia del estilo lo que hace de este opúsculo un ejemplar único en medio de la vaguedad de la nueva literatura alemana.

Más allá del tema romántico, interesa el enfoque del autor, el corte histórico de las ideas que aporta, la perspectiva que pone en marcha, la sima en la que se hunde estrepitosamente la majestuosidad romántica. Adam

2 Adam Heinrich Müller (1779-1829) es considerado el teórico de la llamada Escuela Romántica Alemana. En Alemania se le conoce como el máximo representante del Romanticismo político. *(N. del T.)*

3 David Friedrich Strauss (1808-1874), filósofo y teólogo alemán. *(N. del T.)*

Müller, al que hasta hace poco se consideraba como un pensador político único, se disuelve como una pompa de jabón en un reflejo multicolor. Pero la corriente de aire que causan estos cambios presagia nubes de tormenta. La «incompatibilidad del Romanticismo con cualquier medida moral, jurídica o política» no parece un descubrimiento novedoso, pero quizá su aplicación, en la medida en que lo hace Schmitt, sea completamente nueva y de gran interés. Los fundamentos políticos que brinda el Romanticismo conducen hacia atrás hasta Malebranche y Descartes, y hacia adelante hasta el presente. La comprensión de este notable conjunto tiene que ofrecer las principales claves sobre la fisonomía interior de los siglos XVIII, XIX y principios del XX.

[5]

Los seguidores del Romanticismo, dice Schmitt, prometieron una nueva religión, un nuevo evangelio, una nueva genialidad. Pero de sus manifestaciones sobre la realidad ordinaria casi nada procedía de un forum externum. Adam Müller, en particular, quiere asumir de nuevo la fracasada empresa de la Revolución Francesa, llevarla hasta el final y otorgarle a las palabras Religión, Filosofía, Naturaleza y Arte un nuevo contenido. Los compartimentos de la época mecánica anterior han de ser dinamitados, la especulación ajena al mundo de la revolución espiritual debe ser trasplantada al suelo de la verdadera realidad. Müller remite para ello a Burke, Bonald y De Maistre, los cuales tomaron partido contra la Revolución Francesa de manera original. Él mismo no encuentra en ello un pathos inconfundiblemente moral, sino solamente de los sentidos. Su libro sobre *La necesidad de una base teológica de todas las ciencias del Estado* no es capaz de ir más allá de las figuras artísticas de una oratoria vacía, de un juego con patrimonios ajenos, de una filosofía lírica del Estado. No existe para él la fuente más importante de la vitalidad política, la fe en el Derecho y la indignación ante la injusticia. En su postura estética, así como en la forma de argumentar arbitraria y contraria a la norma, radica «la diferencia de todo irracionalismo político cuyos fundamentos son de índole místico o religioso y en el cual sus razones, a las cuales tampoco puede renunciar, emanan de la actividad política».

Irracionalismo político: ahí tenemos la palabra clave para el Romanticismo y también para Schmitt. Con Descartes comienza la sacudida del viejo pensamiento ontológico y la relegación de la realidad a un fenómeno subjetivo e interno, al pensamiento, en lugar de a las circunstancias del mundo exterior. La moderna Filosofía está regida por la disyuntiva entre el pensar y el ser, concepto y realidad, espíritu y naturaleza, sujeto y objeto, algo que tampoco ha sabido subsanar la solución trascendente de Kant; «ella no le devolvió la realidad del mundo exterior al espíritu pensante, porque para ella la objetividad del pensamiento se funda en que se mueve en formas objetivamente válidas y la esencia de la realidad empírica, la cosa en sí, no puede ser aprehendida». Ya sea en el pensamiento subjetivo, ya en la realidad empírica, se busca en lo sucesivo la irracionalidad, lo indefinible, el secreto de la existencia. De este desequilibrio humanístico-material del viejo problema teológico parte toda la confusión. Fichte busca la disyuntiva a través de la supresión del Yo absoluto y el Romanticismo busca resolver el mismo conflicto eliminándolo a través de la consciente y realizada heteronomía del genio. «La más elevada y certificada realidad de la vieja metafísica», dice Schmitt, «el Dios trascendente, ha sido vencido. Pero más importante que la controversia de los filósofos era la cuestión sobre quién asumió su función como la más elevada y certificada realidad y por tanto, como eje legitimador de la realidad histórica». Aparecen dos nuevas realidades e imponen una nueva ontología. Completamente irracionales, si se las contempla con la lógica del siglo XVIII, pero objetivas y evidentes en su valor individual, dominan en realidad el pensamiento de la Humanidad como los dos nuevos demiurgos. El uno, el demiurgo revolucionario, es el colectivo, cuyas distintas formas le hacen aparecer como pueblo, sociedad o humanidad. Su omnipotencia quedó proclamada en *El Contrato social* de Rousseau. El otro, el demiurgo conservador, es la Historia. El Romanticismo busca extraerle a ambos demiurgos su significado irracional.

Apareció con promesas infinitas de una nueva creación, con posibilidades prodigiosas de oponerse a la validez de cada una de aquellas dos nuevas realidades. El romántico busca el papel de afirmar el Yo como productor del mundo, pero entra en las contradicciones que se originan de la existencia de dos realidades superiores independientes de su voluntad y de su sujeto. Comienza calificando a la posibilidad no objetiva como la máxima de las categorías; busca liberarse de todos los argumentos racionales. En una sucesión de antítesis encuentra infatigablemente una nueva excusa. Se quiere rescatar la irracionalidad de la persona, incluso la irracionalidad de la época, pero se incurre por una parte en un puntillismo sentimental del momento, y por otra en las ilusiones de un primitivismo soñado. Unas veces es el simple campesino, otras el «niño indeterminado», y en otras ocasiones el paradisíaco idilio de la naturaleza los que se convierten en los portadores del Numen. Sólo en la Iglesia, después de renunciar a cualquier tipo de subjetividad, encuentra el romántico lo que busca: «una gran comunidad irracional, una tradición histórica universal y al Dios privado de la vieja metafísica». Pero con ello se dejaba de ser un romántico.

El intento de dinamitar la mecánica racional de la época fracasó por dos razones: en primer lugar porque el Romanticismo renunció a una toma decisiva de postura en la lucha de las ideas; después porque creyó poder sostener el papel de creador del mundo incluso contra la realidad. Y así reza la sentencia final: ningún argumento puede oponerse a que, por otra parte, «alguien que argumente se sirva de las capacidades racionales y no de las irracionales. Si se quiere hablar desde un concepto intelectual, desde el impulso genial o desde cualquier otro fenómeno intuitivo, especialmente a través de ellos, no se le darán al simple entendimiento perspectivas accesibles: mientras que se pretendió un sistema filosófico no se pudo superar la contradicción dentro del sistema, pero mientras que, *more romantico*, sean fragmentos y aforismos los que deban transmitir los resultados de la actividad intuitiva, sólo se puede plantear una comprensión por parte de quienes sean espiritualmente iguales, es decir, sólo del colectivo romántico. La meta de toda exigencia filosófica, el alcanzar lo irracional filosófico, no se había logrado. De una manera muy especial, la nueva realidad, la societas, había superado al romántico y le obligaba a apelar a ella».

[6]

Quiero mostrar aquí mismo la vinculación con la *Teología política* de 1922. Ambos libros se relacionan el uno con el otro casi cómo lo hace la *Crítica de la Razón pura* con la *Crítica de la Razón práctica*; y no solamente porque el título presente congruencias. Al fin y al cabo toda la finalidad de *Romanticismo político* había sido proyectada para preservar a los grandes teólogos políticos Burke, Bonald y De Maistre de ser confundidos en el futuro con pseudo-políticos y adaptadores como Adam Müller y Fr. Schegel. En el cuarto capítulo de la *Teología política*, Schmitt recurre expresamente a los resultados del libro del Romanticismo, completando los sistemas de Bonald, De Maistre y Donoso Cortés. En *Romanticismo político* se hablaba en numerosas ocasiones de los dos primeros, donde fuese posible, para destacar su comportamiento negativo hacia el Romanticismo, especialmente en lo tocante al problema de la realidad. Por contra, en los experimentos del Romanticismo se mostraba cómo no se debe actuar cuando se quiere asegurar y representar lo irracional, la libertad, lo numinoso. La Iglesia apareció como la única solución a los esfuerzos románticos. La «Teología política» es, por tanto, una consecuencia del camino que el propio Romanticismo introdujo. Las definiciones jurídicas de este libro, a las que volveré, sirven para solucionar aquellos conflictos en cuyas contradicciones naufragó el Romanticismo; y los teólogos católicos del Estado, cuyo trabajo será cada vez más controvertido, se comportan con respecto hacia los políticos románticos tal y como se comporta el ejemplo práctico de una materialización hacia el teórico pero malogrado intento.

Esos son puntos de referencia temáticos. Lo que vincula dialécticamente ambos escritos es lo siguiente: en el análisis del concepto Romántico de la realidad se colige la gran importancia del concepto de la decisión. Los románticos son personas que a la hora de los hechos no se quieren decidir: sí, que hacen de la indecisión una filosofía de lo irracional. Por contra, De Maistre, Bonald y Donoso Cortés, aquellos teólogos católicos del Estado, «a los cuales en Alemania se les llama románticos porque eran conservadores o reaccionarios e idealizaron situaciones medievales», construyen sus sistemas precisamente sobre el concepto de la decisión y quién sabe si la decisión contiene quizá el problema de la forma. A los románticos alemanes les resulta rara una idea original: la eterna discusión. Por contra, en todos sitios donde la filosofía católica del siglo XIX se expresó de modo espiritual, «expresa de alguna forma el pensamiento de que se está imponiendo una gran alternativa que no necesita de ninguna intermediación. Todos formulan una gran disyuntiva entre el «o una cosa o la otra», cuya rigurosidad suena más a dictadura antes que a una discusión eterna».

Bonald, el fundador del Tradicionalismo, está muy alejado de la idea de un devenir eterno gestado por sí mismo. Para él, la creencia en la tradición nunca será algo como la filosofía natural de Schelling, la mezcla de contrarios de Adam Müller o la creencia en la Historia de Hegel. La humanidad será para él una manada de ciegos dirigidos por un ciego que avanza ayudado de un bastón; la tradición le ofrece la única posibilidad de encontrar aquel contenido que la creencia metafísica del hombre puede aceptar. Las antítesis y distinciones que le hacen merecer el nombre de escolástico, exponen disyunciones morales y en ningún caso polaridades de la filosofía natural de Schelling, las cuales tienen un «punto de indiferencia» o mera negación dialéctica de los procesos históricos. Él se siente vascular constantemente entre dos precipicios, entre el Ser y la Nada. Pero ésas son las oposiciones entre lo Bueno y lo Malo, Dios y el Demonio, entre las cuales se funda (según Schmitt) «la existencia, en la vida y en la muerte, de lo Uno o lo Otro.[4] –Para De Maistre, el valor de la Iglesia reside en que ella es la última e inapelable instancia de decisión. Las palabras infalibilidad y sobcranía son para él *parfaitement synonymes*. Él considera a la autoridad como buena sólo si existe; es fundamental que ninguna instancia superior a la Iglesia la ponga en duda–. En Cortés aparece perfectamente la típica imagen de la batalla de la decisión que ha prendido entre el catolicismo y el socialismo ateo. Según Cortés, en el ser del liberalismo burgués se encuentra el no decidirse en esa batalla, sino, en su lugar, trabar una discusión. Cortés define la burguesía (Schmitt: el Romanticismo) precisamente como una «clase discutidora». «A ello se atiene», indica el autor, y ahora se entiende el por qué se preocupó tanto de la investigación de la filosofía romántico-liberal en *Romanticismo político*.

¿Existe de verdad una realidad sin decisión? ¿Es posible aprehender la realidad de otro modo que no sea mediante el análisis y la sentencia? El romántico colocó

4 *Entweder-Oder* en alemán, *Enten-Eller* en danés, es el título del libro en el que el danés Søren Kierkegaard explica su concepto de la ética y estética de la existencia. *(N. del T.)*

su propia imagen en el lugar de la objetividad. Ni el cosmos, ni la fe, ni el pueblo, ni la Historia le interesan por sí mismos. El Estado como objeto romántico, eso es lo que se ajusta al punto de vista romántico-liberal de las cosas. Al mismo tiempo, ni el romántico más disipado quería sustraerse a la decisión. Puesto ante la alternativa, también él debe de tomar una decisión. Él se decide por «la elevada tercera posibilidad», por una síntesis que reconozca a ambos miembros contendientes y que los conduzca en una fingida hegemonía hacia un compromiso. Es el terrible método de compromiso entre el Bien y el Mal, del sí y el no, popularizado por Hegel y que se convirtió en el defecto del siglo XIX; un método, del cual habló Ernst Hello en su magnánimo libro *Filosofía y ateísmo* en los siguientes términos: «Si, en effet, l'affirmation et la négation sont identiques, toutes les doctrines deviennent égales et indifferentes. Voilà l'erreur radicale, fondamentale, immense de ce siêcle-ci; voilà la negation mêre; voilà ce doute absolu, qui est l'absence même de philosophie, érigé en philosophie absolue».[5]

En II, 2 de *Romanticismo político* Schmitt persigue el origen metafísico de estas formas de decisión «sintéticas» y logra de este modo constatar la «estructura ocasional» del Romanticismo. Descartes es la instancia superior de esta forma de pensar. Partiendo del argumento de que soy porque pienso, distingue él entre interior y exterior, alma y cuerpo, res cognitas y res externa. De ahí nació la tarea de armonizar los contrarios o de acla-

5 Si, en efecto, la afirmación y la negación son idénticas, todas las doctrinas se vuelven iguales e indiferentes. Este error radical, fundamental, inmenso de este siglo, es la madre de la negación, es la duda absoluta, que es la ausencia misma de la filosofía, la filosofía erigida en absoluto. *(N. del T.)*

rar la interacción de cuerpo y alma. La solución ocasional que fue efectuada en los sistemas de Géraud de Cordomoy, Geulinx y Malebranche, se basaba en esencia en que Dios representaba, como elevada tercera posibilidad, la síntesis de la manifestación de cuerpo y alma: toda realidad terrenal y finita es sólo una ocasión, una causa para la actividad sustancial y puramente divina. En el Romanticismo, por tanto, interviene en el lugar de Dios, el sujeto genial, el cual concibe el mundo exterior como una ocasión de su productividad sintéticamente superior. La oposición entre ambos sexos es elevada a la de «personas completas»; la oposición de los partidos y los individuos en un organismo «superior», en el Estado o en el pueblo; la discrepancia de los Estados, en la organización superior, la Iglesia. Lo que tiene la fuerza para paralizar los contrarios en vez de disolverlos, es lo que se considera como la verdadera y superior realidad. Así comienza Adam Müller con una lección de contradicciones que rechaza expresamente una identidad absoluta y proclama como principio último una especie de «síntesis antitética», precisamente la contradicción. Schlegel todavía colocó a Malebranche por encima de Descartes, Müller lo siguió y Novalis menciona frecuentemente en sus textos el ocasionalismo. El fin era, pasando por encima de los muertos, escapar del racionalismo mecánico del siglo xviii. El peligro político y cultural de esa filosofía radicaba en que se empezaba a creer que sólo Dios podía zanjar la contradicción entre legitimismo y liberalismo, en vez de tomar partido por alguno. Que la esencia de las cosas se busque siempre en otra esfera a la que en realidad pertenecen, conlleva a la especulación, en un continuo salto de un ámbito hacia otro. Lo peor de todo ello es que el romántico se reserva, sin tenerla, la identificación con el creador. Una repulsa fatal contra toda actividad personal conduce a una teología en la que la personalidad de Dios es anulada y a una política en la que la convicción carece de importancia.

[7]

El irracionalismo artificial del Romanticismo se encuentra en oposición a la realidad pero esta última es, después de la cristalina lección de Schmitt, idéntica a la decisión. ¿Cómo se comporta entonces la decisión, la realidad, con respecto a la verdadera y no fingida irracionalidad? ¿Cómo se comporta la jurisprudencia con respecto a la instancia superior? En el momento en el que Schmitt aclara las dos nuevas realidades (Sociedad e Historia) como demiurgos, las sella como creadores ciegos e irracionales de dimensiones colosales. Su dominio se apoya, si se toma la palabra en sentido gnóstico, en una mezcla de fuerzas sobrenaturales y materiales, en un fraude siniestro cuyos efectos conducen y han conducido hacia la catástrofe. También Schmitt sigue, en la indagación de lo irracional, el desarrollo de la sociedad y de la Historia, pero a él le sirven solamente como sustrato de la decisión. Más allá, para creer en una razón de los procesos históricos materialistas o acaso en un desarrollo inmanente hacia formas cada vez más elevadas, no es capaz de manifestar un respeto especial ni al espíritu del mundo hegeliano ni a las leyes industriales marxistas. En este tipo de doctrinas de la Historia y de la sociedad, él sólo ve herejías que no dejan de ser, por su parte, objetos de una mirada del desarrollo histórico.

El hombre, como «instrumento de la razón desarrollada en el proceso dialéctico», no es su ámbito de interés. Él busca la libertad metafísica, aquella que es idéntica a la realidad metafísica.

En su libro *La Dictadura* (1921), que desarrolla el concepto político de la razón, cree tan poco en una razón continua surgida en el proceso histórico, que antepone la Revolución Francesa a la inglesa, y el *pouvoir constituant* a la dictadura de Cromwell. Todavía más decisivo, esa dictadura cromwelliana imposible de comprender con categorías racionales, le parece a él, sordo a todos los sistemas racionalistas, como la verdadera razón superior. En este sistema, el deseo divino de dependencia de los hechos tiene mal encaje. Más bien parece relucir en ello una aparición espontánea de lo divino en el caos de la Historia, la enseñanza de un milagro político: el quebrantamiento de las leyes naturales por la persona soberana. Esto conduce a la oposición entre la razón y lo irracional, algo que predomina en las distintas formas de la obra de Schmitt.

[8]

Esta antítesis conoció por primera vez en tiempos neoplatónicos una discusión fundamental que separa en puntos importantes la interpretación eclesiástica de los antiguos. Razón e Irracionalidad son en Proclo y Dionisio Aeropagita casi idénticos a los contrastes entre lo bueno y lo malo, Dios y el Demonio, Creador y Demiurgo. La razón superior es lo bueno; lo malo es lo que entra en conflicto con la razón: lo trivial, lo desordenado, la permanencia en lo material; no comportarse con distanciamiento con respecto a la época y el ambiente. El concepto «malum», entretanto, en aquella época inclinada hacia lo escatológico, no responde a ninguna calificación crítica o moral. Lo «malo» es solamente una condición menor de la naturaleza, un defecto, una carencia de conocimiento, fuerza, impulso; una confusión de la voluntad, un movimiento constante de pasiones físicas. Así, el contraste entre la razón y lo irracional en los tiempos antiguos es también el contraste entre reposo y movimiento, permanencia y tiempo, entre inmortalidad y muerte, entre absoluto y limitado. De esta forma se proyecta la antítesis desde Dionisio hasta Tomás de Aquino y Albertus Magno. Pero ya en la época pre-escolástica parece haber triunfado en la práctica, aunque no en la teoría, la interpretación moral del concepto del Mal (el influjo de la tradición agustina). Mientras que, según el concepto oriental, uno era malo si se creía en la muerte, en lugar de en Cristo, en el concepto actual se es malo si se rehuyen los dictados de un racionalismo que hace tiempo dejó de ser cristiano.

Los filósofos clásicos del Estado, desde Maquiavelo y Hobbes hasta De Maistre y Cortés, siguen viendo en el pueblo no representado, todavía a través de los ojos de un Tomás de Aquino, una criatura irracional que debe ser dominada y conducida por la razón; precisamente siguieron dando vigencia a la antítesis también cuando ya hacía tiempo que la razón de los gobernantes y las Constituciones estaban siendo dirigidas por intereses privados de las casas y clases gobernantes. Es importante incidir en ello desde dos puntos de vista. En primer lugar porque se deja probar fácilmente que con el ensanchamiento moral del término malus también disminuyó la altura de la dictadura de la razón y de la propia razón; porque para Schmitt, en adhesión a Cortés, la antítesis gana en una no poco ofensiva precisión dogmática y política. Dicha interpretación, el convencimiento de que el hombre es por naturaleza malo, abyecto, bestia y chusma (en vez de frágil, ignorante, débil y necesitado de emancipación), le sirve al constructor y artífice del Estado del Renacimiento y del subsiguiente absolutismo como fundamento para la visión de las masas humanas organizadas como un simple material tutelado y malvado contra el que está permitido utilizar todos los medios posibles. Y, en sentido contrario, la oposición interna del Estado contestó con el hecho de que ella combate exasperadamente la pretendida dictadura de las Constituciones y de la cabeza del Estado racionalista y viceversa, concediéndole al pueblo una bondad instintiva, raciocinio, orden y finalmente el derecho a una dictadura propia.

La interpretación de Schmitt es la latina. Con más convencimiento aún que Bonald y De Maistre, separa los elementos «irracionales» (nación e Historia) de la Razón. Incluso se dirige contra el Estado cuasi racionalista, contra el legalismo ilustrado, al que por haber escapado de la autoridad teológica, define como estado de excepción. Sólo en un aspecto permanece cohibido: las tesis morales acerca de la naturaleza del hombre (si es bueno o malo por naturaleza) son para él, en todos sus dudosos extremos, el criterio de la enseñanza estatal que le acompaña. Para Mably, Rousseau y los anarquistas, desde Babeuf hasta Kropotkin, el pueblo, el proletariado e incluso el «lumpen proletariado» es naturalmente bueno, sí, para la salvación del mundo, y por ello son considerados irracionalistas. Por el contrario, todos los espíritus racionales, especialmente los filósofos católicos del Estado, describen, con creciente vehemencia, al hombre como ciego, confuso, abyecto y miserable. Al final de la *Teología política*, donde Schmitt desarrolla la idea contrarrevolucionaria de Donoso Cortés, aparece de forma flagrante, al contrario que en Cortés y Proudhon, la contradicción del axioma. La oposición ha atraído al satanismo hacia su bando; ella lucha junto a la tesis de que «el hombre es bueno» para la destrucción de la ideología. Los ideólogos, Cortés especialmente, combaten bajo la bandera de Dios en favor de la metafísica con el axioma de que «el hombre es peor que cualquier reptil».

La doctrina de la abyección del hombre, en la forma apodíctica representada por Cortés, prácticamente no puede ser superada. Su menosprecio de los hombres no conoce fronteras: su nulo entendimiento, su débil voluntad, el absurdo clan de sus apetitos carnales le parecen tan lamentables que todas las palabras de todos los idiomas humanos no le bastan para expresar toda la bajeza de dicha criatura. Aunque Schmitt acentúa, y esto tiene validez pro domo, que Cortés quiere ser entendido aquí no de forma δογματικως sino αντιζετικως, como consecuencia de su oposición a la época. Pero admite también que el despotismo legal produjo en primer lugar la indignación de la oposición y menciona también la interpretación conciliadora del Tridentinum (que correspondería a una política emancipada y no a una destructora). Pero cuando el autor en sus escritos posteriores considera la convicción de la bondad del hombre simplemente como una «doctrina anarquista», se trata de un atajo que sacrifica a la severidad formal un trozo de la piadosa verdad. En adelante, identifica cada vez más los anarquista con lo irracional. Los santos naturales de Dostoyevski recibirán un olor a dinamita y la propuesta de reforma irracional de Sorel aparece, en oposición a la razón eclesiástica, como absurda.

La disputa con Sorel (en *Catolicismo romano y forma política*) adopta, para la escasa medida de Schmitt, un espacio considerable.[6] Georges Sorel quería ver la crisis del pensamiento católico en una nueva alianza de la Iglesia con el «irracionalismo». Como «irracional» es descrito aquí de nuevo el pueblo, concretamente el pueblo de los sindicatos, el proletariado rebelde, al que Sorel otorga una *force créatice*. Según Cortés y Schmitt, se podría proponer a la Iglesia igualmente una alianza con el mismo demonio. Las razones de Schmitt en esa determinada cuestión son muy clarificadoras. Admite que en el siglo XIX reviven todas las formas posibles de una oposición a la Ilustración y al racionalismo. Menciona a los convertidos procedentes de tendencias tradicionalistas, místicas y románticas. Y menciona también un determinado descontento interno en la Iglesia con la aportación apologética que por algunos es percibida como argumento ficticio. Entretanto, no le concede un significado esencial a la oposición irracional porque los representantes de ese movimiento parten del racionalismo científico-natural y omiten que a la argumentación católica le sirve de base una forma de pensar especial, interesada en la dirección normativa de la vida social y con una lógica jurídica específica. Al irracionalismo le gusta combatir el Estado abstracto y la imagen mecánica del mundo, la «mitología matemática». La razón eclesiástica no se ve afectada por ello.

6 La lectura crítica de *Reflexiones sobre la violencia*, de filósofo francés George Sorel (1847-1922), fue muy importante para Carl Schmitt y fue un eje de paralelismos con la filosofía política de otros autores del momento, especialmente la de Walter Benjamin. *(Nota del editor.)*

[9]

Pero lo irracional puede tener ambos significados: racional y suprarracional. En el Estado, la oposición entre irracional y racional se aplica constantemente al ordenamiento de una materia estatal voluble y que por lo tanto ha de ser tratada con gran cuidado; a la masa del pueblo, cuya forma de inspiración, precisamente impulsos espontáneos de la voluntad, es de procedencia e intención mayormente material. En la teología, la oposición alude al comportamiento de lo legal e institucional frente a la inspiración de una forma reflexionada, creativa, espiritual; al comportamiento frente a lo numinoso, lo santo y maravilloso, lo revelado. Los sistemas gnósticos y neoplatónicos conocen diversas etapas de transmisión que conectan el origen sobrenatural con las categorías racionales, los escalones de la jerarquía. En Dionisio Aeropagita es Dios el sol original que atrae hacia su orbe, para impregnarlos, a todos los escalones de los seres, hasta el último de ellos, los materialistas; no los atrae de manera obligada y lógica, sino de manera amorosa e irracional. El ángel que anuncia la ley de esta impregnación, es decir que otorga la razón de los mandamientos, se encuentran en una situación deductiva, a una distancia del origen y por otra parte, este sistema teológico-filosófico que ha influido incalculablemente en la escolástica y en todo el pensamiento medieval, funda el reino celestial en el éxtasis, es decir está basado en lo suprarracional y en lo irracional. El mundo inspirado y evidente, sacramental y canónico, justamente la Iglesia y precisamente su constitución jerárquica representan un organismo supranatural e irracional. Ese mundo me parece racional en su interpretación, en su relación con el estatus temporal y material que carece de razón. El sacrificium intelectus que exige la iglesia a sus dogmas, milagros y sacramentos expresa el momento en el que, en todo tiempo, la inferioridad de los intereses racionales aparece postulada frente a lo inaprensible.

Anunciado esto, veo, al igual que Schmitt, su racionalidad en el comportamiento de la Iglesia con respecto al «Estado» y quiero describir al propio Schmitt como un racionalista en lo estatal y como un irracionalista en lo concerniente a lo teológico. Al mismo tiempo, sin anticiparme a las consecuencias, puedo agregar que Schmitt obtiene toda la fuerza racional con la que analiza y entiende el Estado pseudo-racionalista precisamente de la grandeza irracional de la Iglesia y de sus normas jurídicas. Una objeción a los escritos de Schmitt podría ser que la forma teológica del sistema no está ahí desde el principio, no proviene de una fe bien fundamentada, sino que nace de unas consecuencias; que la fe y la teología de su obra nacen, con enérgicas consecuencias y con pasos acelerados, pero, en cualquier caso, en el transcurso de su trabajo. Los primeros pasos parecen haber sido dados o al menos concebidos al margen de la Iglesia. Toda heurística específica del estilo que se puede encontrar aplicando un método sociológico lo señala. Un desprecio considerable de la legalidad tradicional es en el origen «irracional», pero sólo en el sentido de lo orgánico y del genio. De ello emana la dificultad de sistematizar a Schmitt, una dificultad que no desaparece hasta sus dos últimas obras, la *Teología política* y *Catolicismo romano y forma política*.

La Dictadura (1921) es la obra de Schmitt que conduce al autor a la comprensión de su problema y hacia la libertad. Aquí, en el intento de comprender las formas jurídicas en la Reforma, alcanza Schmitt descubrimientos que serán decisivos tanto para sus obras posteriores como para su teología. El Estado natural cuasi racionalista desde Maquiavelo aparece como una revuelta contra el *plein pouvoir* del soberano religioso, como un estado de excepción. Bajo el comentario de verificaciones desechadas, la palabra «dictadura» aparece una y otra vez en las distintas Constituciones y doctrinas del Estado, desde el concepto de ley desde Tomás de Aquino hasta Montesquieu y Kant. Ley es según Tomás de Aquino un «dictamen practicae rationis». Hobbes habla de «dictata rectae rationis». Para Locke, en el Estado se da «calm reason and conscience dictate». La Declaración de los Derechos Humanos de Massachusetts (1780) indica en el artículo II el concepto de «dictates of his own conscience». New Hampshire declara inalienable el derecho a honrar a Dios «acording to the dictates of his own conscience and reason», y todavía Kant habla de «dictamina rationis». Gobernar significa durante todo el período absolutista y jacobino, erigir o mantener una «dictadura de la razón» frente a la «incondita et confusa turba». El mismo dictador, ya sea caracterizado como comisariado o por derecho propio, aparece siempre como alguien que ha sido encomendado por una soberanía propia o ajena para la tarea de restablecer las condiciones legales después de un caos en el que había caído el Estado.

No se aprecia confusión alguna en este extenso libro de Schmitt y es suficientemente interesante explicar el por qué. Las reformas jurídicas de la Reforma deben ser asimiladas y de ello resulta como consecuencia que la Reforma da por supuesto a un absoluto soberano, al Papa, como ordenante; y lo que secretamente llamamos la Reforma no se puede juzgar en base al Derecho como una revuelta contra el soberano religioso. Se establece una oposición entre dictadura delegada y soberana, pero en la forma en la que la expone Schmitt es insostenible. Sólo deja reconocer el punto en el cual el autor pasa de lo irracional natural a lo teológico. El nombrado por el Papa como dictador de la Edad Media es el comisario de la acción: suspende los derechos existentes para restablecer los derechos quebrantados, el Estado. En la medida en que el restablecimiento, la reforma, en la Edad Media y también en tiempos posteriores nace de un órgano constituido por el Papa o por el príncipe, se puede señalar al comisariado como una dictadura racional. Una dictadura irracional se presentaría entonces cuando, según la definición de Schmitt, «alguien que no tiene un cargo constituido y solamente está a deo excitatus, rechaza el orden existente», de tal modo que es reconocible la disolución de toda forma social con el fin de una restauración superior. Al mismo tiempo se pregunta en qué sentido esa dictadura es irracional, si en el político o en el teológico, y, en pocas palabras, hasta qué punto puede haber realmente una política irracional.

El homo a deo excitatus al que apunta Schmitt es una figura muy conocida en los escritos de los monarcómanos protestantes. Mientras, Schmitt pone solamente un ejemplo para esa forma de soberanía individual que puede ser nombrada dentro del nuevo carácter estatal: Cromwell. «La revolución puritana fue el ejemplo más llamativo de la rotura de la continuidad de un orden estatal preestablecido». ¿Era entonces Cromwell un dictador soberano, procedente de la más absoluta libertad, o era un usurpador que, cuando se refería a Dios sabía que tenía detrás a los soldados y se sustentaba en ellos? A continuación se muestran aquí los indicativos de lo soberano que enumera Schmitt en *Teología política* (1922): «Soberano es aquel que tiene la atribución de abolir las leyes establecidas.» «Soberano es aquel que decide sobre el estado de excepción.» El estado de excepción se funda «en una suspensión completa del orden establecido». En su forma absoluta el estado de excepción entra en vigor «cuando se ha de lograr una situación en la que los preceptos de ley puedan ser válidos». Importante es también la frase de que lo soberano «no es un monopolio de opresión o dominio, sino de decisión». Hasta aquí las señales de su racionalidad. Sobre los fundamentos de la irracionalidad Schmitt indica que, como él dice, solamente interesa la excepción, el caso extremo. Porque en la excepción «se abre camino la fuerza de la verdadera vida a través de la corteza de una entumecida mecánica repetitiva». Expresado de otro modo se podría decir: existen formas de la Historia en las que la vida está tan mortalmente oprimida y amordazada que una solución legal no parece ya posible. El torrente vital vuelve entonces en todo su caudal a su origen y se gana su derecho a constituir leyes superiores. También en épocas de amenaza hay un modo y camino superior, una directriz eterna en la que la vida alcanza sus derechos contra los dictados legales y estatales. Es la situación histórica adecuada para que sobresalga el ungido o, para permanecer en lo político, del homo a deo excitatus. Un milagro tiene que suceder y el milagro volverá a ser creído.

Pero milagro y política, ¿cómo se conjugan? ¿Hay santos políticos, homines a deo excitati, que conducen acciones mercantiles y guerreras? ¿Puede, emergiendo claramente, lo irracional conducir la política de un país? ¿Es dentro del Estado realmente posible una dictadura soberana? Cromwell es sin duda un usurpador, aunque sólo fuese por el hecho de que actuó furiosamente contra la Iglesia. Sí, se acogió a motivos irracionales, viendo la fuente de su poder en Dios y no hizo depender del pueblo su soberanía, en el sentido de la democracia radical de su tiempo. Nunca dejó una duda de que ante Dios cualquier otra instancia terrenal se vuelve relativa o desaparece. Pero era el poder físico y no el milagro el que se encontraba a su lado mientras hablaba. Le favorecieron afortunados acuerdos comerciales y no visiones e inspiración de origen divino. En fin, es un hereje. Nunca será canonizado, no fue un soberano. Y así, se hace válida la afirmación de que Schmitt, en este libro, todavía cree en una soberanía fuera de la Iglesia, mientras que como católico romano hay que aferrarse a la frase de que dentro de la política sólo es posible fundamentar de manera irracional una dictadura comisariada. Es decir, cuando un poder irracional concede dicha misión a un instrumento que, con medios racionales, llevará a buen fin las más elevadas aspiraciones de dicho poder. El homo a deo excitatus, o el santo en el concepto político de la Reforma puritana alemana, es un rebelde que no cree en los príncipes de la paz, sino en el dios de la guerra y que legitima su misión política en el bienestar de la nación. El santo y los asuntos del Estado se excluyen mientras que no gobierne una fe universal. Lo irracional no puede nunca entrar en relación directa con el Estado. Ése es el sentido de la Iglesia como institución y de la dictadura comisariada. El dictador soberano solamente puede ser fundamentado dentro de la Iglesia.

[10]

El intento de una aplicación análoga de la antítesis para el comportamiento de dictadura soberana y comisariada fracasó, en tanto que Schmitt, al igual que en *La Dictadura*, creía en la exigencia suprarracional y extática de un individuo anticlerical y en una soberanía fundamentada individualmente. En *La Dictadura*, Schmitt aún está sujeto a los conceptos materiales irracionalistas *à la Sorel* que posteriormente atacará tan vigorosamente. Se revelan determinados instintos antimecanicistas que remiten al punto de partida moderno. Pero esto no evita la existencia de una oposición entre dictadura soberana y dictadura comisariada, aunque, por permanecer en lo concreto, sólo se pueda referir al comportamiento del comisario papal hacia su ordenante. E igualmente, de manera sorprendente, Schmitt intentó definir nuevos criterios de soberanía sin poder hacer plausible cómo sería posible la existencia de un representante ajeno a la Iglesia del homo a deo excitatus, o como fue el caso de Cromwell, en vehemente oposición a ella, sin que se produjese en la práctica una confusión de todos los conceptos morales y jurídicos.

En *Teología política,* aparecida un año después, se continúa indagando en el concepto de soberanía y dicho escrito transfiere, como ya indica el título, el concepto de soberanía hacia la teología. Este giro garantiza que la soberanía no es un «monopolio de opresión o dominio sino de decisión» y cierra todos los posibles malentendidos. Como características de la soberanía aparece ahora la ya mencionada competencia de abolir las leyes establecidas. Esa competencia sólo puede corresponder, según el sentido en el que se basa, a un poder espiritual ponderado políticamente que legitima algo que tiene superioridad sobre las leyes políticas. Cuando Schmitt señala la obra de Bodin, *Vraies remarques de souveraineté* (cap. X del «Primer libro de la República») como un logro y éxito que haya introducido a la decisión en el concepto de soberanía, uno se acuerda de que Bodin realmente sólo conocía una dictadura comisariada (que presuponía la soberanía del ordenante), pero ninguna dictadura soberana. Una dictadura soberana, entonces y también ahora, sólo puede ejercerse de facto por el Papa, al que le ha sido conferida por el Concilio; se puede discutir y se ha discutido durante largo tiempo si esa dictadura está conforme a Derecho o en qué sentido está conforme a derecho. Ése es el problema de las tentativas unionistas de la Iglesia. En *La Dictadura*, el personalismo de Schmitt peligra al igual que en De Maistre se volvió peligroso el concepto del «usurpador legítimo». Pero los poderosos conceptos y el agotador rendimiento científico de ese libro parecen mostrarle las cosas con una nueva y humilde luz. Ahora relaciona el problema de la soberanía con el de la reforma del Derecho y eso descarta una solución individual como la que el libro sobre la dictadura consideraba posible, a no ser que el individuo y lo superior coincidan en instancias ideológicas en erigir una dictadura soberana al margen de la Iglesia, lo que no se puede decir de Cromwell, Müntzer, Mazzini y otros intentos individuales.

El concepto de la personalidad gana una importancia mayor en la obra de Schmitt con cada nuevo escrito. Ya señalé cuánta relación tienen en este ideólogo el problema científico y el personal. El que constantemente pone en entredicho a su propia persona tiene que reflexionar sobre la identidad de sus manifestaciones. La dignidad y el valor de la persona no se pueden sostener de otro modo. Si esa convicción está relacionada con el absoluto y lo definitivo, entonces se encuentra la personalidad religiosa, la de la «vida eterna», la inmortalidad, la existencia elevada sobre la muerte y la casualidad. Definí dicha postura como escatológica y católica y quiero, por si acaso se busca desde aquí ulteriores correspondencias, remitir a un libro del español Miguel de Unamuno que no es muy conocido.[7] El comportamiento de la persona ante la realidad y ante el más allá, o según Schmitt ante el Estado y la forma jurídica, es aproximadamente el contenido de la «Teología política». Una dictadura no es concebible sin una personalidad determinante; tampoco lo es una representación de la dignidad y del valor. Al igual que no es posible ninguna forma, ni tan siquiera una realidad, sin una decisión, tampoco existe una decisión sin una persona que decida. Según Schmitt, la personalidad no se puede concebir desde una forma jurídica absoluta: «En el propio significado del sujeto estriba el problema de la forma jurídica».

En el capítulo II de *Teología política,* el autor se enfrenta al problema de la forma de la nueva filosofía alemana del Derecho. Un enérgico personalismo explicará la distancia que hay entre su sistema y el de nuestro tiempo, cuya fisionomía anónima e impersonal casi descarta una conciencia autónoma. Las enseñanzas de Kelsen, según las cuales el orden jurídico es el propio Estado, se corresponden tan poco a la visión teológica

7 *El sentimiento trágico de la vida* (París, 1917). Cap. IV, «La esencia del catolicismo».

de Schmitt como la de Krabbes, según la cual el Estado abstracto es en sí mismo soberano. «Los intereses jurídicos no son los intereses superiores», son superiores los de la persona metafísica. La «Crítica de la Filosofía del Derecho neokantiana» de Kaufmann (y sus abstracciones estériles) aparece como «la única manifestación de una nueva y espiritual intensidad». Kaufmann no practica esgrima de salón de la teórica del conocimiento, sino filosofía de la Historia. Sigue los hechos dados en vez de dejarse llevar por las abstracciones. Coloca al Estado y no al Derecho en el centro de su reflexión crítica. El neokantismo cautivo que huye de las definiciones no puede someter a la vida impetuosa. Kaufmann advierte del peligro de quebrantar al resto de irracionalidad que ha logrado escapar a una formulación racional. Pero irracionales son aquí de nuevo las fuerzas vitales comunes, no las razones de la razón. Así termina también la crítica de Kaufmann al problema de la forma superior, sin que quede claro dónde entonces ha sido acordada esa forma.

Schmitt tiene la ventaja, con respecto a sus predecesores, de su formación católica y de su temperamento ideológicamente apasionado. La comprensión objetiva, impersonal y abstracta de la forma (Kelsen, Krabbe, Preuss), que acomoda una anónima y formal autoridad al principio de las cosas, esa concepción, experimentan un vehemente rechazo. El Derecho reside allí donde se decide; y donde inapelablemente se decide, está el soberano. Y donde las decisiones del soberano prevalecen, se encuentra el estado de excepción. Éstas son definiciones claras y vivas que tienen en el lugar estilístico del autor no solamente un significado jurídico, sino también un significado general. Si la tarea específica del filósofo es la de elaborar tensiones dentro de la ciencia del pensamiento de su tiempo, entonces aquí gravita una crisis sobre los conceptos de gobierno que no debe de minusvalorarse, porque «todas las tendencias del desarrollo jurídico moderno del Estado van encaminadas a suprimir al soberano en ese sentido (teológico e ideológico)».

[11]

Pero todavía falta el elemento esencial de la reforma jurídica: su carácter universal. Lo que la doctrina jurídica de Schmitt sella para la teología política es la singular introducción y utilización de una analogía manejada por él de manera magistral entre norma política y teológica, entre la teología y la jurisprudencia. En sus indagaciones de las ideas históricas se obtiene como resultado un hecho extraordinario: que los proyectos jurídicos estatales de los legisladores siempre se corresponden con los proyectos metafísicos del pensador. Estas «leyes», esa analogía, gana en manos de Schmitt el valor de un método infalible allí donde sea posible deducir tanto el sentido de una doctrina política como también el de una noción metafísica superior a ella. La existencia de tal analogía ya la conocían Descartes y Leibniz. «Merito partitionis nostrae exemplum», así se expresaba el último, «a theologia ad jurisprudentiam transtulimus, quia mira est utriusque facultatis similitudo». En Schmitt la analogía conduce finalmente, después de haber servido en un principio solamente para el conocimiento histórico, para constatar que la teología es la forma superior de la jurisprudencia, siempre que sus preceptos estén fundados en la teología y emanen de ella. «Todos los conceptos significativos de la teoría moderna del Estado», se dice en el capítulo III de *Teología política*, «son conceptos teológicos secularizados. No solamente porque según su desarrollo histórico se transfirieron de la teología a la doctrina del Estado, mediante por ejemplo la transformación del Dios todopoderoso en un omnipotente otorgador de leyes, sino también en su estructura sistemática, cuya comprensión es necesaria para un punto de vista sociológico de dichos conceptos.»

¿Una visión sociológica de los conceptos jurídicos? ¿Qué es eso? Es el empeño por indagar en las formas históricas de los conceptos jurídicos hasta llegar a su origen y sacar conclusiones de ello que sirvan para una reforma absoluta. Es el intento de alcanzar el absoluto partiendo de la eficacia histórica y no de lo abstracto. En ese sentido, una sociología de los conceptos jurídicos implica una «ideología consecuente y radical». Sólo que la ideología es aplicada justamente de manera concreta y busca desarrollarse a través del material histórico partiendo de las formas y conformaciones históricas. El filósofo que practica dicha sociología obtiene sus resultados de una «abstracción radical, es decir, de una consecuencia llevada hasta la teología y la metafísica». La mencionada analogía es un instrumento de una consideración sociológica de tal tipo, en concreto, su instrumento más preciado. Con dicha sociología, el filósofo taladra los sistemas que va encontrando; con ella los erige y comprende. La pregunta sobre la realidad y la estructura de un sistema será finalmente sólo una pregunta sobre la teología consciente o inconsciente que gobierna el sistema. Sólo cuando el dios o el ídolo en el que se confía y se cree han sido encontrados, se considera un sistema o una época como entendidos. El lenguaje de Dios, la teología, es el concepto superior, no solamente de la jurisprudencia, sino también del arte, de la política, de la persona, sí, del número y del tiempo.

Junto a la antítesis entre razón e irracionalidad, la analogía teológico-jurídica es el principio estructural más visible en los escritos de Schmitt. Pero contemplándolo con exactitud ambos principios son uno y lo mismo. Porque la teología se comporta con respecto a la jurisprudencia –también así lo ve la partitio nostra de Leibniz–, como se comporta lo irracional en su sentido más estricto con respecto a la razón. También en este contexto, Schmitt enlaza nuevamente con los resultados de *Romanticismo político* de 1919. Allí había mencionado por primera vez la analogía y le había dado valor. *La Dictadura* fue un camino secundario, pero ya había aparecido antes del libro romántico. En *La Dictadura* no coincidía la antítesis con la analogía, lo que conducía a una confusión en los conceptos básicos. La unidad de la obra de Schmitt descansa en el hecho de iluminar las relaciones de la razón con respecto a lo suprarracional como su principio formal. Pero dichas relaciones son exactamente las relaciones de la jurisprudencia con respecto a la teología, y no como en *La Dictadura*: las relaciones de la jurisprudencia con respecto a la arbitrariedad de una usurpación.

No quiero dejar de aportar, brevemente, algunos ejemplos de dicha analogía. En *Romanticismo político,* Schmitt demuestra el por qué el romántico clásico no quiere comprender la realidad. Está incapacitado para ello porque sustituye la más elevada de las realidades, es decir, la de Dios, por dos pseudo-realidades, sociedad e Historia, a las cuales percibe como autoridad, sin que ellas lo sean. El romántico, el genio de su tiempo, cuya tarea debería ser entender su época y plasmarla, está completamente incapacitado para ser justo con dicha tarea. Está condenado a la impotencia, a la discusión eterna, a una retórica baldía. Busca su libertad en la conformidad escéptica o irónica, en el sofisma acomodado. Es incapaz de decidir ni de resolver el problema, porque el concepto más elevado, la realidad de Dios, ha sido destruido. Es por ello que Schmitt entiende por su parte el Romanticismo de una forma tan eminente, porque su situación política lo conduce hacia su estructura metafísica y teológica, allí donde los conflictos de ese movimiento se abren a una diversidad universal.

Otro ejemplo procedente de *La Dictadura*: La metafísica de Descartes enseñaba que Dios sólo tiene una *volonté générale* y que todo lo particular era ajeno a su espíritu. La legislación de Rousseau demanda algo análogo: que el individuo debe de renunciar a todos sus fueros en favor de la *volonté générale* como factor estatal omnipotente, para volver a obtener de la *volonté générale* sus derechos en forma de ley general. El mismo concepto de legislador está definido en Rousseau de tal modo que responde eficazmente a todo conflicto con razones ocasionales como las que aparecen en Malebranche en las filas de la metafísica citadas como *lois générales* de Dios en movimiento. Pero de las leyes naturales, tal y como las desarrollan Descartes, Malebranche y Leibniz, se han convertido para Holbach en «leyes del desarrollo económico» ante las que debe plegarse el Estado.

En el último escrito de Schmitt, *Catolicismo romano y forma política*, se encuentra la expresión definitiva; la que expone que, en tiempos mecanicistas, el ser más elevado sólo puede ser concebido fuera de las cosas como motor general, como montador e instalador de la máquina cósmica. Y en el mismo escrito repara en la importante consideración sobre la religión de una sociedad europea moderna, que es citada como una religión del ámbito privado y de la propiedad privada.

[12]

Una y otra vez, sorprende cuánto afecta y surge en Schmitt la típica cuestión del tomismo, aquel sistema medieval inclinado a la experiencia que defendía los dogmas irracionales mediante el intento de que la suprarracionalidad de estos dogmas no necesitaba ser antirracional o siquiera irracional, y de que todas las fuerzas de la ancilla philosophia remitían a señalar las vinculaciones entre suprarracionalidad y racionalidad, entre teología y Filosofía, entre lo sacro y lo profano. El problema de la razón también se encuentra plasmado en *Catolicismo romano y forma política*, plasmado de manera muy artística, logrando que la pregunta científica también desemboque estilísticamente en el misterio teológico. Ya el título muestra la oposición ya constatada arriba entre teología y política, sólo que ahora la oposición ha sido elevada a una esfera absoluta. En dicha esfera, la teología se transforma en un «catolicismo romano» y la política en una «forma política». Por decirlo de manera abreviada: es también la otra oposición de lo irracional y lo racional, con el añadido radical de que los dos miembros de la antítesis han sido ahora transferidos a la teología, al menos en la misma medida en que al «catolicismo romano» también se le confiere la fuerza y forma racional de la política. En otras palabras, la Iglesia romana protege la irracionalidad y logra en la expresión de las formas racionales la asimilación y nominación del estatus material.

Ratio significa en latín no solamente razón, sino también responsabilidad, explicación, medida, ley y método. Ratio, tomado en sentido general, es un comportamiento de una cosa o persona hacia otra, la explicación de la condición de un fenómeno e igualmente tiene dicha palabra el sentido de «fundación». La razón sólo percibe, en última instancia, aquello que le es anunciado y así podría decirse que la razón eclesiástica abarca, hacia arriba, hasta la revelación y, hacia abajo, hasta el Estado. Sea como fuese, la razón, siguiendo su esencia y para permanecer algo más en esta pedantería gramatical, presupone la representación plástica de una cosa y abarca, conforme a su naturaleza, argumentos de tipo no plástico, inmaterial, ideológico e irracional. Estos son los conceptos básicos bajo los cuales agrupa el latino Carl Schmitt sus escritos, de tal modo que, fiel a su antítesis, los deja indagar en el comportamiento de la razón con respecto a la representación, un tema escolástico que aparece aquí representado con un atuendo contemporáneo.

Que la consecuencia sociológica tenía que conducir hacia el catolicismo romano no puede suponer una sorpresa teniendo en cuenta los esfuerzos retrospectivos de ese método. Todos los conceptos del poder legislativo y de la metafísica que han destacado en el devenir histórico europeo de los últimos siglos y que han ganado influencia en la conformación de la sociedad, se remontan hasta la supremacía medieval de la Iglesia romana y, más allá, vienen a indicar que dicha Iglesia, como dice Schmitt «es en el más amplio sentido la portadora del espíritu jurídico y la verdadera heredera de la jurisprudencia romana». Su tarea específica consiste en fijar el comportamiento de su visión suprarracional del Estado, desde que los sucesores de Pedro se hicieron cargo de la dignidad del antiguo Pontifex maximus romano. No es que desde entonces no exista un Derecho romano fuera de la Iglesia, pero al igual que el Areópago griego representaba la máxima autoridad de culto y Derecho, así también lo representaba el antiguo Pontifex maximus romano y así lo representa el cristiano.

La razón es el puente desde el Dios concreto hasta el pueblo concreto y no, como en las llamadas obras racionalistas, el puente desde una filosofía abstracta y escéptica hasta una realidad demoníaca. La razón presupone la creencia en la realidad de Dios y una representación de esa creencia. El racionalismo de la Iglesia descansa, según Schmitt, «en lo institucional», en una «superioridad específicamente formal sobre la materia de la vida humana». La base de la argumentación católica es una «especial forma de pensar interesada en la dirección normativa de la vida social y con lógica jurídica específica», y esa particularidad formal del catolicismo romano «descansa en la severa ejecución del principio de la representación». El Papa no es el profeta supremo, sino el representante, el Vikar Christi: representa la ausente, extática e irracional persona de Cristo; representa la comunidad de los sagrados (ausentes en el éxtasis), el cuerpo de Cristo, la Iglesia. «En distinciones así», (no es profeta, sino representante), dice Schmitt, «descansa la fuerza creativa racional de la Iglesia». En la representación se encuentra su voluntad de responsabilidad, su forma publicitada, en oposición a todas aquellas religiones cuya convicción es un asunto privado.

En el catolicismo romano ve Schmitt garantizadas la

forma jurídica y política, sí la forma ideológica verdadera y con ello todas las categorías superiores de la civilización europea. Los nexos formales están claramente visibles en la manera de proceder. Pero en el contenido se aclara la postura que Schmitt atribuye a la Iglesia católica en su capacidad para la representación: «Representa la civitas humana; representa en todo momento la vinculación histórica con el momento histórico de la transformación en hombre y del sacrificio en la cruz de Cristo; representa al propio Cristo», con todos los atributos que le da el Credo, así se podría considerar, por lo que los atributos jurídicos adoptan un rango decisivo. Porque, según el Credo, Cristo sufre por culpa de Poncio Pilatos, es decir, la persona irracional sufre por culpa de la política, y según el Credo, Cristo viene para juzgar sobre los vivos y los muertos: la irrationalia y la rationalia, si se puede concebir, con Baco de Verulam, a los vivos como la teología y la los muertos como la Filosofía.

No es una casualidad que Schmitt defienda, frente a Sorel, la vívida escatología de algunos nuevos católicos (Veuillot, Bloy, Cortés, Robert Hughes Benson). También podría haberse ayudado sobre todo de las declaraciones de santidad y divinidad de los últimos siglos, en las cuales la vitalidad «mitológica» de la Iglesia, discutida por Sorel, y su juicio aparecen expresados canónicamente. La escatología está estrechamente ligada a la pregunta de la representación, en la forma en la que la desarrolla Schmitt. La representación escapa a la ambición de perdurabilidad y perentoriedad. Institucionalmente es el presente por encima de la muerte y en su culmen, la omnipresencia. Unamuno aclara en su filosofía de lo irracional la «soif d'immortalité» para la revelación cristiana y católica. «Quid ad aeternitatem? Voilá la question capitale. Spécifiquemente religieux dans le catholicisme c'est l'immortalisation et non la justification à la manière protestante». La representación institucional es la plasmación de la inmortalidad, de la perdurabilidad; le da al catolicismo romano un «pathos de autoridad» que Schmitt describe como su fuerza política, aquella dignidad y superioridad sobre el hecho político y social. Por eso puede ser en cualquier momento una fuente de nuevo Derecho, porque cada nueva constelación política sólo puede recibir del absoluto sus leyes y medida. La perdurabilidad, donde es representada, es lo que decide, porque (hablando con palabras de Unamuno) «qu'y a-t-il de plus utile, de plus souverainement utile, que d'avoir une âme destinée á ne jamais mourir?».[8] Y así, todas las formas representativas del catolicismo romano contienen un pathos de la decisión que Schmitt, en sus primeros escritos, describe como «dictadura soberana». Este mundo de lo representativo es el que le da a la Iglesia su fuerza para la gran forma triple: «para la forma estética de lo artístico, para la forma jurídica del Derecho y, finalmente, para el brillo glorioso de una forma de poder de la historia universal».

Pero todos aquellos impulsos que activan el «afecto antirromano» se desvelan en su consecuencia como adversarios de la forma, como contrarios tanto a la responsabilidad política como a la figura artística. Independientemente de las razones con las que intentan siempre discutir y manipular la razón de la Iglesia, o

---

8 Extractos de *El sentimiento trágico de la vida* (París, 1917): «Quid ad aeternitatem? He aquí la cuestión fundamental... Porque lo específicamente religioso del católicismo es la inmortalización y no la jusitifcación al modo protestante... qué hay más útil, más supremamente útil, que tener un alma destinada a no morir nunca?». *(N. del E.)*

derogar la «elevada trinidad»; están en contra de la dignidad metafísica, contra el heroísmo de los hombres. Conducen hacia la arbitrariedad, o hacia una mística incontrolada, hacia el mantenimiento de una conciencia privada o hacia la negación de la autoridad. Los enemigos quieren ver, con Rudolf Sohm, en la jurisprudencia de la Iglesia su pecado, o percibir, con Dostoyevski, un estremecimiento índico ante el poder y la ley; quieren desafiar, con los masones, a la institución sobrenatural como inhumana, o abolir, con Bakunin y Marx, la mismísima ideología. Todos estos adversarios coinciden en su repulsa a la forma y fuerza racional del absoluto. Pero ésta, según Schmitt, demuestra precisamente su humanidad en que sólo puede hacer visibles los valores suprarracionales y llevarlos a ser vigentes en la materialización, en la autorepresentación. Todos estos adversarios le hacen el juego al moderno Estado práctico, enemigo de la forma y de la norma, con cualesquiera sofismas utilicen y con cualquier alianza fatal que busquen. Esta es por contra la gran importancia de la Iglesia, que también invita a la representación a aquellos a los que se dirige, ya sea al individuo uno a uno, o la formada totalidad de los individuos: al Estado.

Con ello hemos vuelto al punto de partida: en la oposición del ideólogo al consumo moderno mecanicista. Ni el Estado industrial capitalista de hoy día ni el socialista del mañana conocen ni reconocen forma ni representación; ni siquiera tienen la fuerza para un lenguaje propio. Están construidos sobre necesidades que son iguales a la nada. Su destino fatal es un desarrollo de procesos económicos regidos y regulados por sí mismos. Pero no es posible una relación personal, política, ideológica o racional con un autómata. Mientras que ese Estado se mantenga con increíble empeño en lo antirracional, no le puede interesar una transmisión de valores suprarracionales. Pero la Iglesia puede esperar. «Sub specie de su supervivencia sobre todo lo vivo, será el complexio de todo lo que sobreviva».

Correspondencia Hugo Ball / Carl Schmitt *

* Reproducimos esta correspondencia y comentarios siguiendo las ediciones realizadas en Bernd Wacker (ed.), *Dionysius DADA Areopagita. Hugo Ball und die Kritik der Moderne*, Paderborn, Múnich, 1996; y Hugo Ball, *Briefe 1904-1927 (Samtliche Werke und Briefe, 10)*, [Gerhard Schaub und Ernst Teubner, eds.], vol. 3, Wallstein, 2003.

Carta de Carl Schmitt a Hugo Ball

Bonn, 1 de agosto de 1924.
Avenida Endenicher 20.

Muy estimado señor Ball

¿Le puedo pedir que me escriba usted antes de que me vaya de vacaciones y me indique si puedo visitarlo en los próximos meses o si existe la posibilidad de que nos veamos? Mi dirección para las dos próximas semanas es Haus Tanneck, Oberstdorf (Allgäu).

Sinceramente suyo
Carl Schmitt

Hugo Ball a Carl Schmitt

(Se desconoce el paradero de la respuesta de Ball, a la que se alude más adelante, a la carta de Schmitt con fecha 1 de agosto de 1924)

Carl Schmitt a Hugo Ball

[Mediados de agosto]
Hotel Continental, Múnich

Muy estimado señor Ball

Su carta me fue reenviada de Oberstdorf a Múnich. Quiero partir de aquí para Lugano el día 18 de agosto. ¿Quisiera usted ser tan amable y ayudarme a encontrar dos habitaciones individuales para mí y una dama algo enferma que me acompaña?[1] De momento no sé cuando llegaré, si será aún el lunes por la noche o si no llegaré hasta el martes; quizá pueda telegrafiarle. No conozco el país y tampoco tengo ninguna idea de a la distancia que se encuentra Agnuzzo de L. Tampoco si me quedaré precisamente en Lugano. Quiere usted por favor enviarme noticia al apartado de correos de Lugano que indican las señas y si escribe a Múnich por favor a la dirección Pensión Bristol, calle Schwanhalerstr., 51. Sólo lo necesito para no encontrarme sin lugar para pernoctar en caso de que llegue de noche a L.

Gracias de todo corazón y saludos cordiales.

Suyo

Carl Schmitt

Carl Schmitt a Hugo Ball

Monte Bré, 6. 9. 1924

Muy estimado y querido señor Ball

1 Se refiere a Duschka Todorovic, futura esposa de Schmitt.

Espero que no haya caído usted enfermo. Y en cualquier caso quiero proponerle algo: ¿podría ser, en caso de que les sea posible a ustedes, que nos viésemos los cinco[2] mañana domingo por la mañana en Biatti? Yo estaré en cualquier caso allí a las 12. Es más ¿no podríamos una hora antes montar los cinco en un bote? En ese caso les espero a las 9 en Cassarate, donde hay algunos botes, y a las 10 vuelvo de nuevo allí con el bote, al embarcadero.

Quizá podamos coincidir. Me alegraría mucho. De todo corazón, suyo

Carl Schmitt.

Hugo Ball a Carl Schmitt [Tarjeta]

(La tarjeta con la respuesta de Ball que menciona Schmitt en su carta posterior es desconocida.)

Carl Schmitt a Hugo Ball

Bonn, 28 de septiembre de 1924
Avenida Endenicher 20

Querido señor Ball

Me he alegrado mucho al recibir su carta y le envío los mejores deseos para su estancia en Roma. Estoy feliz de poder tener ahora su dirección porque hacía tiempo que quería escribirle para darle las gracias; en primer lugar, por acogerme tan amistosamente en Lugano, y en segundo lugar para comunicarle algunas cosas.

2 Incluyendo a la mujer de Ball y la hija de ésta, Annemarie.

A principios de octubre, como muy tarde entre el 4 y el 20, estará en Roma un amigo mío, el profesor Neuss. Tiene el vivo deseo de conocerle después de que el año pasado leyera su *Byzantinisches Christentum*.[3] Su especialidad es la Historia de la Iglesia y la Historia del Arte eclesiástico y se ha hecho un nombre en la escena internacional gracias a los descubrimientos de las ilustraciones de miniaturas de biblias españolas del siglo X (extraordinarias miniaturas y dibujos del Apocalipsis). Su dirección en Roma es Camposanto Teutonico, Via Sacristia 17, (directamente en el Vaticano).

Después tengo intención de preguntarle al abad de Maria Laach, que hace tiempo que me ha invitado, si podría usted vivir y trabajar allí algunos meses. Los benedictinos son muy hospitalarios. Su mujer no podría vivir en el monasterio pero podría encontrar sin problemas un lugar en las cercanías. Aún confío en lograr que pueda usted venir a Bonn para un semestre. Quizá pueda usted preguntarle al profesor Neuss (por encargo mío) si no les puede proporcionar una invitación a Monte Cassino.[4]

Y por fin lo más difícil: una buena y vieja conocida, esposa de un amigo que me es muy cercano, la señora de Schnitzler, de Frankfurt, a la que visité en mi viaje de vuelta a casa, quiere enviarle regularmente una cantidad de dinero por puro y sincero agradecimiento hacia su libro sobre los santos bizantinos. Conozco su entusiasmo por el libro desde hace tiempo; se trata de una mujer distinguida y muy inclinada al entusiasmo, muy

3 *Byzantinisches Christentum* [Cristianismo Bizantino]. Compuesto por tres partes que relatan la vida de tres santos: San Juan Clímaco, Dionisio Areopagita y Simeón el Estilita. Primera edición en editorial Duncker und Humblot (1923).

4 Se refiere al monasterio benedictino situado en dicho lugar de Italia.

del tipo de la Alemania occidental (una Malinckrodt de nacimiento) y puedo responder por ella. Sólo necesita escribirme diciendo que sí o que no. Ella me dijo, recalcándolo expresamente, que era una obligación absoluta por su parte. Su marido forma parte de la directiva de la mayor fábrica de pinturas, no es un político y, como ya le dije, es mi amigo desde hace tiempo. La situación está planteada de tal modo que le debo hablar con franqueza. Los libros que me prestó en Lugano tan amablemente por desgracia aún no le han sido devueltos. Voy a escribir inmediatamente a la señorita Todorovic para que se lo envíe todo a Roma.

Los saludos de su mujer me han alegrado especialmente y se los devuelvo con todo mi corazón. ¿Está Annemarie con ustedes? También a ella mis mejores saludos.

Querido señor Ball, quedo a sus pies

Carl Schmitt

Hugo Ball a Carl Schmitt [Borrador de carta]

Roma, Piazza Pollarola 19
4 de octubre de 1924

Querido señor Profesor

grazie e benedizione di Dio, así dicen en este país los numerosos Lázaros que despliegan su cama por las noches en los nichos de las iglesias. Es un saludo de ángeles que lo aborda a uno en todos sitios.

Su cariñosa carta nos la entregó el amable señor portero cuando precisamente nos mudamos a nuestra nueva casa. Es muy distinta a nuestra casa con jardín en

Agnuzzo. Aquí no hay verde y el sol tiene que salir de las esquinas si quiere acercarse a nosotros. Pero la iglesia de Filippo Neri está cerca y también la de Ignatius y todas las cosas importantes sólo están a unos pasos de distancia. Su amable carta fue el primer saludo amistoso que nos esperaba. Fue muy agradable después de algunos años yermos. Se ha preocupado usted tanto por nosotros que parece que hubiese venido usted en persona a Roma.

Y al día siguiente llegó el documento impreso, junto a la carta del respetable padre Beda, que me ha dejado poco satisfecho. El contraste entre las vírgenes a las que se refiere su libro y el «erudito señor Ball» no se sostiene, confírmeselo por favor al señor Padre. Me alegraría mucho recibir su libro y leerlo con sumo interés.[5] Precisamente para ese tema no puede encontrar un público más ávido que yo mismo.

Le doy las gracias por la dirección del señor profesor Neuss y su recomendación. Me alegrará conocerlo y le preguntaré algún consejo sobre Annemarie. Ella está aquí con nosotros y nos gustaría encontrale acomodo en alguna agradable y estricta escuela de arte eclesiástico.

Yo mismo, mi querido señor Profesor, quiero permanecer de momento en mi Piazza Pollarola. Monte Casino sería muy bonito pero me parece que está situado a demasiada altura, hay que hacer antes mucho esfuerzo. Por lo pronto voy a situarme en el suelo en Roma. Y lo mismo ocurre con Maria Laach. A Bonn si me gustaría ir algún día, quizá pueda ser de algún modo en el transcurso del próximo invierno.

5 Se refiere al libro del padre Beda Ludwig, benedictino del monasterio de San Bonifacio, en Múnich, titulado *Tugendschule Gemma Galganis, Dinerin Gottes uns Stigmatisierte Jungfrau von Lucca* y que trata sobre la vida de Gemma Galganis, joven mística de Lucca declarada santa.

Y ahora la parte más difícil de la carta. Con gusto aceptaré su bondadosa intercesión, y le doy las gracias, también en nombre de mi mujer. Me será, en esas condiciones que usted nombra, un verdadero y franco placer sentirme obligado.

¿Los libros que se quedaron en casa de la señorita Todorovic? Sólo me acuerdo de Borgese.[6] ¿Pero no le gustaría acogerlo como un pequeño recuerdo de Agnuzzo? Quizá le sirva de alguna manera. Sentimos mucho no haber podido decirle *Adieu* a la señorita Todorovic. Pero saludamos desde el tren hacia la mañana y esperamos que el monte Bré siga mostrándose agradable.

Hasta la vista, querido señor Profesor. Mañana quiero comenzar a trabajar en serio. Entonces oirá más cosas de mí.

Saludos cordiales.

Suyo.

Carl Schmitt a Hugo Ball

Bonn, 12 de octubre de 1924

Querido señor Ball,

Muchas gracias por su amable carta. Me alegro mucho de que hayan encontrado una vivienda y espero que les vaya bien a usted, a su mujer y a Annemarie. Del profesor Neuss he recibido hoy una postal en la que me comunica que no se llegaron a encontrar. La postal, por cierto,

6 Posiblemente se refiera al libro de Giuseppe Antonio Borgese: *Italia e Germania. Il germanesimo, l´imperatore, la guerra e Italia*, que también Ball menciona en su dietario *La huida del tiempo*.

también estaba firmada por Ehrhard,[7] a quien merece la pena conocer.

La carta que le adjunto de Blei[8] se la remito siguiendo sus deseos. De la segunda edición de su primer libro debe de haber sabido por Scheler porque yo nunca he hablado o me he escrito con él sobre ello. Scheler, titular de una cátedra sobre «conceptos católicos del mundo» ha declarado ahora, en el día de los sociólogos en Heidelberg, a la Iglesia como una «institución de masas sagrada» de la cual no se puede esperar nada más, mientras que la verdadera santidad vendría de las enseñanzas gnósticas de Asia. ¿En qué se basa eso?

Mis sospechas se han confirmado: la gran carta de Beethoven a Bettina Armin es una fantástica falsificación de Bettina,[9] que ha publicado numerosas de esas «novelas epistolares». Las dos cartas breves de Beethoven parecen ser auténticas aunque también contienen numerosas falsificaciones, por ejemplo, la expresión convencional «querida Bettina» se ha transformado en «muy queridísima Bettine». Todo el asunto es un buen ejemplo del ocasionalismo romántico. Yo lo sospeché desde el principio. Es una lástima por la figura de Beethoven, que haya sido mostrado durante todo un siglo con una falsa luz romántica.

Le envío al mismo tiempo algunas cosas impresas.

---

7 Albert Ehrhardt, profesor de Historia de la Iglesia en Bonn entre los años 1920 y 1927.

8 Franz Blei, escritor y editor de la revista *Summa*. La carta adjunta se encuentra publicada en sus «Cartas a Carl Schmitt». En dicha carta puede leerse lo siguiente: «...estoy muy expectante a la nueva edición del libro de Ball que publicó durante la guerra [*Kritik der deutschen Intelligenz/Crítica de la Inteligencia alemana*]. La primera edición era algo confusa».

9 Se refiere a tres cartas de Beethoven escritas entre 1810 y 1812 y publicadas por primera vez en 1839. La primera de las cartas se considera hoy auténtica, no así las otras dos. Schmitt era un enorme melómano.

La señora v. Schnitzler tiene ahora su dirección.

Saludos entrañables, querido señor Ball, también para su mujer y para Annemarie. Siempre suyo

Carl Schmitt

Hugo Ball a Carl Schmitt

Roma, 21. 10. 1924

Ball comunica que el profesor Neuss se marcha mañana. En él habría encontrado en estas dos semanas de su estancia un «amable consejero» con el que compartir también sus excursiones en la Roma terrenal y celestial y en Ostia. Pero con mayor agrado recuerda sobre todo la silenciosa misa de conmemoración para Clemens Bäumker[10] *celebrada por Neuss en la basílica de San Clemente, que le habría traído una pequeña «bendición extra».*

En camposanto Ball ya habría sido muy conocido y se habría entretenido entre otros con los señores Krebs y Göller de Friburgo[11] *sobre Dionisio Areopagita. También se había encontrado allí con Ehrhard, que pasa el invierno en Roma, y espera encontrarse con él más a menudo. La biblioteca alemana de la casa podía visitarla si lo deseaba pero por desgracia no había gran surtido de literatura hagiográfica, aparte de los manuscritos.*

Ball le da las gracias a Schmitt por su carta del 12 de octubre con los artículos impresos adjuntos. La invitación

10 Clemens Bäumker (1853-1924), historiador de la Filosofía católico e investigador de la escolástica cuyo trabajo *La Filosofía cristiana del medievo* había leído Ball en 1919.

11 Engelbert Krebs, profesor de Dogmatismo en Friburgo. Emil Göller, historiador del Derecho y de la Iglesia en Friburgo.

de Franz Blei para trabajar juntos en la nueva revista semanal le gustaría aceptarla pero teme sólo poder aportar algún soneto de vez en cuando. El periódico Kölnische Volkszeitung *parece tomarselo en serio con él, pero ¿qué habría de pasar cuando aparezca publicado su libro «Las consecuencias de la Reforma»? Entonces, teme Ball, se produciría un «terrible batacazo».*

El artículo enviado por Schmitt sobre el episcopado ya lo conoce, pero el libro de Kurt Singer, Staats und Wirtschaft,[12] *le era desconocido e invita a una lectura a conciencia.*

Carl Schmitt a Hugo Ball [Tarjeta postal]

Querido señor Ball, desde hace semanas estoy enterrado en trabajo y no puedo escribir ninguna carta cuando quiero. El profesor Neuss me contó muchas cosas de usted para gran alegría mía. ¿Cómo le va en Roma? Por favor envíeme alguna noticia. Sus *Consecuencias de la Reforma* las vi ayer por primera vez en la librería; espero que D&H me envíe un ejemplar. En cualquier caso se lo daré a dos católicos inteligentes de mi seminario político (son amigos cercanos de Guardini) y les informaré. Su Soneto en *Hochland*[13] es maravilloso. Tengo delante mi artículo al respecto y no se lo envío porque sospecho que ya ha recibido la revista y además hay un prólogo y recibirá usted en breves meses el nuevo libro.[14] Por desgracia, Muth[15] ha suprimido la palabra prólogo, aunque

12 Kurt Singer, *Staat und Wirtschaft seit dem Waffenstillstand* [Estado e Industria desde el armisticio], Jena, 1924.

13 Revista católica en la que Ball publicó también su artículo «Teología política de Carl Schmitt», que se ofrece en esta edición.

14 Carl Schmitt: *Politische Romantik,* Múnich-Leipzig, 1925.

15 Véase más adelante la nota 35 de este apartado.

con la confusión de las categorías que ha traído como consecuencia el Romanticismo, hoy en día nadie percibe la diferencia entre el prólogo y el artículo. He encargado los nuevos poemas de su mujer. Saludos entrañables a usted, su mujer y Marianne, de su Carl Schmitt.

16.11.24

Hugo Ball a Carl Schmitt

Roma, Piazza Pollarola 19.
19 de noviembre de 1924

Querido señor Profesor

Tenía intención de escribirle cuando ha llegado su carta. El profesor Neuss ha llegado entonces sin novedad a Bonn. Todavía puedo ver a menudo su agradable sonrisa ante mí.

Leí en estos días su prólogo en *Hochland* y me acordé vivamente de la noche en Sorengo; todavía me acordaba palabra tras palabra. Algunas aclaraciones y precisiones que ha efectuado exigen la energía del Todo.

Mi soneto fue lamentablemente reproducido con un lapsus (no me enviaron ninguna galerada). En la penúltima frase le ruego lea «delante» en vez de «en» el sol. También el orden de los dos tercetos ha sido cambiado. Me resulta interesante porque el manuscrito era correcto y estaba perfecto, pero parece que ya no se guardan las buenas costumbres.

En el artículo que lo sigue, obra de Kurt Singer, encuentro en él una curiosa reencarnación de nuestro G. E. Lessing. A pesar de todas las preguntas de valor no podía dejar de pensar en la dramaturgia de Hamburgo.

Lo que entonces pareció ser una ventaja de la joven literatura teutónica podría ser hoy la ventaja de una joven república teutónica. Pero el resultado es el mismo. Entonces se conjuraba a Diderot y a Voltaire como hoy se apela a Keynes y Dubois. Mientras que un idealista habla de la dignidad y el mensaje de la Madre Patria, los prácticos, que conocen mejor el asunto, prefieren en los asuntos importantes el consejo de los extranjeros. Me alegro ya por el nuevo ejemplar de su *Romanticismo político*. [*Ball confía poder dar próximamente algunos de los escritos de Schmitt a amigos italianos en Roma. Mañana se encontraría con Ernesto Buonaiuti, un profesor de Teología romano cuyos libros sobre la gnosis, milenarismo y similares cuestionaría preguntas importantes del Cristianismo antiguo. Sobre todo el «Saggi sul Christianesimo primitivo» de 1923 de Buonaiuti no parece carecer de importancia.*][16]

También mi mujer trabaja con empeño [...]. Sólo yo no me he decidido todavía. He tenido que desistir del plan original con el que llegué aquí. Pero no faltan proyectos, de los que le contaré algo en próximas fechas.

[Aún no tendría ninguna noticia de la señora Schnitzler de Frankfurt, continua Ball. Debido a la poca fiabilidad del servicio postal italiano no se podría asegurar que la carta no se haya perdido.

Ball le pide que salude al profesor Neuss al que le hubiera enviado gustosamente Las consecuencias de la Reforma. *Pero ni a él mismo le queda ya mucho de ese libro. Un ejemplar para Schmitt estaría en camino. El juicio de la «Juventud-Guardini» le interesaría.]*

16 Ernesto Buonaiuti (1881-1946), profesor de Historia de la Iglesia en la Universidad de Roma (Sapientia), excomulgado por Roma en 1926.

Carl Schmitt a Hugo Ball

Bonn, 7 de diciembre de 1924

Querido señor Ball

Su amable carta del 19 de noviembre la contesto con un estado de ánimo y condición poco adecuados, algo que es muy injusto, pero mi disculpa, que espero que la acepte con amabilidad, radica en que tengo que contestarle forzosamente en estas condiciones porque debo darle una respuesta a la revisión de su libro. Le doy muchas gracias por su carta y espero que en Roma les vaya aceptablemente. Lamentablemente no he vuelto a saber nada de la señora v. S.,[17] pero no me ha sido posible establecer el verdadero motivo de su silencio. El asunto es de tal modo, como decía León Bloy, que cuando se habla de dinero siempre hay un malévolo e invisible tercero metido en el negocio y cuando se escribe sobre estas cosas entonces no hay esperanza alguna. Entretanto he recibido *Las consecuencias de la Reforma* y llevo una semana hablando con muchos lectores sobre ello. Algunos jóvenes católicos están entusiasmados. Los señores eruditos, como Neuss y el profesor Peterson[18] (un teólogo protestante de carácter simpático), se maravillan de algunos detalles y se enfadan por la poco minuciosa documentación, sobre todo porque en Lutero no aparecen referencias a Denifle.[19] Un joven ruso, el Dr.

17 Lily von Schnitzler, a la que ya hace referencia en carta anterior.

18 Erik Peterson (1890-1960) se convertiría posteriormente al catolicismo y sería uno de los motivadores de la *Teología política II* que Schmitt publicaría en 1969.

19 Heinrich Suso Denifle (1861-1905) abordó a Lutero en *Luther und Luthertum in ihrer ersten Entwicklungen* (2 tomos, Mainz, 1904-09).

Gurian[20] escribe detalladamente sobre ello; le envío el artículo. Usted sabe lo que yo pienso de la obra. Pero algo tan espléndidamente acertado como el extracto de las páginas 129-130[21] rara vez lo he podido leer en el idioma alemán. Me ha irritado un poco que se encuentre escondida en una nota a pie de la última página una comunicación tan importante, la más importante quizá, como es su observación sobre Bakunin.[22] Es posible que el libro provoque muchas discusiones públicas, entonces habría alcanzado su objetivo y encontrado una justificación. Eventus judicabit.

La charla de von Holl en la D Lit Ztg[23] es una desa-

20 Con Dr. tanto en este como en todas las ocasiones se refiere a título universitario y no a profesión médica.

21 Se refiere al siguiente extracto: «El concepto de alemán no se encuentra definido ni siquiera entre los alemanes. Dirigentes extraordinarios se han esforzado en vano en definir lo que realmente significa el concepto de alemán. Todos se contradicen. Fichte fue quien más cercano estuvo a resolver el problema. Para él, ser alemán significa ser original. Y ya que era luterano, tal definición significa que la originalidad descansa en la ruptura con la tradición, en comenzar constantemente de nuevo y desde el principio, en negar el canon en lugar de revisarlo, en luchar contra el pensamiento en cuanto este aparezca. Ser alemán significa enfrentarse a los hombres; ser alemán significa confundir todos los conceptos, desmontarlos y someterlos para conservar la «libertad». Ser alemán significa erigir torres babilónicas en las que la sinrazón de diez mil lenguas aspira a encontrar novedades; ser alemán significa concebir renitentes sistemas llenos de sofística por el simple temor a la verdad y a la bondad.» *(Pág. 170 de esta edición.)*

22 Se refiere a una nota a pie de página al respecto de la afirmación sobre Bismarck, que se habría ganado, gracias a su lucha contra la Iglesia católica, la simpatía de los rebeldes racionalistas, que deberían haber sido sus mayores enemigos políticos: «De ahí las simpatías del decidido enemigo del Estado Bakunin, un factor que aquí admito con agrado que me sirvió para ilustrarme sobre el racionalismo y el bakunismo ya que, en aquel entonces, cuando conocí estos hechos, todavía era amigo de la filosofía de Bakunin, aunque no hasta el grado de que le hubiese cogido gusto a un *Kulturkampf* prusiano.» *(Pág. 183 de esta edición.)*

23 Se refiere a la recensión de *Byzantinisches Christentum* que realizó el teólogo protestante en la revista *Deutsche Literaturzeitung* (número 32, páginas 219 y ss., 1924).

gradable pataleta infantil; como me dijo un protestante inteligente, Holl ha aprovechado esta oportunidad para aprender algo pero por desgracia lo desaprovecha y riñe como un sabelotodo.

La mejor biblioteca hagiográfica de la Tierra parece estar en Beuron[24] y es accesible.

Por favor, déme pronto noticias de cómo le va, querido señor Ball. Con saludos entrañables.

Suyo

Carl Schmitt

Muy venerada señora Ball, a su bonita carta no puedo contestar de la manera que me gustaría, pero le puedo decir que me he alegrado mucho por la misma y espero encontrar alguna vez una hora para poder contestarle a usted. Le envío mis mejores deseos, también para Annemarie y quedo a su disposición

Su Carl Schmitt

Hugo Ball a Carl Schmitt

Roma, Piazza Pollarola 19
enero 1925

Querido señor Profesor,

¿A dónde se va el tiempo? Para mi horror veo que recibí su última carta a principios de diciembre y aún no le he enviado ni unas breves palabras de agradecimiento.

24 Se refiere a la abadía benedictina de San Martin en Beuron, refundada en 1863 y que sirvió de punto de arranque de la renovación litúrgico monástica de Alemania.

Entretanto también he recibido los trabajos impresos, por los cuales me he alegrado mucho. Por favor no esté molesto conmigo por el descuido. Por el cambio de año tuve que ordenar algunas cosas y estoy de nuevo en medio del trabajo. Sí, ¿cómo podría decirlo? Conocí al Prof. De Sanctis (de la facultad de medicina Regia Università) y estudio ahora en su laboratorio Psiquiatría y Análisis. Se corresponde esto a un deseo que tengo desde hace tiempo y cuyos intereses están en relación con la demonología. No debe usted sorprenderse. Las relaciones no son de ahora. Lo que me interesa es el exorcismo antiguo y tengo la sensación de que la demonología puede estar bien. Las teorías de terapeutas modernos habría que llevarlas de nuevo al lugar donde solamente pueden ser entendidas, es decir, a la Iglesia. Actualmente estoy ocupado en analizar la nueva psicología en su relatividad teológica y al mismo tiempo interpretar de manera concreta el exorcismo paleocristiano y gnóstico. Lo que me tiene ocupado quizá lo explique de manera más clara próximamente en un artículo para *Hochland*.[25] Es estupendo que el profesor Muth se encuentre actualmente en Roma. En estos días hemos estado juntos muchas veces, en familia (su hija con su esposo también han venido).

Mi dirección, querido señor Profesor, sigue siendo la misma. Intentamos salir de nuestros camarotes alumbrados, pero después de algunos inútiles esfuerzos lo hemos vuelto a desechar. Exigen unos importes en garantía en sumas tan altas que uno podría marearse. Ahora mismo no sé cómo será en el futuro: si viajamos el día 1 de vuelta a Agnuzzo o si nos quedamos hasta el fin del semestre

25 Ball no llevó nunca a término dichas ideas. Pretendía publicar un libro sobre el tema y titularlo «Die Therapie der Kirche/ La terapia de la Iglesia», pero nunca llegó a hacerlo.

escolar (finales de mayo). Dependerá del éxito de una carta en la cual próximamente le comunicaré mi situación al Dr. Feuchtwanger. Le quiero pedir que me consiga una subvención de alguno de sus accionistas, que eventualmente espero lograr empeñando los honorarios de mi contrato. Debo de luchar con dificultades casi insalvables por la sencilla razón de que no me puedo permitir comprar algún que otro libro y mis fuerzas se agotan con el trabajo extra en los interminables pasillos de la biblioteca. Pero en última instancia es una circunstancia de la cual nuestro buen Dios sabe mejor que nadie si me va a ser de alguna utilidad o no.

Sus noticias sobre *Las consecuencias de la Reforma* me alegran sobremanera. Percibo su simpatía y eso es suficiente recompensa. Hay autores a los que le viene bien una reprimenda y que quizá se la busquen ellos solos. Considere usted que eso también me sucede a mí. Yo también sé que había suficientes oportunidades de citar a Denifle. Pero, sabe usted, que el propio Denifle, en una ocasión en una audiencia del Papa, cuando el Santo Padre le ofreció el apoyo de la Iglesia, dijo: «Eso son cosas», opinó Denifle, «en las cuales Su Santidad debe permanecer completamente al margen». Quizá pensó que podría arreglárselas él solo con sus enemigos. Él no los sobreestimaba. Y mire usted esos Jülicher, Holl, Seeberg[26] y como se llame el resto: esos no son enemigos.

Al señor Gurian[27] le doy las gracias por su amable interés. ¿Se encuentra usted a veces con él o pertenece a su

26 Todos estos teólogos protestantes se expresaron en términos negativos sobre el *Byzantinisches Christentum* de Ball.

27 Waldemar Gurian (1902-1954), politólogo de origen ruso, estudioso de los totalitarismos y del catolicismo político. En esta época está bajo la influencia de lo que después llamaría «la leyenda de Carl Schmitt».

seminario? ¿Le puedo pedir en ese caso que le transmita un saludo de mi parte? Recientemente escuché de parte del profesor Muth que también estuvo aquí el director del periódico *Volkszeitung* con un grupo de peregrinos de Colonia y que se quiere hacer un anuncio del libro allí y que está al tanto de la delicadeza del asunto.

De los extractos que me envía tan amistosamente me interesa sobre todo lo que el profesor Holzhausen (¿es correcto el nombre? No tengo el extracto a mano?) dijo sobre Katharina Emmerich.[28] Así que ella fue una «esquizofrénica». El artículo me resultó una confirmación; me reforzó en el convencimiento de que estoy en el camino correcto con mis estudios. Lástima que el señor Prof. H no haya sido contemporáneo de la biografía de Maria de Agreda.[29] Seguro que entonces se hubiese salido de sus casillas.

Que le vaya a usted bien, querido amigo. Seguro que trabaja usted en silencio mientras yo escribo coloridas epístolas. La señorita Todorovic envió saludos y del señor profesor Neuss he recibido unas líneas tan inesperadas que me conmovieron mucho.

Suyo, de corazón.

Hugo Ball

Carl Schmitt a Hugo Ball

(La carta de Schmitt de enero de 1924 a la que se refiere Ball en su respuesta del día 27 es desconocida.)

---

28 Anna Katharina Emmerick (1774-1824), monja estigmatizada y visionaria del convento de los Agustinos en Dülmen (Westfalia), figura que interesó a Ball en relación a sus investigaciones sobre la demonología.

29 María de Agreda (1602-1665), monja española y mística. Ball se refiere al trabajo aparecido en 1670, «Mística Ciudad de Dios».

HUGO BALL A CARL SCHMITT

Roma, Piazza Pollarola 19
27 de enero de 1925

Querido señor Profesor

Perdone usted mis tardías respuestas debido a las nuevas relaciones en las que me encuentro actualmente en Roma. En realidad es la primera vez que puedo vivir sin impedimentos y como a mí me gusta, dedicado a mis estudios, y lo estoy aprovechando realmente. Por la mañana estoy diariamente por lo menos tres horas en el laboratorio del señor De Sanctis y considero una gran suerte ser alumno precisamente de este experto en un asunto tan importante.

Por la tarde, cuando el tiempo es bueno, visito con mi mujer esta o la otra iglesia, siempre una distinta, y eso lo dejamos por completo a la casualidad. Hace poco encontré en S. Andrea delle Fratte –es la iglesia en la que se convirtió Alfonso de Ratisbona–, bueno, allí encontré una placa conmemorativa dedicada a su amigo Veuillot,[30] y me acordé mucho de usted. Angelica Kaufmann[31] ha encontrado un lugar en la misma iglesia, y con todo el derecho; ella se relacionó con el joven Goethe, cuando él era exactamente de mi edad, convertido aquí en el poeta alemán. Eso no es poco.

Y para que conozca completamente mi plan de estudios: por las tardes, para descansar, leo actualmente los

30 Louis Veuillot (1813-1883), ultramontano francés, seguidor del diplomático y «Filósofo estatal de la Contrarreforma» Donoso Cortes al que Schmitt alude de forma numerosa en su obra.

31 Maria Anna Angelika (1741-1801), pintora suizo-austriaca que contribuyó a la fundación de la Royal Academy británica y que fue amiga del poeta alemán Goethe. Falleció en Roma y allí fue enterrada.

escritos alemanes de Manfred Maria Ellis. ¿Conoce usted esos escritos? Si no los conoce quiero recomendarle especialmente el tomo I, partes 2 y 3 (editorial Sanssouci, Berlín, 1924). En ellos encuentro una confirmación sorprendente de mi prusofobia. Pero aparte de eso, el trabajo de este memorable americano es con seguridad la contribución con menos prejuicios a la historia de la política de la época Rococó y sería deseable que no cayera en un ignominioso olvido.

[*Ball le pide a Scmitt que le transmita a la señora Schnitzel sus gracias de todo corazón «por el bondadoso regalo». También le da las gracias a Schmitt por sus gestiones, buena voluntad e interés y ya que sabe que no se merece tanta atención se encuentra «realmente avergonzado».*]

Con el artículo del señor profesor Peterson[32] me haría un gran regalo, cuanto más cuando usted le pone en tan buen lugar. De Heidelberg recibí –del señor profesor Ehrenberg,[33] seguro que por su intermediación, querido amigo– un extraño programa de reformas que se anuncia como epílogo del segundo tomo del «Östlichen Christentum». Las extrañas formas sinuosas que el protestantismo acepta como fenecidas, se merecieron una vez ser especialmente representadas. No puedo entender bien como Ehrenberg, con esas visiones tan elevadas, en parte confusas, puede seguir reconociéndose como protestante. Pero tendrá seguramente su sentido. Desconsolador resulta que alguien, por decisión propia, elija la infecundidad. Lo que se dice de la «universidad» como

32 Erik Peterson, «Zur Theorie der Mystik», en la revista *Systematische Theologie* 2 (1924/1925), pág 146-166.

33 Hans Philipp Ehrenberg, «Östliches Christentum», 2 tomos, Munich, 1923.

«puta babilonia» no me hubiera yo atrevido a decirlo. Pero qué bien que la Iglesia permanezca tan firme.

Sobre mis avinagradas «consecuencias de la Reforma» comienzan a llegar los primeros juicios meteorológicos. Es una oportunidad aleccionadora que no quiero perderme. Tengo suficiente distancia, no se contenga por ello en enviarme de aquí y allá cualquier artículo que llegue a sus manos. Me prometió usted una recensión en el periódico *Volkszeitung*. ¿Era la que adjuntaba o ha aparecido algo más? Me interesa de verdad porque es el periódico católico por excelencia. ¿Y sabe el señor Dr. Gurian quién firma como K. P. (¿Kurt Pinthus quizá?). Primero tan distinguido y ahora tan desagradable, el editor suizo.

Que le vaya a usted bien, querido señor Profesor, y siga teniéndome estima. Suena infantil pero es que se juega tan en silencio en tan grandes habitaciones.

Su Hugo Ball

Hugo Ball a Carl Schmitt [Borrador no enviado]

Roma, Piazza Pollarola 19
11 de febrero de 1925

Muy estimado señor Prof. Schmitt,

En junio de 1924 escribí en *Hochland* un artículo de gran extensión sobre sus escritos aparecidos hasta entonces. Yo me remití a su trabajo de un modo que hasta entonces nadie había hecho.

Usted me visitó por ello en Lugano y me aseguró haber encontrado en mi artículo informaciones que a usted mismo le sorprendieron y de las que no era consciente.

Iba usted a hablar conmigo sobre el nuevo prólogo a su *Politische Romantik* y usted se interesó vivamente por mis nuevos trabajos.

Usted sabía entonces (por la editorial o por alguien más) que estaba preparando *Las consecuencias de la Reforma*. A pesar de que no podía conocer nada del contenido del libro, aparte de que se trataba de una revisión de mi libro *Crítica de la Inteligencia alemana* que ha quedado tan ignorado, me desaconsejó de la manera más vehemente su publicación. Llegó usted tan lejos como para exigirme que yo debería de ocultar esa obra, cuyas correcciones acababan de terminarse. Por la compensación al editor y la devolución de los honorarios, que acababa de recibir, no debería de preocuparme, porque usted estaba dispuesto a asumirlos.[34]

Rechacé dicha exigencia, a la que consideré como una muestra de fanatismo de la amistad, después de considerarlo detenidamente.

Ahora ha salido el libro hace poco y en un periódico de orientación católica aparece (como primera reseña, tanta prisa tenían) una recensión del Dr. Gurian que no sólo para mi libro, sino también para mí, es destructiva.

El Dr. Gurian es una persona joven e insignificante, eso lo veo por frases que ha escrito en otras ocasiones. Pero el Dr. Gurian es, como usted mismo me refirió en cierta ocasión, alumno de su seminario y, debo por tanto asumir, su alumno favorito.

¿Dígame usted, estimado Profesor, qué debo pensar de todo esto? ¿Porque no es cierto que está usted desde

34 Para la suma, que Schmitt había ofrecido, tomó el aval de su amigo Georg von Schnitzler. Schmitt, por tanto y como sospechaba Ball, ya había tenido noticias de las intenciones de publicación de Ball antes de visitarlo en el Tesino.

hace meses teniendo conmigo una correspondencia confidencial?

Con respecto a la especial técnica del artículo de Gurianín [*Gurian´schen en el original*], tengo que decir lo siguiente:

1. El señor Dr. G. no se refiere tanto a mis «Consecuencias de la Reforma», como a mi temprano trabajo en la revista (por todo el mundo odiada) *Freien Zeitung* y, en unión de ello, a una nueva edición que reduce y desautoriza en 2/3 mi anterior libro *Crítica de la Inteligencia alemana* de 1918.

2. Sólo llega a resultados negativos porque o no tiene en cuenta o no quiere ver la relación entre *Las consecuencias* y mi libro *Byzantinisches Christentum*, a pesar de que ambos libros se complementan entre ellos.

3. El señor Dr. G. escribe sobre mi libro no con el interés de un católico, sino como lo haría un enemigo protestante o un nacionalista. Ha tenido oportunidades suficientes, si hubiese comparado mi desautorizado libro de 1918 con mis posteriores libros de 1923 y 1924, de llegar a una versión definitiva y llegar a reconocer ese faktum (en una hoja católica). En lugar de ello (en una revista como ésa) deja que aparezca como cuestionable mi sentido de la responsabilidad.

No cree usted, querido señor Profesor, que debo luchar por mi libro o por mi nombre; mi destino no está en las manos de un recensionistas.

Sólo me gustaría saber ahora lo que usted tiene que decir sobre esta carta.

Con especial devoción

Suyo

Hugo Ball

CARTA DE CARL MUTH[35] A CARL SCHMITT

Munich, 7 de noviembre de 1927

Muy estimado y querido profesor

Ya hace algunas semanas que me ha agraciado y alegrado con el envío de la edición especial de su artículo «Sobre el concepto de lo político».[36] Le doy las gracias de corazón por tamaña consideración y por la verdadera valoración de mi participación en sus trabajos. También he leído inmediatamente el artículo y vuelto a leer porque sus razonamientos no son como para asimilarlos fácilmente.

[*Que no le haya dado las gracias antes a Schmitt, explica Muth, es debido a su exceso de trabajo en la redacción. Sólo desde hace poco habría vuelto a tener tiempo para otras cosas. Se compromete a ahondar a fondo en el artículo de Schmitt, al que ve en el camino correcto, hace mención a los problemas de comprensión que habrá, incluso para la mayoría de los grandes estudiosos y comunica una «toma de postura» en su revista.*

Por lo demás le da las gracias a Schmitt por su artículo sobre «Donoso Cortes en Berlín», que acaba de aparecer como contribución al homenaje al 60 cumpleaños de Carl Muth.]

35 Carl Muth (1867-1944) es uno de los máximos representantes en Alemania del existencialismo católico. Estudió Ciencias Políticas y sobre la Historia del Arte. En 1903 fundó la revista *Hochland*, órgano en el que habitualmente publicaban y debatían los académicos e intelectuales católicos alemanes. La revista *Hochland*, que ya ha aparecido varias veces en las cartas de Carl Schmitt y Hugo Ball, fue prohibida en 1941 por el régimen nazi (entre 1933 y 1941 el nombre de Adolf Hitler no apareció en ninguna ocasión).

36 Carl Schmitt, «Der Begriff des Politischen», aparecido en la revista *Archiv für Sozialwissenschaft und Sozialpolitik*, núm. 58, págs. 1-33.

Quiero añadir a estas palabras algunos comentarios que me han llegado a través de una carta del Dr. Gurian del 15 de octubre. Como usted sabe, un tal Dr. Knapp, un hombre en edad madura y por lo tanto sensato y de convencimiento verdaderamente católico, ha escrito un artículo en *Hochland* en el que habla del «Journal intime» y las cartas de Hyacinthe Loyson.[37]

(...)

Cuando escribió usted con fecha del 17 del 9 que hacía tiempo que no había escuchado nada de Hugo Ball era porque ya era un hombre marcado por la muerte. Unas semanas antes se había tenido que operar en Zúrich del estómago y él mismo viajó con buenas esperanzas de vuelta al sur, pero el médico no le había ocultado a la señora Ball que el cáncer no había podido ser extirpado y que pronto le provocaría la muerte. A mí siempre me ha dolido que Hugo Ball, que era sin duda un hombre íntegro en sus convicciones, nunca entendió la actitud que usted tuvo con él al respecto de su obra sobre la Reforma. Se fue sin duda de esta vida con el sentimiento de haber sido perseguido por usted. Yo intenté repetidas veces quitarle esa idea de la cabeza, incluso en una ocasión haciendo mención a la manía persecutoria, en este contexto; fue algo que me recordó un día su mujer, pero no había nada que hacer. Hugo Ball murió en piadosa resignación y con la verdadera fe del cristiano. Tengo la impresión de que su vida, también en el sentido espiritual último, había sido completa.

Su bondadosa pregunta por mi vida puedo contestarla comunicándole que, a pesar de los muchos esfuer-

37 Carles Loyson (1827-1927), sacerdote y teólogo de París. Excomulgado en 1869 debido a sus críticas a la Iglesia.

zos de los últimos tiempos, me encuentro realmente bien. Espero y deseo lo mismo para usted, le saludo, muy estimado y querido señor Profesor.

Teniéndole siempre en la más alta estima
Su entregado Carl Muth

Carl Schmitt a Carl Muth [Borrador de su respuesta]

del 7 de noviembre de 1927

Su carta me ha llegado en unas circunstancias que muestran de una manera extraña lo mucho que estoy unido a usted y que, incluso en tiempos de silencio mutuo, se establecen nuevas relaciones. Sobre todo es el recuerdo de Hugo Ball lo que no me abandona. En las últimas semanas, antes de sus noticias, había estado leyendo su «Huida en el tiempo» [sic] alternándolo con un trabajo manual que me excitaba los nervios. Era una obra que debido a su ausencia de estructura no podía soportar antiguamente. Ahora empiezo a cogerle cariño, al igual que si fuese una persona, sí, como con un hermano. Estoy en la certeza de que no había nadie que fuese más cercano a Hugo Ball que yo. Los dos somos católicos de la zona del Rin y de igual formación espiritual y moral. Entonces, en otoño de 1924, cuando debía aparecer su libro sobre las consecuencias de la Reforma, hablé con él abiertamente y le supliqué que no lo publicase. No le oculté ninguna de mis opiniones, pero la influencia de Hermann Hesse[38] fue mayor. Esto es comprensi-

38 Cualesquiera que fuese la influencia de Hesse sobre Ball en *Las consecuencias de la Reforma*, lo cierto es que Hesse, como se desprende de la correspondencia entre éste y Ball estaba mucho más cercano a Ball

ble humana y psicológicamente, pero el malentendido es horrible. Hoy en día ya no es cuestión de defenderme sino de establecer mi parte de culpa en ello. La culpa radica en mi rechazo a las discusiones y en el firme convencimiento de la inutilidad de cualquier conversación. De pronto vi lo que biográficamente nos separaba, aquello que a pesar del origen común con Ball, nos distanciaba, y seguí mi camino.

Cada línea suya la esperé con gran expectación y siempre estuve preparado para un encuentro con él. Nunca lo perdí de vista. En mi «Concepto de lo político», cada frase está dirigida a él.[39] Cuando llegó la noticia de su muerte, pensé en enviar una carta a la que quería adjuntar el artículo. Esa noticia ha sido el mayor golpe que jamás haya recibido en la esfera en la que se unen lo espiritual con el destino personal de los individuos.

Por ello me conmueve sobremanera su interés por el artículo sobre lo político. El artículo no es conciliador ni siquiera en su contenido. Cuando usted dice que tampoco la mayoría de los estudiosos lo comprenderán,

que Schmitt o que cualquier otro católico que pudiese influir en Ball. Hesse, sin mencionar a Schmitt, escribe en abril de 1934 a Adolf Baden lo siguiente: «El catolicismo oficial se ha comportando con Hugo Ball como contra cualquier profano intransigente. Lo mismo lo ha utilizado que desautorizado. Me acuerdo que por aquel entonces cuando la «Crítica de la inteligencia alemana» se había agotado y se estaba revisando, un poderoso y famoso católico se presentó ante Ball, que estaba trabajando en la revisión (se llama *Las consecuencias de la Reforma*), y acosó a Ball más de lo que debería haber hecho. Entonces, cuando Ball se dio cuenta y se defendió, se marchó y posteriormente se comportó de manera poco amistosa con Ball. Este dirigente católico juega, creo, aun hoy día un papel importante; siempre ha estado donde estaba el poder». *Gesammelte Briefe*, tomo II, 1922-1935. Edición de Ursula y Volker Michels, Frankfurt 1979, pág. 412 y s.).

39 Heinrich Meier, en su estudio *Carl Schmitt, Leo Strauss y «El concepto de lo político». Un diálogo entre ausentes* (Stuttgart, 1988) se sorprende de esta declaración y de que no haya ninguna referencia a Hugo Ball en el citado artículo.

seguro que tiene usted razón. Por eso quedé contento de escuchar de su parte que considera productivo un análisis del mismo. Creo que nunca he escrito algo mejor. La estructura es quizá repetitiva pero era necesaria para encuadrar dentro de los límites de un pequeño espacio un campo como éste.

Este libro se terminó de imprimir el 15 de febrero de 2013, por encargo de editorial Berenice. Tal día como ése, en el año 1781, muere el poeta y filósofo Gotthold Ephraim Lessing.